문자생활의 역사

-文字生活의 歷史-

문자생활의 역사 -文字生活의 歷史-

초판 발행 2005년 3월 2일 | **초판 2쇄** 2011년 9월 10일

지은이 서종학 | **펴낸이** 이효수 | **펴낸곳** 영남대학교출판부

출판등록 1975년 9월 5일 경산 제16-1호 | **주소** 경북 경산시 대동 214-1
전화 053-810-1801~3 | **팩스** 053-810-4722 | **홈페이지** book.yu.ac.kr

ISBN 978-89-7581-427-3 03700

· 값은 표지 뒷면에 있습니다.
· 잘못 만들어진 책은 바꾸어 드립니다.

문자생활의 역사

-文字生活의 歷史-

서종학 지음

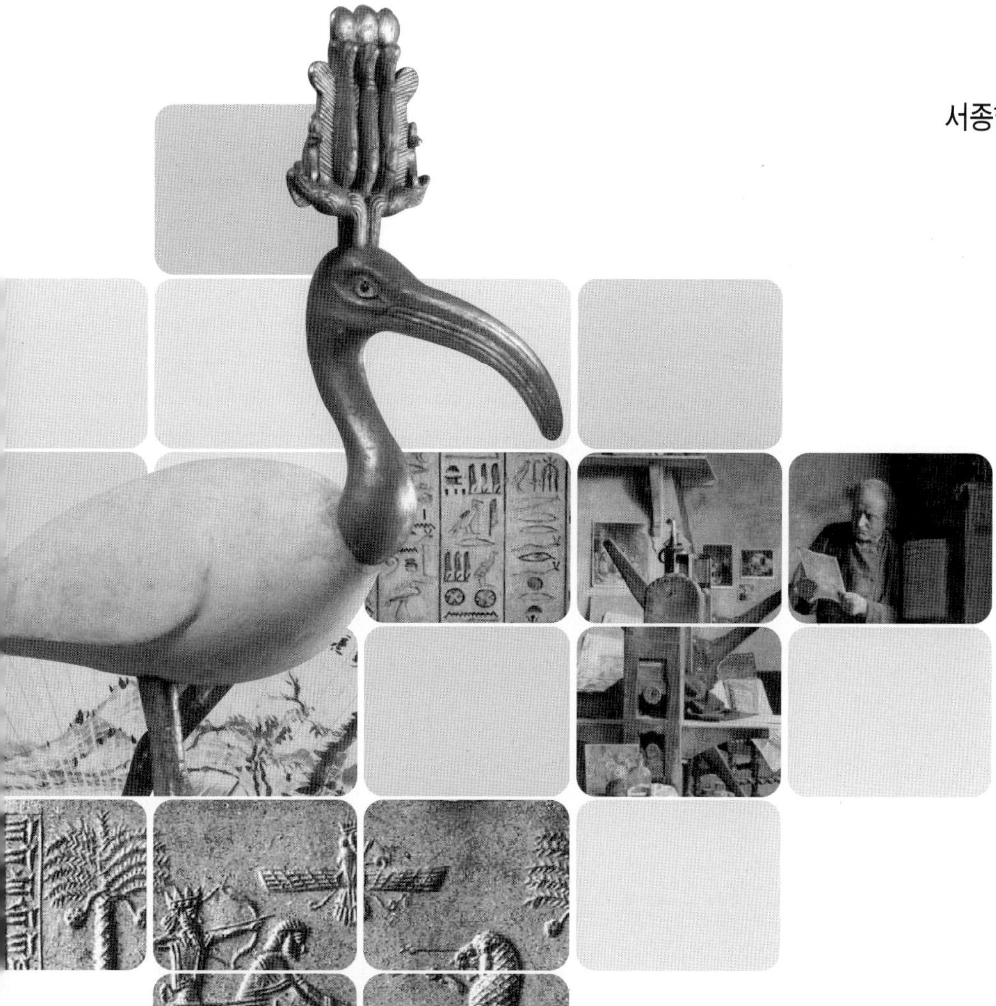

영남대학교출판부

서문

인간은 만물의 영장이라 한다. 인간을 이렇게 정의하는 데에는 여러 가지 근거 또는 이유가 있을 것이다. 인간은 서로 협동하는 동물이라고 한다든가, 정치적 동물이라든가, 사회적 동물이라든가, 도구를 사용할 줄 아는 동물이라든가 하는 것이 그것이다. 모두 일리 있는 설명이지만 그에 못지않게 인간은 언어를 사용하기 때문에 그 중에서도 특히 문자언어를 사용하기 때문에 만물의 영장이라고 할 수 있을 것이다. 인류가 언어를 사용하게 된 것은 그 역사 중에서 가장 획기적인 사건이 되겠지만 그에 못지않게 인류가 문자를 사용하게 됨으로써 오늘날과 같은 고도의 문명을 이룰 수 있었다고 생각한다면 지나친 억측일까.

국어학, 그 중에서도 특히 국어사를 공부하면서 훈민정음과 한자로 표기된 많은 자료를 접하게 되었고 훈민정음과 한자라는 문자에 대한 관심과 호기심도 저절로 증대되었다. 그러면서 한자를 이용한 국어 표현 방식인 이두(吏讀)를 공부하면서 문자의 운용에도 관심을 갖게 되었으며 사람의 의사를 표현하는 방법 가운데 문자로써 표현한다는 것이 얼마나 중요한가도 깨닫게 되었다.

또 길지도 짧지도 않은 세월을 교단에서 생활하면서 학생들이 국어와 한글을 정확히 구별하지 못하는 것을 안타까워했다. 그리고 한글이 우수한 문자라는 근거에 대해 거의 알지 못함을 안타까워했다. 필자는 각종 면접시험에서 '국어와 한글을 구별하여 설명하라.' 그리고 '한글이 우수한 문자라는 이유를 설명하라.'는 문제를 종종 낸다. 그런데 지금까지의 경험으로는 안타깝게도 90%가 넘는 학생들이 제대로 답변하지 못하였다.

이런 사실은 우리의 문화보다는 다른 나라의 문화에 관심을 더 많이 가지는 세태에서 비롯하는 것이라는 생각이 들었다. 훈민정음을 비롯한 우리의 문화를 통해 우리 민족 또는 우리 문화의 특수성을 학생들에게 심어주고 싶었다.

이런 몇 가지 이유에서 문자와 한글 그리고 문자생활에 대한 안내서를 대학생 또는 일반인들을 위해 간행하려고 생각했다. 그렇지만 충분히 준비하지도 못한 채, 그리고 그 관심과 호기심을 십분의 일도 만족시키지 못한 채 과감하게 책을 내는 우(愚)를 범하게 되었다. 멋진 책을 만들어 보겠다는 처음의 생각은 많이 무디어져 버리고, 마치 누구에게 쫓기듯이 부랴부랴 책을 내게 되었다.

이 책이 앞으로 많이 수정되고 보완되어야 하는 이유는 바로 여기에 있다. 연습문제도 만들지를 못했고, 사진 등을 포함한 자료를 풍부하게 제시하지도 못했으며, 그에 대한 자세한 설명도 제공하지 못했다. 그리고 가장 중요한 내용도 풍부하게 기술하지 못했다. 그래서 부족한 점, 잘못 서술된 부분 등을 빠른 시일 내에 보정(補正)하여 더 나은 모습으로 새롭게 내놓을 것을 약속한다.

이 책은 문자를 이용한 인류의 문자생활에 초점을 둔 것이 특색이라면 특색이다. 지금까지 문자와 관련된 대부분의 책들은 문자나 표기법에 관심을 집중하였던 듯하다. 이에 비해 이 책에서는 문자에 대한 기본적인 사항을 간단히 소개한 후, 이 문자를 인류가 어떻게 이용하여 왔으며 그 결과가 어떠했는가에 대해 더 많이 논의하려 하였다. 그런 한편, 훈민정음을 이용한 조선시대의 문자생활에 대해서 많은 양을 할애하려고 하였다. 그러나 지금 생각하면 그러한 초지(初志)가 꼬리를 감추어 버린 듯하여 내내 아쉽기 짝이 없다.

이 책을 냄에 있어서 몇몇 지인(知人)으로부터 크나큰 도움을 받았다. 이미향 · 김지숙 선생은 바쁜 시간을 쪼개어 성실하게 원고를 보정(補正)하여 주었고, 박진욱 · 이상아 군은 원고를 교정하고 사진을 정리하는 등 헌신적으로 도와주었다. 그리고 영남대학 출판부의 관계자들도 아낌없는 성원을 보내 주셨다. 이 자리를 빌려 모든 분들께 진심으로 감사의 말씀을 드린다.

2005년 3월 1일
저자 삼가 씀

이 책의 2쇄는 1쇄를 다소 수정한 것인데 이갑진 · 홍기옥 두 선생의 도움이 컸다. 이 자리를 빌려 감사의 말씀을 드린다.

2011년 9월 1일
저자 삼가 씀

차례

1. 문자와 언어

1.1. 언어의 발생 9
1.2. 문자의 정의와 특징 16
1.3. 문자의 모양과 역할 20

2. 문자의 발생과 발달 1

2.1. 문자 이전 26
2.2. 문자의 발생과 발달 32
2.3. 문자의 유형적 분류 36

3. 문자의 발생과 발달 2

3.1. 수메르 문자 45
3.2. 이집트 문자 52
3.3. 중국 문자 59

4. 알파벳의 탄생과 발달

4.1. '알파벳' 이전의 알파벳 72
4.2. 진정한 알파벳의 탄생 79
4.3. 알파벳의 발달 85

5. 한글

5.1. 훈민정음 90
5.2. 훈민정음의 제자 원리 101
5.3. 한글의 우수성 104

차례

6. 문자와 생활

6.1. 문자의 기능 107
6.2. 필기도구와 인쇄술 114
6.3. 서체의 발달 129
6.4. 필경사 139

7. 한국의 문자생활 1(현대 이전)

7.1. 문자 이전과 고대문자 143
7.2. 한자의 수입과 차용 표기 146
7.3. 훈민정음을 이용한 문자생활 162

8. 한국의 문자생활 2(현대)

8.1. 한글과 한자 167
8.2. 정서법 176

9. 북한의 문자생활

9.1. 남북언어의 이질화의 원인 203
9.2. 남북한 한글 자모의 명칭과 순서 204
9.3. 남북한 맞춤법 206
9.4 남북한의 어휘 차이 212
9.5 남북한 발음 차이 216

참고문헌 · 218
사진목록 및 출처 · 221
찾아보기 · 227

1. 문자와 언어

1.1. 언어의 발생

언어의 정의

언어란 사고와 감정을 드러내는 도구이다. 마치 전쟁하는 군인이, 건축하는 기사가, 또 수술하는 의사가 제 일을 하기 위해 들고 나서는 목숨 같은 장비처럼, 언어는 인간이 가진 사상과 감정을 밖으로 전달해 내는 막강한 도구이다. 바로 이 도구로써 인간은 자신의 표현 의도를 실현하고 곁에 있는 사람들의 생각을 알아내고 이에 맞춰 반응한다. 이러한 까닭으로 사전에서 언어란 '사상과 감정을 드러내고 의사를 소통할 수 있게 해 주는 수단'이라고 정의한다.

언어란 '사상과 감정을 드러내고 의사소통할 수 있게 해 주는 수단'

일반적으로 '의사소통 체계로서의 언어'라고 하면 두 가지 개념이 들어 있다고 본다. 하나는 광의의 개념으로서 의사소통 체계 전반을 가리키는 것이고, 다른 하나는 협의의 개념으로서 인간이 음성을 통해서 이룩하는 의사소통 체계를 가리키는 것이다. 그런데 언어는 사람을 다른 동물과 구별하는 아주 중요한 특징 중의 하나라서, 언어를 인간만이 사용하는 의사소통 체계라 말한다. 이렇게 말하는 이유는 인간의 언어와 동물의 의사소통에는 다른 점이 있기 때문이라고 한다. 즉, 까마귀나 꿀벌의 의사소통과는 달리 인간만이 가지는 언어의 창의성 등이 그러한 주장의 근거이다.

광의의 개념으로서 의사소통 체계 전반을 가리키는 것

협의의 개념으로서 인간이 음성을 통해서 의사소통 체계

언어의 발생

문자의 발생 시기를 논하는 것은, 먼저 인류에게 음성언어가 존재했다는 사실을 전제하는 것이다. 그러면 인류에게 음성언어는 언제부터 존재했을까? 인류는 거의 100만 년 전 무렵에 태어났다고 본다. 그러나 언어는 50만 년 전에 발생했을 것으로 추정되고 있다. 그렇다면 인류 역사의 거의 반은 언어 없이 살아왔다는 말이 된다. 어떻게 그런 추정이 가능할까? 지금부터 잠시 언어 발생 시기를 주장한 리브만(P. Lieberman)의 연구를 통해 논의를 진행하려 한다.[1)]

리브만

조음기관을 이용해 발음이 가능하게 된 시기는 50만 년 전

리브만은 다음과 같은 두 가지 근거를 들어 언어가 발생한 시기를 추정했다.

첫째로, 인류가 조음기관을 이용해 발음이 가능하게 된 시기가 바로 50만 년 전이라는 것이다. 언어는 내용과 형식이라는 두 가지 요소가 있다. 언어의 내용이라는 것은 의미를 말하는 것이고 형식이라는 것은 기본적으로 음성을 말하는 것이란 점은 앞서 밝힌 바와 같다. 그런데 인류가 언어를 사용할 수 있는 조건이 마련된 것은 성문 즉 후두가 하강했을 때이다. 동물은 소리를 지를 수는 있지만, 조음기관이 발달하지 않아서 소리를 고룰 수 없어서 궁극적으로 섬세한 발화를 할 수 없게 되는 것이다. 성문이 하강했다는 것은 발음기관이 길어지고 폭이 넓어져 다양한 소리를 낼 수 있다는 것을 의미하는데, 이것은 아이들이 처음 태어났을 때는 성문이 위에 있다가 아래로 내려오는 것을 통해 증명할 수 있다. 인류가 태어나서 성문이 차차 내려갔다는 것을 아이들이 자라나는 과정을 통해 알아볼 수 있는데, 이것은 한 개체의 발달은 그 종족의 진화의 축소판이라는 진화론의 증거가 되는 부분이기도 하다.

---

1) Liebermann(1975), 김진우(1985) 참조.

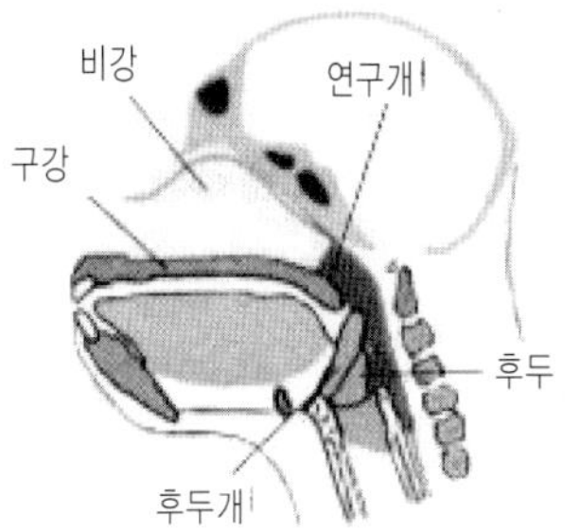

〈사진 1-1〉 침팬지의 후두

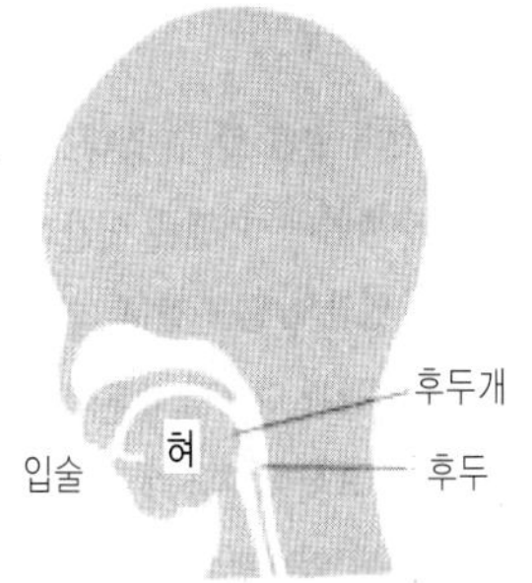

〈사진 1-2〉 유아의 후두

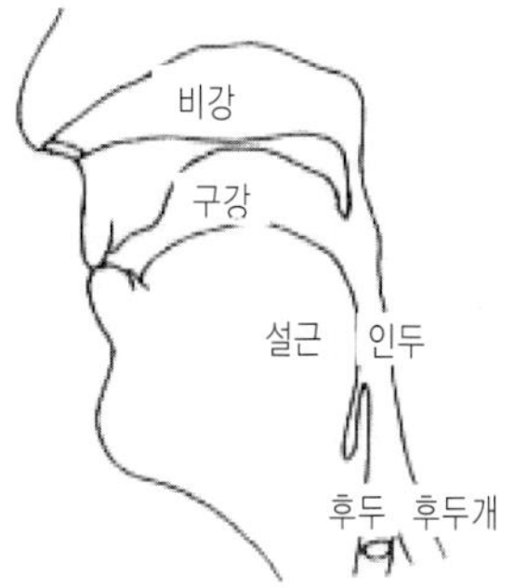

〈사진 1-3〉 어른의 후두

둘째로, 인간의 언어는 의사소통을 목적으로 한다는 전제에서 시기를 추정했다. 의미 전달이라는 것은 기억력과 연관되는데, 인류가 석기를 만들고 사용할 때쯤에야 이를 만드는 정보를 추적하고 예상하는 충분한 기억력이 갖추어졌을 것이라고 보는데 이때가 구석기 중엽이다.

의미 전달은 기억력과 연관

리브만은 이 두 가지에 근거하여 50만 년 전경에 언어가 발생했다고 주장하는 것이다.

언어의 유형

인간이 인간 사회에서 인간과 더불어 인간답게 살아가기 위해, 의사소통은 필수적 조건이다. 의사소통의 방법은 대개 3 가지가 있을 것이다. 먼저 몸짓으로 자신의 감정이나 생각을 나타내는 방법이고, 다음은 말로써 그것을 나타내는 방법이며, 마지막으로 글로써 그것을 나타내는 방법이다. 몸으로 전달된 언어는 중의적으로 해석될 수 있고, 표현 방법이나 범위에 한계가 있어서 엄밀한 의미의 언어에서 벗어난다. 인간의 말은 다양한 음성과 계층적 구조로 이루어져 있어서 의사소통에 아주 편리하다. 그리고 글은 음성언어의 한계를 보완해 주는 역할을 한다. 그리하여 언어는 음성언어와 문자언어로 분류된다. 음성언어는 청각적인 소리 즉 음성으로 의사를 표현하는 것을 말하고, 문자언어는 시각적인 문자로 의사를 표현하는 것을 말한다.

음성언어의 대표성

흔히 학교 교육에 의해 문자언어가 더 중시되는 것으로 여겨지기도 한다. 하지만 두 유형의 언어 중에서 인간에게 더욱 본연적인 언어는 음성언어이다. 음성언어가 더 본연의 언어라는 점에는 여러 가지 증거가 있다.

음성언어가 더 본연의 언어

첫째, 한 살 된 아이가 어머니에게서 먼저 배우는 것은 글자가 아니라 말이다. 둘째, 글자를 배우고 글을 읽어 내고 글로 표현하는 능력은 말을 습득하는 그것에 비해 더 의도적인 노력을 오랜 시간 동안 요구한다. 셋째, 우리의 언어생활은 보통 말하기·듣기·읽기·쓰기의 네 영역을 통해 유지된다. 하루를 기준으로 계산해 보면, 소설가가 아닌 이상 말하기와 듣기가 70%를 차지한다. 넷째, 언어를 가진 지구상의 종족이 5천 종 전후라 하는데, 그 수치는 음성언어를 두고 이르는 결과이다. 이들 중 문자로 표기된 언어는 소수에 불과하다.[2] 다섯째, 집단생활을 하는 동물들이 특정 소리로 의사소통한다는 사실이 이미 밝혀져 있으나, 그들이 문자를 갖고 있다는 증거는 없다.

그러므로 이러한 증거에 따라 일반적으로 언어라 하면 주로 음성언어를 가리킨다.

한국어와 한글

의사소통으로 유지되는 인간 사회의 언어생활에서, 음성언어와 문자언어는 개별적으로 존재하면서 동시에 장단점에 따라 상보적으로 운용된다. 그러다 보니, 많은 사람들이 흔히 언어인 '국어'[3]와 문자인 '한글'을 혼동한다. 다음 예를 보고, 각 실례 가운데 한글의 개념이 동일한지 생각해 보라.

언어인 '국어'와 문자인 '한글'을 혼동한다.

(1) '한글 사랑 나라 사랑' [표어]
(2) 국적 불명의 외국어로 뒤덮인 길거리 간판을 보면, 산업 논리에 문화가 밀린 최근 30년 간, 우리가 한글을 얼마나 **소홀**히 하는지 알 수 있다. [언론 보도]
(3) 한국어를 제대로 공부하려고? 그럼 '한글 맞춤법'을 공부해 봐. [대화]
(4) 한글 사용 이전에는 우리가 어떻게 말했나요? [학생의 질문]
(5) 우리 국어가 세계에서 가장 우수하다. 한글을 순화해서 씁시다! [웅변]

(1)과 (2)는 한국인의 글자를 말하는 것이 아니라, 한국인의 입말인 '한국어'를 이르는 것이다. 영화 간판에 '리쎌 웨폰'이라 적혀있다고 해서 그것을 한글이 아니라 할 수 없으며 동시에

2) 송기중(2003 : 16-17)에 의하면, 역사적으로 400여 종의 문자가 사용되었고 현재 인류가 사용하는 문자는 30여 종 내외라 한다.

3) 대내적으로는 '국어'라고 부르나, 다른 외국어와 동일한 자리에서 비교할 때는 '한국어'라 부른다. 이 책에서는 필요에 따라 두 용어를 적절히 가려서 쓸 것이다.

한글 맞춤법
표준어 규정
외래어 표기법
국어의 로마자 표기법

그것을 한국말이라 할 수 없다. 또한 (3)은 한국어를 한글 범위에 국한한 발상이다. 국어어문규정집에는 '한글 맞춤법'과 나란히, 표준 발음을 포함한 '표준어 규정'과 '외래어 표기법', '국어의 로마자 표기법'이 함께 규정되어 있다. 맞춤법만으로 한국말을 알 수 없음은 당연한 것이다. (4)와 (5)는 말과 글을 혼동한 전형적인 예에 해당될 것이다. 600여 년 전에 세종대왕에 의해 탄생된 것은 우리의 고유한 글이지 말이 아니었다. 반만 년 전 이 땅에 사회가 형성될 때부터 사람들에게는 말이 필요했으며, 그들이 주고받은 말의 흔적이 각종 역사서의 지명과 인명에 남아 있음을 확인할 수 있다.

국어는 소리를 내어 입으로 하는 말 즉 음성언어

한글은 음성언어인 국어를 표기하는 문자

문자생활에 초점을 두고 고민해야 하는 이들이 '(한)국어'와 '한글'의 개념을 혼동하게 되면 앞으로 전개될 내용 앞에서 점점 힘들어진다. 이제 '국어'와 '한글'의 개념을 구별하기로 한다. 한국 사람들이 사용하는 구어인 국어는, 소리를 내어 입으로 하는 말 즉 음성언어이다. 이에 비해, 한국의 고유 문자인 한글은 음성언어인 국어를 문자언어로 표기하는 문자인 것이다. 간단히 말하면 국어는 말이고 한글은 문자인 것이니, 이 둘의 개념을 명확히 구별해야 한다.[4)]

구어란 일상생활에서 상대방과 사용할 때 쓰는 것
문어란 문자를 사용해서 새겨두는 것

이러한 근거에 따라, 언어를 구어와 문어로 나눌 수 있다. 구어란 일상생활에서 상대방과 사용할 때 쓰는 것이며, 문어란 문자를 사용해서 새겨두는 것이다. 현대국어는 과거 이전 시기의 국어에 비해 구어와 문어가 대체로 같다. 그러나 조선 말기까지만 하더라도 일반 사대부들은 입으로는 한국말을 하면서도, 글로는 한자를 사용한 한문을 썼다. 그러나 이러한 구어와 문어의 괴리는 한국에서만 있었던 독특한 것이 아니다. 중세 유럽도 입

4) 이 두 개념을 명확히 하기 위해, 어떤 학자들은 문자인 '한글'에 상대되는 개념으로 한국어를 '한말'이라 이르기도 한다.

으로는 자기 나라의 말을 하면서도 기록을 위해서는 문어로서 라틴어를 썼던 것을 알고 있다. 물론 현대 국어의 경우에도 구어와 문어의 차이가 있다. 다음 예를 보면서 표현들 간의 차이를 찾아보라.

(1) ㉠ 그간 기체후 일향 만강하옵시고	㉡ 그동안 건강하셨죠?
(2) ㉠ 아버지께서는 회사에 가셨기 때문에……	㉡ 아버지는 회사에 가셨거든요.
(3) ㉠ 사무실 직원에게 내 주십시오.	㉡ 그 사람한테 주세요.
(4) ㉠ 그 결과를 보아 교칙에 따라 결정한다.	㉡ 그 결과를 보아서 교칙에 따라서 결정해.
(5) ㉠ ABC기자 이은혜입니다.	㉡ ABC기자 이은혭니다.

위 예에서 각 ㉠은 문어이고, ㉡은 구어이다. '이은혭니다'와 같은 축약형을 비롯하여, '-에게/-한테, -기 때문에/-거든, -따라/따라서' 등과 같은 각 예의 대조를 통해 알 수 있는 사실은 언중이 그 용례를 바꾸어서 쓰지 않는다는 점이다. 위의 차이점만으로도 양자의 차이를 논하기에 충분하다고 볼 정도로 우리 일상생활에서 구어와 문어는 큰 차이를 보인다.

협의의 언어

앞에서 언어 개념의 범위에 대해 언급한 바 있다. 그 중 협의의 언어가 인간의 언어를 이르며, 이것이 더욱 의미 있는 언어 개념이라 말하면서 동물 언어의 가치를 폄하했다. 그러나 생각해 보면, 사실 동물의 언어에 대해서 우리가 알고 있는 바가 그리 많지 않다. 또 인간의 의사소통 체계를 언어라 정의하고 이 특성에 속하지 않는 의사소통 체계를 언어가 아니라고 하는 것은 순환 오류에 빠지는 것이기도 하다. 시야를 넓혀서 그리고 개념을 조금만 넓게 보면 언어라는 것은 인간만이 사용하는 것이 아니라는 생각에 이르게 되므로 이런 주장은 수정되어야 할 것이다. 꿀벌의 춤이나 까마귀, 돌고래의 소리 등 다른 동물들의 의사소통도 언어라 할 수 있는 것이다. 그럼에도 불구하고 우리가 인간의 언어에 주목해야 하는 의의는 상실되지 않을 가치를 지닌다. 왜냐하면 인간은 동물과 달리 문자언어를 쓰기 때문이다.

인간은 동물과 달리 문자언어를 사용

인간은 문자를 사용하는 동물이므로, 인간을 다른 동물과 구별 짓는 특징으로 자신있게 문자를 들 수 있다. 앞에서 언어를 대표할 가치를 지닌 음성언어의 특성을 다섯 가지로 들었는데, 이 다섯 가지 특성은 바로 문자언어의 특수성을 강조하는 실례이기도 하다. 문자언어에는 의도성이 더 들어가야 탄생되고 학습되며 또한 활용되기 때문이다. 음성언어는 인류의 역사 속에서 비교적 자연 발생적으로 생겨나므로 언어의 대표성을 획득한 반면, 문자언어는 인위적인 것이라서 더욱 중요한 의미가 부여되는 것이다. '문자의 인위성'을 보여주는 대표적인 예가 바로 한국의 고유문자인 훈민정음이다.

음성언어는 비교적 자연 발생적으로 생겨나므로 언어의 대표성을 획득

문자언어는 인위적인 것이라서 더욱 중요한 의미

1.2. 문자의 정의와 특징

음성언어와 문자언어

말은 건드리지 않아도 스스로 변화하고 생성·사멸하므로 자생력을 가지며, 풍부한 감정을 담아서 표정의 도움을 받을 수 있으므로 정보 전달에 효과적이다. 그러나 말이라는 것은 말하는 순간이 지나면 다시 들을 수 없을 뿐만 아니라, 들리는 범위에도 제한이 따른다. 문자에 비해서 담을 수 있는 정보 유형과 양이 제한이 되는 것도 이러한 이유 때문이다.

글은 음성언어와 상호보완적인 관계

글은 이러한 점에서 음성언어와 상호보완적인 관계에 있다. 스스로 변화하지 못하고 인위적인 힘에 의해 변화하지만, 자·

모음으로 분절이 가능하고 이로써 세대 간 정보 전달을 위한 언어 학습에 유리한 점이 많다. 다음 표는 이러한 말과 글의 특징을 대조하여, 글의 기능이란 관점에서 정리한 것이다.

	음성언어 [말]	문자언어 [글]
장점	자연발생적 감정 표현 가능	시·공간의 자유 정보량의 무제한 자·모음으로 분절 가능
단점	시·공간의 제한 정보량의 제한	인위적인 힘 요구 감정 표현 미흡
예	경상도 방언	훈민정음(한글)

〈표 1-1〉 음성언어와 문자언어의 장·단점

문자의 정의

지금까지 문자가 무엇인지 알기 위해 여러 가지로 준비해 왔다. 이제 문자의 정의를 내려야 할 때이다. 하나의 집단은 그 안에서 그들 간의 생각을 분명하게 재현할 수 있는 공식적인 기호나 상징체계가 있어야 한다. 이러한 기호로 자연스럽게 발생한 것이 음성이지만, 음성이란 도구는 시·공간적 제약이 있었다. 문자란 말이 가지는 시·공간적인 제약성을 극복하기 위해서 음성언어를 표기하는 언어적 기호이다. '언어적 기호'라는 것은, 문자가 수식에 쓰이는 기호와 달리, 말의 어떤 요소(소리, 단어, 문장)를 도형의 형태로 나타내는 기호라는 의미이다. 그러므로 문자를 달리 정의하면, 언어의 기능 과정에서 청각으로 전달되는 음성 기호를 시각으로 바꾸는 것으로서 표기성[기록성]

문자란 음성언어를 표기하는 언어적 기호

말의 어떤 요소(소리, 단어, 문장)를 도형의 형태로 나타내는 기호

표기성[기록성]이 있는 기호체계

이 있는 기호체계이다.[5)]

그런데 문자란 말소리의 어떤 모습을 찍어내는 사진인가? 널리 알려진 바와 같이 말소리에는 두 가지 모습이 있다. 하나는 사람이 낼 수 있는, 실제적으로 존재하는 소리이다. 또 하나는 구체적으로 개인이 발화하는 음성의 집단을 모아서 하나의 소리라 가정하는, 대표적이고 추상적인 소리이다. 전자를 음성이라 하고 후자를 음운이라고 한다. 예를 들어 보면, 영어 화자와 달리, 한국 사람들이 구별 못하는 소리로 [k]와 [g]가 있다. 이 두 소리는 실제 다른 소리지만 한국어에서 의미 차를 결정짓지 못하기 때문에 사람들은 양자를 하나의 음운으로 생각한다. 그러나 아무리 의미 차와 무관한 소리라 해도 개인과 상황에 따라 모든 소리는 다른데, 사람들은 그런 특징적 차이만을 찾아내고 부각시켜 성대모사를 해 낸다. 성대모사가 어렵고도 재치 있는 개인기로 인기를 끄는 까닭은, 흉내를 내는 사람이 유명인의 목소리와 말투에서 가장 특징적인 것을 잘 잡아내기 때문이다. 문자로 음성을 표시하는 것이 물론 가능하지만, 개개인의 구체적인 실제 발화를 정밀하게 묘사하는 것은 인간의 언어생활에서 큰 의미가 없어서 표기하지 않는다. '감기'에서 첫 음절의 'ㄱ'과 둘째 음절의 'ㄱ'이 비록 물리적(즉 음성적)으로는 다를지라도 언중들에게는 의의 있는 차이를 보이지 않는 것이기 때문이다. 의미 차를 보이지 않는 소리의 차이는 집단의 의사소통에서 그다지 중요하지 않다. 따라서 문자는 소리의 두 가지 모습 중에서 대부분 음운을 표시한 것을 이른다.

음성 : 사람이 낼 수 있는, 실제적으로 존재하는 소리

음운 : 구체적으로 개인이 발화하는 음성의 집단을 모아서 하나의 소리라 가정하는, 대표적이고 추상적인 소리

문자는 대부분 음운을 표시한 것

문자와 표기법

앞서 문자는 말소리를 표기하는 언어적 기호라고 했다. 그렇다면 문자와 표기법의 개념은 어떻게 다를까? 표기법은 문자를

5) 송기중(2003:15) 참조. 이런 의미에서 보면, 수화는 말이기는 하지만 문자라 할 수는 없다. 수화는 음성언어를 대신해 손짓으로 언어적 내용을 전달하지만 표기성[기록성]이 없기 때문이다.

어떻게 운용할 것인가를 정해 놓은 규범이다. 합리성과 정통성을 따져서 문자를 소리대로 적거나 문법에 맞게 적는 법을 언어정책 차원에서 결정하는 것이 바로 표기법인데, 이것이 문자를 운용하는 올바른 규범이라 여겨서 정서법이라 부르기도 한다.6) 그러므로 문자는 존재해 있는 문자 하나하나를 이르는 존재의 개념임에 반해, 표기법은 문자를 어떻게 적는가 하는 것과 관계된 운용상의 개념이다.

표기법은 문자를 어떻게 적는가 하는 것과 관계된 운용상의 개념

문자가 되기 위해 갖춰야 할 요소들

우리는 장미, 국화, 해바라기 등 무수한 꽃을 봐 왔으나, 개념으로서의 '꽃'은 본 적이 없다. '꽃'은 장미, 국화, 해바라기 등에서 꽃이 꽃으로서 갖춰야 할 필수조건을 추려내어 조합한 개념의 결과물이다. 꽃이 되기 위해 갖출 필수조건으로는 꽃잎, 암술과 수술, 꽃받침, 줄기, 잎, 그리고 뿌리 등이 손꼽힐 것이다.

그러면 하나의 문자가 문자로 태어나기 위해서 무엇이 필요할까? 문자는 언어 단위와 긴밀한 대응관계를 가지므로 다음과 같은 연결고리를 갖출 것이 요구된다.

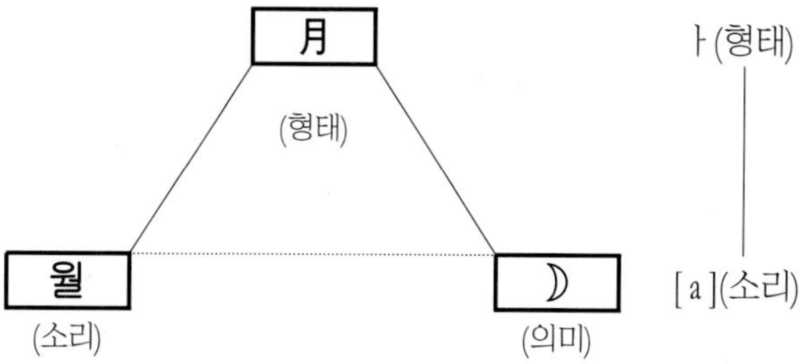

〈사진 1-4〉 문자의 구성

6) 이익섭(1992)에서는 '표기법'을 '어떤 특정 언어를 문자로 표기하는 방법 및 규칙 전반'으로 정의하고 '정서법'을 '규범적 개념'의 용어라고 했다. 김문창(1994)에서는 정서법을 표기법의 하위에 두어 구별했다. 그리하여 표기법은 자연발생적, 집단관습적 서사 규범의 총칭으로 보지만, 정서법은 인위적, 성문법적, 명령적 특성을 지니는 것으로 본다.

문자는 대개 형태, 소리, 의미의 세 가지로 구성

문자는 대개 형태, 소리, 의미의 세 가지로 구성되는데, 이 중에서 의미는 필수 요건이 아니다. 위에서 예로 든 한자는 표의문자이기 때문에 세 가지 요소를 갖추나, 한글과 같은 표음문자는 의미와 무관하다.

문자의 가독성

여기서 한 가지 덧붙일 사항이 있다. 이미 언급한 바와 같이 문자는 집단 간의 합의가 필요한 상징체계이다. 그러므로 문자는 집단 안에서 가독성(可讀性)이 있어야 한다. 그러나 가독성을 허락한 이상, 문자체계의 복잡성은 확대 해석되어서는 안 된다. 그 집단의 문자 체계가 복잡하다고 해서 문명이 발달한 것도 아니며, 그 역도 성립하지 않는다. 문자 체계는 오로지 그 집단이 의사소통하는 데 필요한 도구이며 연장일 뿐이다.

1.3. 문자의 모양과 역할

문자의 모양

문자는 일정한 형태를 갖추어야 한다.

문자는 선과 점으로 이루어져 있다.

위치, 구역, 간격

문자가 되기 위해서 문자는 일정한 형태를 갖추어야 한다. 그리하여 문자는 일반적으로 선과 점으로 이루어져 있는데, 곡선과 직선이 두루 애용된다. 여기서 점과 선은 의미를 드러내기 위해 일정한 위치를 가지며, 이렇게 이루어진 문자와 문자 간에는 일정한 구역이 있고 간격을 유지한다.

문자는 일정한 모양을 가지고 있는데, 그것은 대체로 선과 점으로 이루어져 있다. 선은 직선일 수도 있고 곡선일 수도 있다. 한글에서 그 예를 찾아보자. 'ㅡ, ㅣ'는 하나의 직선으로 이루어져 있고, 'ㄱ, ㄴ'은 하나의 선이 구부러져 있으며, 'ㅅ, ㅏ, ㅗ'은 두 선으로 이루어져 있다. 또 'ㅇ'은 곡선으로 이루어져 있고 'ㅎ'은 두 직선과 곡선으로 이루어져 있다. 훈민정음이 창제된 당시의 문자는 현대의 그것과 다소 다르다. 'ㆍ'는 하나의 점이고 'ㅏ, ㅓ, ㅗ, ㅜ'는 하나의 직선과 하나의 점으로 이루어졌으며, 'ㅑ, ㅕ, ㅛ, ㅠ'는 하나의 직선과 두 점으로 이루어졌다. 알파벳의 경우, 'I, T, H' 등은 직선으로 이루어져 있는데 그 수는 각각 다르다. 또 'D, P'는 하나의 직선과 하나의 곡선, 'B'는 하나의 직선과 두개의 곡선, 'O'는 하나의 곡선으로 이루어졌다.

점과 선은 일정한 위치를 가진다

그런데 점과 선은 일정한 위치를 가진다. 한글에서 예를 들자면, 'ㅏ'를 구성하는 두 직선 'ㅣ'와 'ㅡ'는 정해진 자리에 있어야 하는데, 만약 'ㅡ'가 아래로 내려가면 'ㄴ'이 되므로 다른 문자가 된다. 또 'ㅏ'의 횡선이 종선의 왼쪽에 자리하면 'ㅓ'가 되어 다른 문자를 나타내게 된다. 알파벳의 경우 'D'에 대해 'P'를 변별하는 것은 곡선이 직선의 중간 위치에서 마무리되기 때문이다.

문자가 가지는 일정한 구역

한편, 선과 점의 위치와 관련하여, 문자가 가지는 일정한 구역을 논할 수 있다. 문자의 구역은 두 관점에서 볼 수 있는데, 하나는 개별 글자 내의 문제고 다른 하나는 다른 글자와의 관계에서 일어나는 문제이다. 전자의 예를 들어 설명하면, 'ㅏ'에서 횡선의 위치는 대개 종선의 가운데에 위치하는데, 그 횡선이 종선의 상하로 조금씩 자리를 옮겨도 'ㅏ'를 나타내는 데는 지장이 없다. 그러나 아주 아래로 내려오면 'ㄴ'이란 다른 문자가 된다. 후자의 예를 들어 보자. '가다'의 경우, 'ㅏ'의 횡선이 아주 아래로 내려오면 마치 'ㄱㄴㄷㄴ'처럼 되는데, 이렇게 표기된 경우에도 우리는 [가다]로 읽을 수 있는 것이다.

로마자의 경우, 'love'의 'o'의 곡선을 변형하여 'ㅁ'처럼(lㅁve) 써도 문자 'o'의 구역은 그대로 지닌다. 반면에 한글의 경우, 'ㅇ'을 변형하여 'ㅁ'처럼 쓰면 그 영역을 벗어나 다른 문자가 되는 것이다.

문자의 제작

그러면 문자는 주로 어떤 방법에 기대어 만들어 내는 것일까? 이제 문자의 제작 방법에 대해 알아보자. 다음은 이미 만들어진 문자를 통해 유추해 내는 방법을 소개한 것이다.[7)]

(1) 뒤집기	ㅠ - ㅛ, n - u
(2) 거울비침	ㅑ - ㅕ, b - d
(3) 겹치기	ㄱ - ㄲ, ㅅㄱ, ㅂㄷ, v - w, 木 - 林 - 森
(4) 획 더하기	ㄱ - ㅋ, F - E, 木 - 本, 木 - 末
(5) 획 덜기	H - h, 鳥 - 烏
(6) 획 변형하기	v - u, I - J, 干 - 于
(7) 획 연장하기	Q - q, D - P, 石 - 右
(8) 부호 이용하기	へ - べ - ぺ

뒤집기는 한 글자가 상하로, 거울비침은 좌우로 바뀌는 것을 말한다. 문자를 겹쳐서 다른 문자로 사용하는 것도 그다지 특별하지 않은, 일반적으로 사용하는 방법이다. 획을 더하거나 더는 방법은 많은 문자에서 사용된 것인데, 한글 역시 가획의 원리가 크게 작용된 문자이다. (1)~(8)은 파생력이 비교적 높은 일반적인 문자 제작법이다. 그러므로 각 경우에 부합하는 다른 예들을 각각 찾아보자. 그리고 현전 문자를 통해서, 문자 제작법의 다른 방법에 무엇이 있었을지 생각해 보자.

우수한 문자

우수한 문자는, 첫째 읽기 쉬워야 하고,
둘째 쓰기 쉬워야 하며,
셋째 아름다워야 한다.

우수한 문자는, 첫째 읽기 쉬워야 하고, 둘째 쓰기 쉬워야 하며, 셋째 아름다워야 한다. '읽기 쉽다'는 것은, 문자의 수가 많

7) 권종성(1987 : 47-51)을 참조하면 더 자세한 내용을 알 수 있다.

지 않아야 함은 물론이고 문자 체계 내의 다른 문자와 확연히 구별되어야 함을 뜻한다. 한글의 경우, 자음과 모음을 나타내는 문자가 24자에 불과하고 문자 모양이 확연히 다를 뿐만 아니라 이를 음절로 묶어서 씀으로써 다른 문자들과 쉽게 구별할 수 있다.

'쓰기 쉽다'는 것은, 획수가 적고 획의 길이가 짧아야 하고, 획의 흐름과 문자 간의 연결이 원활하여야 하며, 그래서 빠르게 쓸 수 있어야 한다. 그리고 '읽기 쉬워야 한다.'에서처럼 문자 체계 내의 다른 문자들과 쉽게 구별되어야 한다.

개별 문자의 발달을 보면 늘 '아름다운 문자'로 발전하였음을 볼 수 있다. 사람은 누구나 미를 추구하는데 문자에서도 이것이 적용되는 것이다. '아름다운 문자'는 개별 문자의 모양에서도 그러하지만 문자를 모아 써 둔 데에서도 적용되는 말이다.

우수한 문자에 대해서는 다른 면에서 접근할 필요도 있다. 첫째 문자적 입장에서 과학적이고 체계적이며 식별성이 있어야 하고, 둘째 그 문자를 사용하는 개별 언어와의 관련에서 그 언어 단위와 체계를 표기하기에 편리하고 적합하여야 한다는 것이다.

체계성, 식별성, 언어단위 표기에 적합

문자의 역할

이처럼 인위적 힘을 가해 가며 문자를 창안한 인류는, 문자에 기대어 어떤 도움을 받으려 했을까? 문자는 인류 문명의 발달에 과연 어떤 역할을 했고, 얼마나 공헌도가 높았을까? 이제 문자의 역할에 대해 논할 시간이다.[8)]

세상에 존재하는 모든 것이 그러하듯이, 문자 역시 양면성을 지닌다. 긍정적인 면과 부정적인 면을 동시에 가진 문자의 양면성을 알기 위해, 역사 속에 숨겨진 사연들을 꺼내가며 이야기해

---

8) 문자의 역할에 대한 좀 더 구체적 논의는 7장에서 이루어진다.

보자.

문자는 선전수단으로 이용

첫째, 문자는 선전수단으로 이용되었다. 이집트의 상형문자가 대표적인 예로, 이집트와 히타이트 간의 전쟁에서 승리한 사실을 후대에 자랑하듯 새겨놓았다.

불멸에 대한 욕망을 드러내는 도구

둘째, 문자는 불멸에 대한 욕망을 드러내는 도구였다. 알파벳을 변형하여 기록한 장례용 명문이 그 예이다. 그러한 문자를 통해 기록된 바의 주인공은 문자와 함께 영원히 살아 있으려 했을 것이다.

미래에 대한 예언

셋째, 문자는 미래에 대한 예언을 나타내었다. 문자를 통해 미래를 점친 예들을 많이 찾아볼 수 있는데, 마야인들이 역법을 사용해서 점을 본 것이나 중국의 갑골문자가 그 예이다. 중국의 갑골문자 같은 경우는 동물의 뼈나 뿔에 글자 새긴 후, 불에 넣어 어떻게 금이 가는가를 보고 점을 보았다고 한다.

신분을 표시하는 도구

넷째, 문자는 문자를 지배하는 자의 신분을 표시하는 도구였다. 자신의 권력과 재산권을 표시하기 위해 문자를 사용한 것이다. 필자는 개연성 있는 가상 세계를 다룬 한 영화에서, 지배자가 피지배자에게 문자사용을 금지시키는 장면을 본 적이 있다. 문자를 무기로 사용하거나 권력의 상징물로 이용한 예를 영화에서 다룬 것인데, 실제로 카르투시는 주로 신의 이름이나 파라오의 이름에 사용된 것인데, 왕이나 신이라는 신분을 증명하는 데 사용되었다.

계산을 하기 위한 것

다섯째, 문자의 사용 목적 중에 가장 중요한 것인데, 계산을 하기 위한 것이었다. 메소포타미아에서는 옛날부터 수를 기록하기 위해 진흙으로 만든 토큰을 사용해 왔다. 여기서 나온 자료를 검토해 보면, 곡식의 양, 상품의 목록, 일꾼의 이름이나 직무, 토지의 소유주 이름, 신전의 수입과 지출, 생산량, 물건을 운송한 날짜 등이 기록되어 있다. 이런 자료는 문자가 계산을 하기 위해 쓰였다고 볼 수 있는 결정적 증거이며, 문자가 기억의 보조 수단의 역할을 했다는 점에서 구체적인 증거가 된다.

역사를 거쳐 오면서 문자의 기능은 추가되었고, 시간이 많이 흐른 현대에 와서 문자는 다른 의미로 혹은 다른 기능으로 전용되어 쓰인다. 우리는 눈을 떠서 감을 때까지 문자와 더불어 살아가고 있으므로, 예전 다수의 피지배자들처럼 이런 문자의 힘에 지배당하지 않으려면 문자의 기능에 관심을 둘 필요가 있다. 이런 작은 노력을 기울여 우리는 문자의 위력을 아는 사람이 되어야 할 필요성이 있다. 왜냐하면 문자는 여전히 고유한 제 기능을 갖고 있으며, 오히려 더 많은 구실을 우리 곁에서 해내고 있기 때문이다.

2. 문자의 발생과 발달 1

2.1. 문자 이전

기록에의 도전

그림 인류는 자신들이 영유하는 음성언어를 이용해 의사소통을 하였지만, 그 전달의 한계를 벗어나기 위해 그림을 그리기 시작했다. 그것이 바로 전 세계 곳곳에 남아있는 벽화이다. 과연 인류가 자신의 의사를 나타낸 것은 언제부터였을까? 지금까지 밝혀진 바에 의하면 벽화를 그린 것은 22000년 전부터라고 한다.

〈사진 2-1〉 알타미라 동굴벽화

우리나라에도 울산 반구대 암각화나 고대 삼국의 왕들의 무덤에 남아있는 벽화들이 있다. 울산 반구대 암각화에서는 동물의 모습과 고래를 사냥하는 모습 등을 생생히 묘사하고 있다.

〈사진 2-2〉 울산 반구대 암각화(일부)

그리고 조선시대의 『삼강행실도』(1432)의 그림을 예로 들 수 있다. 조선 세종 때에 진주에서 자식이 부모를 죽이는 엄청난 사건이 발발하자, 우매한 민중에게 예와 도를 가르치기 위해 국가에서는 예절 서적을 발행해야 할 필요를 느낀다. 그러나 백성들은 어려운 한자를 읽지 못하므로 그 목적에 부합하기 위해서 그림을 이용하게 된다. 먼저 그림만으로 백성들을 가르치다가 훈민정음이 창제된 후에는 그 위에 그러한 내용을 언해하여 새겨 두었던 것이다. 바로 수천 년 전 문자가 없던 시기에 의사를 전달하기 위해 그림을 사용했던 방법을 문자를 모르는 백성들을 위하여 사용한 것이었다. 고대인들이 문자의 필요성에 매우 절박했고 이를 실천하려는 강한 의지를 읽을 수 있는 또 다른 시기의 예가 아닐까?

삼강행실도

〈사진 2-3〉 삼강행실도의 그림

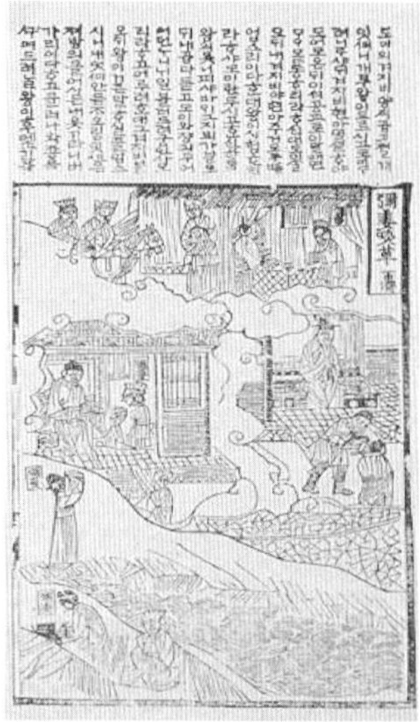

〈사진 2-4〉 삼강행실도 언해

이와 같은 회화는 단순히 그림으로 그치지 않고 좀 더 상형성과 규칙성을 획득하여 회화문자로 발전한다. 문자 발달사에서 보면 회화문자는 가장 원시적인 문자 형태로 인정된다. 회화문자에 대해서는 다음 장에서 좀 더 구체적인 내용을 소개하게 될 것이다.

회화문자

그림[회화]를 제외한다면, 인류는 문자가 발생하기 이전에는 어떤 방법으로 자신의 의사를 기록하고 주고 받았을까? 문자 이전에는 주로 물건을 사용해서 시·공간적인 제약을 극복하고자 했다. 매듭[結繩], 부절(符節), 계산막대기 같은 것이 애용된 도구였다. 문자 발생 이전에 정보 누적과 기억의 보조 수단으로 인류는 많은 도구를 이용해 왔는데, 이를 통해 물건을 사용하는 방법을 말하거나, 어떤 물건의 목록이나 물건의 수량을 나타내게 했다.

매듭, 부절, 계산막대기 같은 것

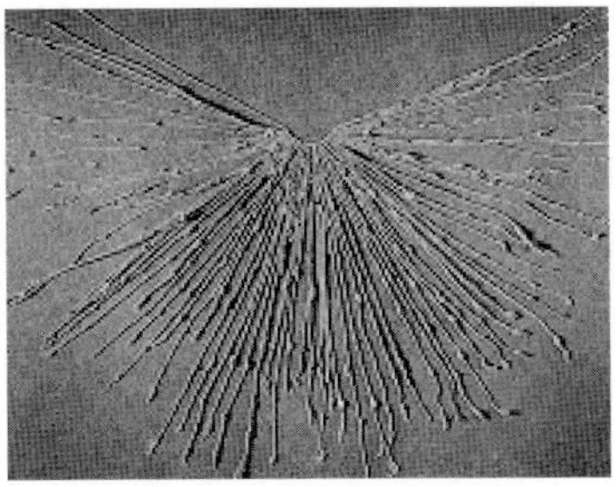

〈사진 2-5〉 매듭

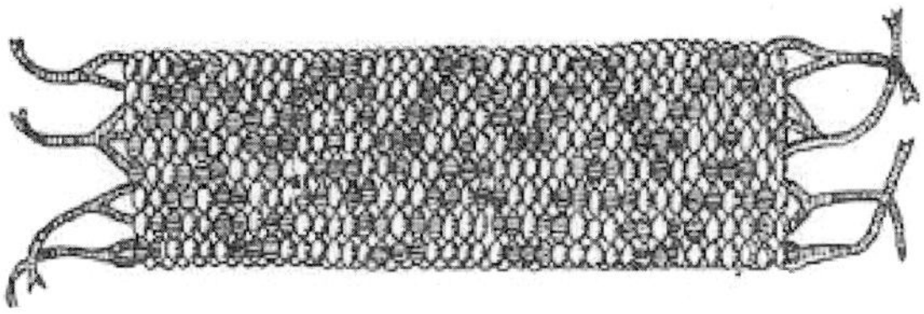

〈사진 2-6〉 매듭

예를 들어, 계산막대기는 크기에 따라서 수량을 나타내는 단위가 결정되는 것인데, 실제로 영국에서는 1884년까지 사용된 것이라 한다.

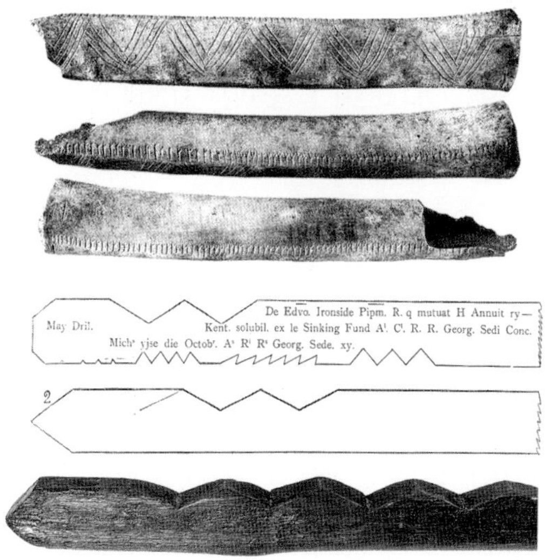

〈사진 2-7〉 계산막대기

사물의 수효나 색상 및 형태가 주는 특성을 이용한 경우

조개의 수효

사물의 수효나 색상 및 형태가 주는 특성을 이용한 경우도 있다. 나이지리아의 요루바(Yoruba)인들은 조개의 수효로 정보를 전달했는데, 하나는 '도전과 실패', 두 개를 연결한 것은 '관계와 회합', 세 개를 떨어뜨려 놓은 것은 '이별과 적의', 여섯 개는 '매료되었다', 여덟 개는 '동의한다'는 의미로 사용되었다. 한편 북아메리카의 이로쿼이(Iroquois)인들은 채색된 구슬띠로 정보를 전달했는데, 어두운 색은 엄숙·위험·적의·슬픔·죽음을, 흰색은 행복을, 붉은색은 싸움의 의미로 사용되었다.[9)]

문자다운 문자의 시작

문자가 처음 사용된 시기를 기원전 3000~4000년이라고 추정

원시 문자가 비교적 '완전한 문자, 문자다운 문자, 진정한 문자'로 발전한 시기는 언제일까? 뒤에서 설명하겠지만 문자가 처음 사용된 시기를 기원전 3000~4000년이라고 추정하므로 그 시기는 지금으로부터 약 6000년 전이 된다.[10)]

앞서 문자 창제의 동기를 진지하게 고민한 바 있다. 인류는 개인 및 사회생활의 필요에 따라서 문자를 발명했다고 보았고, 가장 중요한 문자의 기능은 계산하는 것과 같은 기억의 보조 수단이라고 언급했다. 문자 발생 이전 시기나 원시문자 시기에, 인류는 기억의 한계를 극복하기 위해 많은 노력을 한 흔적이 남아있다. 그 예로 아랍인들은 기억력이 뛰어난 사람을 뽑아 전문가를 양성하기도 했다고 한다. 이슬람교가 융성하기 이전에 아랍인들의 대부분은 문자를 모르는 유목민이었는데, 이슬람 세계에서는 이들에게 '코란'을 전수하기 위해서 많은 전문 암기인인 후파즈(Huffaz)를 양성했다고 한다. 그런데 알라의 사후에 벌어진 전쟁에서 대부분의 후파즈들이 살해됨에 따라 이슬람 세계도

9) 한국의언어문화편찬위원회(2003 : 124)

10) 지금 현재 지구상에는 대체로 5000~7000개의 언어가 사용되고 있다고 하는데, 그 중에서 문자 체계를 가지고 사용하는 것은 100여 개밖에 되지 않는다고 한다.

후파즈를 대신하여 문자를 받아들이게 되었다는 것이다.[11] 이러한 사실은 회화문자나 원시 문자로 해결할 수 없는 문제들이 산재했다는 것을 말해 준다. 회화문자는 복잡하고 주관적이어서 규범화되지 못했고, 의미 전달의 모호성이나 제한성을 늘 안고 있어서, 완전한 문자에 대한 열망을 막을 수 없었을 것이다.

회화문자는 복잡하고 주관적이어서 규범화되지 못했고, 의미 전달의 모호성이나 제한성을 늘 안고 있다.

<사진 2-8>의 의미는 무엇일까? '산양은 올라 갈 수 있으나 사람이 말을 타고 갈 수 없다'는 의미를 나타낸다.

〈사진 2-8〉 인디언의 회화문자

추상적인 관념이나 사회 질서를 압축적으로 표현하려는 노력은 고금을 막론하고 계속되어 온 인간 의사소통만의 특성이다. 최근 한 신문에서 세상에서 가장 번역하기 힘든 단어는 아프리카 콩고의 'llunga'라고 보도했다.[12] 콩고인들의 설명에 따르면 이 단어의 의미는 '어떤 공격을 하더라도 처음에는 용서하고 두 번째도 인내하지만 세 번째는 절대 용납하지 않는 사람'의 의미를 지닌다고 한다. 이 단어의 뜻을 완전히 전달할 수 있는 영어 단어는 존재하지 않는다고 한다. 영국의 번역 전문회사인 '투데이 트렌스레이션스'(Today Translations)가 1000명의 언어학자를 대상으로 조사한 결과 이 단어가 번역하기 까다로운 단어의 1

11) 한국의언어문화편찬위원회(2003 : 125)
12) 한국일보 2004년 6월 24일자

위로 꼽혔다는 것이다. 이것은 문자의 예가 아니라 개념과 형식만을 갖는 음성언어의 예에 더 가깝지만, 문자 표기 대상의 원천이 음성언어라는 점에서 볼 때 인간 언어는 이처럼 추상성 확보가 필연적인 요건이 된다는 점을 위 예를 통해 강조하고 싶다.

형태상 좀더 간략하고 관용성과 사회성을 획득해 모호함이 줄어든, 규범적인 문자가 출현

이로써 형태상 좀더 간략하게 되었고 관용성과 사회성을 획득해 모호함을 줄여준, 규범적인 문자가 출현하게 되었다. 이 문자는 회화문자보다 더 추상적인 내용을 쉽게 담을 수도 있으며, 체계를 갖추고 있어서 배열에 규칙적이고, 총체적 의미를 전달하는 장점도 갖는, 말 그대로 '문자다운 문자'로 여겨지는 것이었다.

2.2. 문자의 발생과 발달

문자 유무가 그 문명의 발달 정도와 얼마나 필연적인 관계가 있을까? 그 관련성을 명료화하기 힘들지만, 한 가지 확실한 것은, 문자가 있음으로 해서 문명이 폭발적으로 발전했다는 사실이다. 문자가 정보의 누적 및 전수에 촉매제로 작용한 것이다.

문자는 신의 선물

고대인들은 문자를 신이 만들어 인간에게 선물한 것이라고 생각했다. 이집트에 남아있는 유적들에 새겨진 문자들은 이런 사상 아래에서 만들어진 대표적 예이다. 중국의 경우에는 고대 삼황(三皇) 중에 황제(黃帝)가 창힐(倉頡)을 시켜서 문자를 만들게 했다고 한다. 그러나 창힐이 새 발자국을 보고 문자를 만들었다는 이야기는 단지 이야기에 지나지 않는 것으로 보인다. 문자란 그리 쉽게 얻을 수 있는 자산이 아니며, 필요성에 의해 부단히 노력해서 서서히 얻어내는 것이라 했다. 인류는 이렇게 조금씩 진정한 문자생활에 접근해 나갔던 것이다.

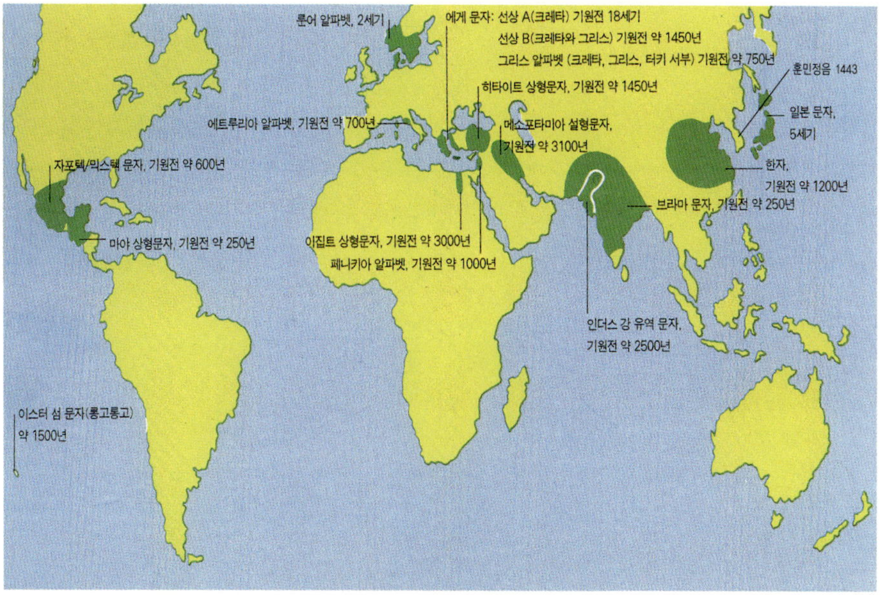

〈사진 2-9〉 문자 발생 지역의 지도

<사진 2-9>와 <표 2-1>에서 보듯, '문자다운 문자'는 인류가 문명을 연 여러 지역에서 발생하였다. 가장 오래된 문자는 '비옥한 초승달 지역'이라는 메소포타미아 지역에서 시작되었다. 이와 비슷한 시기에 이집트, 중국 등에서 문자가 발생하였고 이들 문자가 주위 지역으로 전파되고 발전되었다. 메소포타미아 지역

다음 <표 2-1>은 문자의 발생과 발달을 간략히 보여주는 것이다. 이집트, 중국

빙하 시대(기원전 25000년 이후)	원시 문자, 즉 그림을 이용한 의사소통 수단 이용
기원전 8000년 이후	중동, 점토판 '토큰'이 계산에 사용됨
기원전 3300년	이라크의 우루크, 수메르 점토판에 문자 사용
기원전 3100년	메소포타미아 설형문자 시작
기원전 3100-3000년	이집트 상형문자 시작
기원전 2500년	파키스탄 인도 북서부, 인도 문자 시작
기원전 18세기	크레타 선상문자A 시작
기원전 17~16세기	팔레스타인, 최초의 알파벳
기원전 1450년	크레타 선상문자 B시작
기원전 14세기	시리아 우가리트, 설형문자 알파벳
기원전 1200년	갑골에 한자 기록 시작
기원전 1000년	지중해 지역 페니키아 알파벳 기록 시작
기원전 730년	그리스 알파벳 기록 시작
기원전 약 8세기	이탈리아 북부, 에트루리아 알파벳 등장
기원전 521~486년	페르시아 왕 다리우스 통치, 베히스툰 비문 조성
기원전 400년	이오니아 알파벳이 그리스 표준 알파벳이 됨
기원전 270년	인도 북부 아소카왕이 브라미 문자와 카로슈티 문자로 암벽에 법령을 새김
기원전 221년	진 왕조가 한자 철자법 개혁
서기 2세기	북유럽, 룬 명문 시작
615년	멕시코, 마야 고전기 팔렝케의 지배자 파칼
800년 이전	중국, 인쇄 발명
9세기	러시아, 키릴 알파벳 발명
1443년	한국의 세종대왕, 한글 발명
1560년대	유카탄, 디에고 드 란다가 마야 '알파벳' 기록
1821년	미국, 세쿼이아가 체로키 '알파벳' 발명

〈표 2-1〉 문자 발생 연표

현전하는 문자들을 그 유형에 따라 다음과 같이 분류하기도 한다.[13]

13) DeFrancis(1989)의 문자 분류표와 Sampson(1985)의 문자 유형.

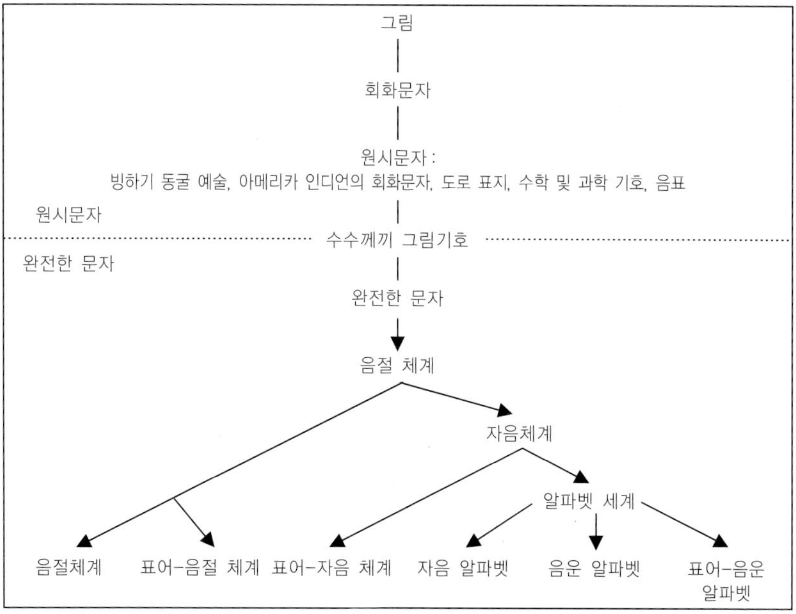

〈사진 2-10〉 문자 발달 유형에 따른 분류표

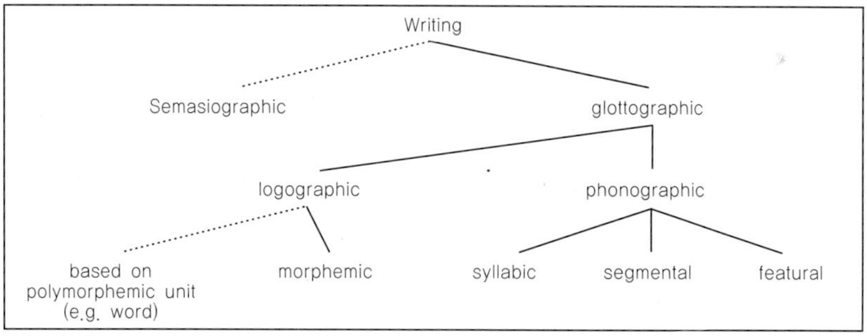

〈사진 2-11〉 문자의 유형

위의 문자 분류표를 통해 우리는 한글의 위상을 알 수 있다. 위 <사진 2-10>에서 오른쪽과 아래쪽에 위치하는 예일수록 발달된 형태를 보여주는 것이다. 완전한 문자의 등장 이후 분화된 가지를 따라가 보면, 한글은 문자 역사상 최후의 가지에 위치하고 있다. '회화(繪畵) > 표의(表意) > 음절(音節) > 음운(音韻) >

자질(資質)'로의 흐름은 문자다운 문자가 갖출 요건에 더 근접한 형태로의 자연스러운 변화이다. 이는 문자가 창안될 때 의도했던바, 인간의 욕구을 가장 잘 실현시킬 가능성이 있는 것이다. 문자를 공부하는 우리는 이제 발전된 문자에 대한 뚜렷한 기준을 가지고 발달 흐름을 염두에 둔 채, 아래 개별 문자들을 볼 수 있을 것이다.

2.3. 문자의 유형적 분류

이상에서 언급한 문자들은 두 가지 측면에서 분류할 수 있다. 그 하나는 문자가 표기하는 대상 즉 언어 단위에 따라 분류하는 것이고 다른 하나는 문자가 발생하고 전파되는 데에 따라 유형적 분류 분류하는 것이다. 전자를 유형적 분류라 할 수 있고 후자를 계통적 분류라 부를 수 있을 것이다. 계통적 분류 계통적 분류에 대한 논의는 다음 장에서 논의하기로 하고 여기서는 유형적 분류에 대해 논하기로 한다.

문자가 표기하는 대상은 단어이거나 소리이다. 전자는 언어의 내용 즉 의미를 표기하는 것이고 후자는 언어의 형식 즉 음 표의문자 성을 표기하는 것이다. 전자를 표기하는 문자를 표의문자라 하고 표음문자 고 후자를 표기하는 문자를 표음문자라 한다.

2.3.1. 표의문자

표의문자가 말하려는 것들

이 지구상의 모든 문자는 표의문자(表意文字)와 표음문자(表音文字)의 두 계통 중 하나에 속한다. 그런데 완전한 체계를 갖춘 초기의 문자들은 모두 상형문자이면서 표의문자라는 공통점을 갖고 있다. 인류 최초의 문자는 그림문자였고, 그림문자에서 상형문자가 탄생했기 때문에 이것은 당연한 귀결일지도 모른다.

완전한 체계를 갖춘 문자가 되려면 음운, 단어, 문법, 의미 등의 언어 단위에 대응하여 그것을 표기해야 하는데, 이 중 상형문자는 단어와 대응되어 단어가 가진 뜻과 소리를 다 나타낸다. 따라서 표어문자(表語文字)라고도 한다. 여기서 '어'(語)는 단어라는 것으로 단어는 의미와 소리를 지니므로 단어문자라고도 한다. 또 이러한 문자가 의미를 직접적으로 나타낸다고 해서 표의문자라 하는 것이다.

음운, 단어, 문법, 의미 등의 언어 단위에 대응하여 그것을 표기해야 한다.

표어문자

한편, 상형문자는 말 그대로 사물의 모양[形]을 본떠서[象] 만든 것이다. 그런데 상형문자의 경우, 존재하는 사물을 표현하려면 그 하나하나를 모두 문자로 만들어내야 하므로 그 수가 무척 많아질 수밖에 없다. 만약 추상적인 관념을 표현하려면 더욱 복잡한 양상을 띤다. 글자 수를 다 셀 수 없다는 중국의 한자도 그러하며, 이집트 상형문자 역시 거의 6000개의 글자를 사용한다. 이들 문자 체계는 그 글자 수가 많고 개념을 드러내기가 복잡하기 때문에, 각 문자 체계의 필경사는 힘든 수련 과정을 거쳐야만 했을 것이다. 물론 이처럼 어려운 문자 습득 과정은, 문자를 사용한다는 것이 곧 힘을 얻는 도구라는 역사적 사실을 알려 준다. 상형문자로는 이집트의 신성문자, 중국의 갑골문자, 수메르 설형문자, 마야와 아즈텍의 장식문자, 크레타의 선형문자 등이 있다.

상형문자

그 수가 무척 많아질 수밖에 없다.

〈사진 2-12〉 아즈텍인의 장식문자

표의문자에서 표음문자로

인류의 초기 문자가 사물을 직접 그림으로써 그 의미를 기록하는 것으로 시작되었으나, 결국 상형문자의 사용은 어려운 문제에 부딪혔다. 우선, 사물을 본뜨기 때문에 문자의 수가 엄청나게 늘어난 것이다. 게다가 가시적인 것은 그릴 수 있으나 보이지 않는 추상적인 개념은 그릴 수가 없다는 점에 인류는 답답해한 것 같다. 이런 단점 때문에 인류의 조상들은 상형문자를 조금씩 발달시키게 된다. 수메르인과 이집트인이 시도한바, '레부스(rebus)' 체제는 그 좋은 실례이다.

레부스 체제

레부스라는 것은 어떤 대상을 묘사한 기호가 그 기능에만 국한되지 않고 소리를 기록하는 데도 사용되는 체계 즉, 단어문자(표의문자)가 그 의미에만 구애되지 않고 음의 표기에도 이용되는 방법이다. 이 말은 17세기에 자주 사용하던 라틴어구인 'non verbis sed rebus(단어가 아니라 사물에 의해서)'에서 나온 용어이다. 이 체계의 사용은 문자 발달에 상당히 중요한 역할을 하게 된다. 바로 표의문자가 표음문자로 발달하는 획기적인 근거를 마련했다는 것이다. 이로써 상형문자가 미래에 음절문자로 비약적인 발전을 하는 계기가 마련된다. 다시 말하면, 상형문자는 레부스 체제를 사용하면서 표음문자로 발전한다. 물론 이때의 표음문자는 음절문자를 뜻한다.[14)]

단어문자(표의문자)가 그 의미에만 구애되지 않고 음의 표기에도 이용되는 방법

상형문자가 음절문자로 비약적인 발전을 하는 계기

<사진 2-13>은 레부스를 사용한 편지이다. 그림 문자로 된 것으로, 19세기(1869년)에 써진 것이다. 상형문자의 단점을 보완하기 위해 쓰인 체제이므로, 상형문자에서 보기 힘든, 추상적인 개념과 소리를 적은 흔적을 볼 수 있다. 예를 들면, 눈과 물방울을 합성해서 '슬픔과 울음'이라는 추상적인 개념 표현한 것이

14) 레부스 체계에서 어떤 기호가 어떤 발음을 나타내는 데 사용되었다면 그 기호는 언제나 그 발음을 나타내는 데 사용된다. 만약 소리만을 기록하는 것에 관심을 두면, 그 결과로 의미상 관련 없는 소리들이 우연히 일치하는 양상을 띠기도 한다. 중의성 때문에 둘 이상의 단어가 동음이의어가 되는 것이다.

다. 이런 과정을 거쳐서 소리를 표현하게 되고, 이것은 음절 혹은 음소로 나타난다.

앞의 예를 보면서 표음문자가 대부분의 현대인을 정복한 19세기에도 이런 체계가 사용되었다는 사실에 의아해하는 사람들도 많을 것이다. 그러나 휴대전화 메시지를 보낼 때 사용되는 아래 예들은 레부스 방식이 21세기에도 유용하다는 것을 말해 준다.

〈사진 2-13〉 레부스 편지의 일종

- C U 2morow(See you tomorrow)
- O I C (Oh! I see)
- B4 (Before)
- HAND (Have A Nice Day)
- TX (Thank)
- LUV ME 10DER(Love me tender)
- CUL(See you later)

〈사진 2-14〉 일종의 현대식 레부스

수메르의 설형문자, 이집트의 신성문자, 중국의 한자 등도 음절을 나타내는 글자로 쓰이거나 그러한 기능을 갖고 있다. 그러므로 상형문자라고 하면 모두 표의문자라고 보는 것은 오해이다. 예를 들어 이집트 문자에는 뜻을 나타내는 문자도 있고, 소리를 나타내는 문자도 있고, 뜻도 소리도 아닌 것을 나타내는 문자도 있었다. 발생할 때는 표의문자로 발생했지만 발달하면서 표음문자도 포함하게 되는 것이다. 또한 기원전 2500년경 바빌로니아로 전달된 수메르 문자에도 이러한 예가 있다. 바빌로니아에서 수메르 문자의 대부분을 표음문자화한 것이었다.

2.3.2. 표음문자

표음문자의 여러 양상

소리만을 옮겨 적기 위한 문자 체계를 표음문자

음절문자, 음소문자, 자질문자

문자를 쓰는 목적을 고려할 때, 문자를 통해 의미를 전달하는 것이 아니라, 다만 그 소리만을 옮겨 적기 위한 문자 체계를 표음문자라고 하는데, 궁극적으로는 소리가 모여서 의미를 전달하는 문자 체계라 할 수 있다. 표음문자에는 음절문자, 음소문자, 자질문자가 있다. 오늘날 자모음을 다 갖춘 알파벳의 선구가 음절문자에서 시작된 바와 같이, 처음에 표음문자는 대부분 음절문자였으나 차츰 음소문자로 발전해 간다.

하나의 음절을 하나의 글자가 표기하는 문자 체계를 음절문자

하나의 음절을 하나의 글자가 표기하는 문자 체계를 음절문자라고 한다. 일본의 가나, 아메리카 인디언의 체로키 문자, 키프로스 문자, 그리고 인도의 데바나가리 문자 등이 여기에 속한다. 음절문자는 표의문자가 표음문자로 가는 길목을 마련했고, 하나의 음절이 의미 전달의 규범에서 벗어나 표음성을 획득했으므로, 글자 수가 줄어드는 등 이전 단계의 문자에 비해 한층 발전되었다고 평가된다.

あ[a] い[i] う[u] え[e] お[o]
か[ka] き[ki] く[ku] け[ke] こ[ko]
さ[sa] し[si] す[su] せ[se] そ[so]
た[ta] ち[tsi] つ[tsu] て[te] と[to]
な[na] に[ni] ぬ[nu] ね[ne] の[no]
は[ha] ひ[hi] ふ[hu] へ[he] ほ[ho]
ま[ma] み[mi] む[mu] め[me] も[mo]
ら[ra] り[ri] る[ru] れ[re] ろ[ro]
や[ya] ゆ[yu] よ[yo]
わ[wa] を[wo]

〈사진 2-15〉 가나

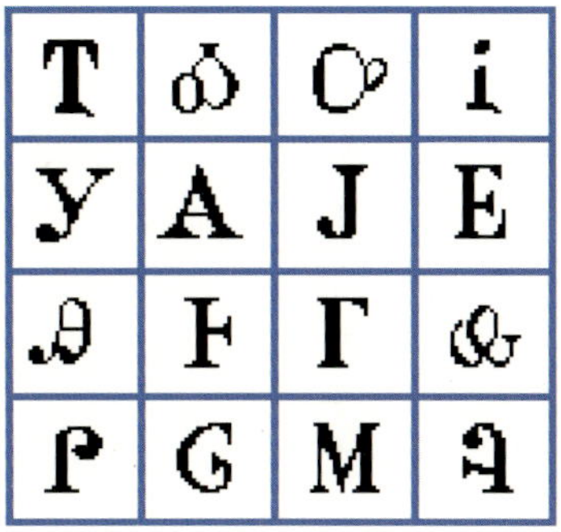

〈사진 2-16〉 체로키 문자

क	ka	[kʌ]	ख	kha	[kʰʌ]	ग	ga	[gʌ]	घ	gha	[gʱʌ]	ङ	ṅa	[ŋʌ]
च	ca	[cʌ]	छ	cha	[cʰʌ]	ज	ja	[ɟʌ]	झ	jha	[ɟʱʌ]	ञ	ña	[ɲʌ]
ट	ṭa	[ʈʌ]	ठ	ṭha	[ʈʰʌ]	ड	ḍa	[ɖʌ]	ढ	ḍha	[ɖʱʌ]	ण	ṇa	[ɳʌ]
त	ta	[tʌ]	थ	tha	[tʰʌ]	द	da	[dʌ]	ध	dha	[dʱʌ]	न	na	[nʌ]
प	pa	[pʌ]	फ	pha	[pʰʌ]	ब	ba	[ʋʌ]	भ	bha	[bʱʌ]	म	ma	[mʌ]
य	ya	[jʌ]	र	ra	[rʌ]	ल	la	[lʌ]	व	va	[ʋʌ]			
श	śa	[ɕʌ]	ष	ṣa	[ʂʌ]	स	sa	[sʌ]						
ह	ha	[ɦʌ]	ळ	la	[ɭʌ]									

〈사진 2-17〉 데바나가리 문자

그러나 음절문자는 여러 면에서 불편함을 가지고 있어서 문자의 꿈을 완성하는 단계는 아니었다. 페르시아의 설형문자를 생각해 보자. 설형문자는 수메르어를 기록하기에 적합했다. 이들은 단순화된 음절체계에 모음이 필요하면 '아, 이, 우' 등을 이용하여 표기해 나갔다. 그러나 음절문자는 '모호하다'는 단점을 가지고 있었다. G, H는 두 가지 음가를 지니고 있었으며, D, M은 세 가지 음가를 보여준다. 철자가 달라도 발음이 같을 수도 있고, 같은 철자에 의미가 다르기도 하며, 심지어는 발음은 같은데 철자도 의미도 다를 수 있었다. 이러한 모호함을 극복하기 위해, 정확성을 기하려고 그들은 한정사를 붙였다. 한정사는 이들 문자 실례에서 음가 없는 철자로 나타난다.

한정사

음절문자가 음소문자에 비해 후진성을 지녔다는 것은 알파벳 이전의 그리스 문자에서도 드러난다. 그리스 문자의 한 부류인 미케네인의 문자는 수 세기를 지나면서도 문자의 형태가 변화하지 않았다. 셈족이 중기 청동기 이후 자음 조직으로 이루어진 다양한 알파벳을 고안하는 동안에도, 그리스 문자는 여전히 음절 조직 체계를 갖고 있었다. 이것은 셈족에 비해 알파벳 이전의 그리스 문자가 후진성을 갖고 있었다는 것을 말해 주며, 결국 이들은 셈족의 언어를 기록하던 문자 체계를 받아들여서 모음을 추가하여 그리스 알파벳을 고안하게 된다.

음소문자
표음성이 더 강한 문자
자음과 모음을 적는 기호

음소문자란 음절문자보다 표음성이 더 강한 문자로, 문자가 자음과 모음을 적는 기호들로 나누어진다. 그러므로 문자 기호가 더 간략해지고 정형성을 획득한다. 음소문자 가운데는 자음 중심의 문자, 모음이 부차적인 자음 기초적 문자, 그리고 자음과 모음이 동등한 가치를 인정받는 문자 등으로 나뉜다. 에티오피아나 인도의 문자는 자모가 기호로 두루 갖추어 있으나, 자음이 기본적인 문자이다. 그러나 로마 알파벳은 자음과 모음이 개별적으로 가치를 가진다.

표음문자의 완성, 자질문자

음소 기호가 소리만이 아니라, 음소의 자질을 시각적으로 나타내는 문자 체계를 자질문자라고 한다. 자질문자의 유일한 예가 바로 한글이다.

문자 자체가 음소의 자질을 시각적으로 나타내는 문자체계를 자질문자

한글은 먼저 자음과 모음이 그 모양만으로 분명히 구분된다. [ㄱㄴㄷㄹㅁㅂㅅㅇㅈㅊㅋㅌㅍㅎ:ㅏㅑㅓㅕㅗㅛㅜㅠㅡㅣ] 이에 대해 알파벳은 모양만으로 자음과 모음을 구별하지 못한다. 한글을 읽지 못하는 외국인에게 자음과 모음의 몇 예를 보여 준 후, 40개의 자모를 섞어두고 가려내라고 하면 큰 오류 없이 구분해 낸다. 그것은 자음과 모음 기호가 시각적으로 구분되기 때문이다. 또한 모음은 획을 더한 방향에 따라 음과 양의 대립이 드러난다. 이로써 음상을 드러낼 수 있는 것이다.[ㅏㅑㅗㅛ : ㅓㅕㅜㅠ] 자음은 그 모양이 조음 위치를 말해 준다. 자음 기호가 발음 기관이 사용되는 방식을 도형적으로 나타낸 것이기 때문이다. 그러므로 같은 위치에서 조음되는 자음은 같은 기본 모양을 포함하고 있다.[ㄱㅋㄲ:ㄴㄷㅌㄸ:ㅁㅂㅍㅃ:ㅅㅈㅊㅆㅉ:ㅇㅎ] 이때 기본 글자에 획을 더한 정도에 따라 센 소리와 약한 소리가 구별된다.[ㄱ-ㅋ:ㄴ-ㄷ-ㅌ:ㅁ-ㅂ-ㅍ:ㅅ-ㅈ-ㅊ:ㅇ-ㅎ] 한글은 자음에 모음을 더하거나 다시 자음을 첨가해서 음절 형성하므로, 음소문자인 동시에 음절문자이기도 하다.[다, 강, 음, 과, 곽]

자음과 모음의 구별

양모음과 음모음의 구별

자음 : 발음기관 상형

자음 : 가획

한글은 음소문자인 동시에 음절문자

실용성과 이론을 갖춘 한글은 한국어 음소를 정밀하게 분석한 결과에 토대를 두고, 음성적 원리에 기초하여 도안한 것이어서, 알파벳의 꿈을 완성한 것으로 평가받고 있다. '단순하고 효율적이고 세련된 알파벳'이라든지, '문자생활의 사치'와 같은 별칭을 받은 한글에 대해, 많은 언어학자들은 이것이 알파벳의 꿈을 이룬 고전작품이라고 한다.

3. 문자의 발생과 발달 2

비옥한 땅, 메소포타미아 지역에 살고 있던 몽고족들이 그들의 말을 기록하기 위해 상형문자를 발명했다. 그리고 이들이 상형문자를 진흙판에 쓰게 되면서 설형문자로 발전하게 되는데 이것이 바로 기원전 3300년경에 비롯되었다고 추정되는 수메르 문자이다. 이를 시작으로 문명이 일어난 곳에서는 시기를 다투어 가며 문자의 역사가 펼쳐졌다. 기원전 3100년경에는 나일강 유역의 이집트에서 문자의 사용이 시작되었다. 기원전 2500년경에는 인도에서, 기원전 1900년경에는 크레타에서, 그리고 기원전 1200년경에는 황하 강가의 중국에서 문자생활을 시작하게 된다. 한편으로 중앙아메리카의 멕시코에서도 기원전 600년경에 문자를 사용한 것이 드러났다. 이 문자들은 전부 상형문자라는 공통점을 지닌다.

이제 각 지역의 문자가 어떻게 발생했고, 그 문자는 어떤 성격을 가지고 있으며, 이를 해독하는 데는 어떤 노력이 기울여졌는가에 대한 탐구를 시작하려고 한다.

3.1. 수메르 문자

3.1.1. 수메르 문자의 발생과 발달

기원전 3300년경 수메르 문자가 나타난다. '태양신 아카드, 도시의 왕 사르곤'이라는 내용이 새겨져 있는 사르곤 1세의 도장이 발견되었는데, 그 문자가 최초의 문자로 여겨지는 것이다. 그 문자의 반은 상형문자이고, 반은 설형문자이다. 우르크 지역의 점토판이나, 토큰도 함께 살펴볼 중요한 유적들이다. 초기의 수메르 문자들은 신전과 관련되는 내용들을 주로 적어놓았다.

기원전 3300년경 수메르 문자

수메르 지역에는 기원전 4000년경에 몽고족이 살았다고 한다. 그래서 수메르어는 바로 몽고어와 같은 계통이 된다. 알려진 바와 같이 몽고어는 우리 국어와 마찬가지로 교착어이다. 그 곳의 북쪽은 아카드[산악지대]이고, 남쪽은 수메르[강] 유역이다.

우르크에서 기원전 3300년경 발생한 수메르 문자는 기원전 2500년경 전역에서 사용된다. 기원전 2000년경에는 앗시르에서, 기원전 500년경에는 페르시아에서도 사용되었다. 이 수메르 문자가 인도로 전파된다. 이후 수메르 문자는 서기 75년까지 쓰였으나, 그 이후에 제작된 유적은 지금까지 발견되지 않았으니, 3500년 가까이 사용된 것이다.

수메르 문자는
앗시르, 페르시아, 인도로 전파

메소포타미아 지역 안에서 스스로 발달하기도 하고, 또 다른 지역으로 전파되면서 발달한 수메르 문자는 처음 상형문자에서 설형문자로 발전하게 된다. 상형문자가 설형문자가 되는 데는 필기도구의 영향을 받은 것이다. 수메르 문자는 진흙판에 쐐기 모양의 필기구로 새겨졌는데, 이러한 도구의 변화가 결국 문자의 변화를 낳았다. 상형문자를 시계 반대 방향으로 회전하여 쐐기로 찍은 것이 설형문자이고, 문자를 회전하는 작업 과정을 통해서 복잡한 상형문자가 간단하게 된다. 초기에는 우측에서 좌

진흙판에 쐐기 모양의 필기구로 새겨졌다.

측으로 써나갔는데, 서서히 여러 지역으로 전파되면서 좌에서 우로 읽는 방식을 택하게 되었고, 읽는 방법도 여러 가지가 되었다.

〈사진 3-1〉 수메르 문자(유물)

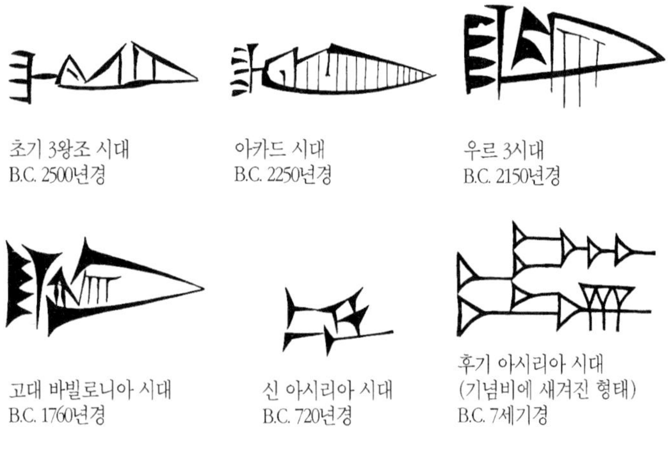

〈사진 3-2〉 왕(사람+왕관)을 나타내는 기호의 변천

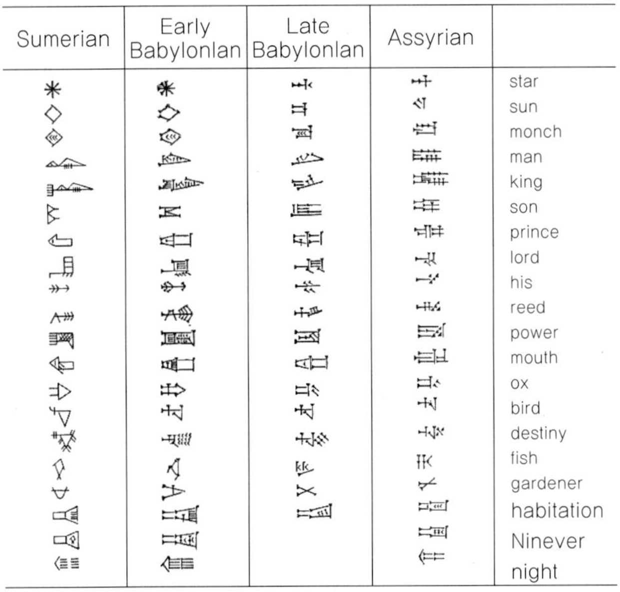

〈사진 3-3〉 설형문자의 발달

수메르에서 발생한 수메르 문자는 여러 지역으로 전파가 된다. 바빌로니아 문자, 아시리아 문자, 페니키아 문자가 여기에 속하는데 이는 위에서 확인할 수 있다.

수메르 문자가 표의문자(표어문자)에서 표음문자로 발전했다는 사실은 초기 바빌로니아 문자에서 그런 과정을 발견할 수 있다. 별은 의미가 '하늘 → 높다'로 파생되었으며 [an]으로 발음되었다. 다른 별 모양 표시는 의미는 가지지 않고 [an]으로만 읽힌다.

이 시기의 유명한 법전인 함무라비 법전은 초기 바빌로니아 문자로 쓰였다. 원통형 안에 글자가 새겨져 있는 함무라비 법전은 기원전 2500년경 제작되었는데, 1901년에 발견되었다. 함무라비 법전을 통해 수메르 문자가 표음문자화하는 과정을 엿볼 수 있다.

함무라비 법전

〈사진 3-4〉 다리우스의 사냥그림

페르시아 문자

수메르에서 전파된 또 하나의 문자는 페르시아 문자다. 위 사진은 마차를 탄 페르시아의 왕 다리우스가 사자를 사냥하는 그림인데, 왼쪽의 설형문자는 각각 왕, 땅, 지구, 신을 의미하는 표의문자와 음절을 나타내는 표음문자에 해당한다. 페르시아의 설형문자는 차츰 음절문자화한다는 것이 매우 흥미로운 사실이다. 페르시아 문자는 모두 36개의 음절문자와 4개의 표의문자, 그리고 1개의 단어 분리 표시로 이루어져 있다.

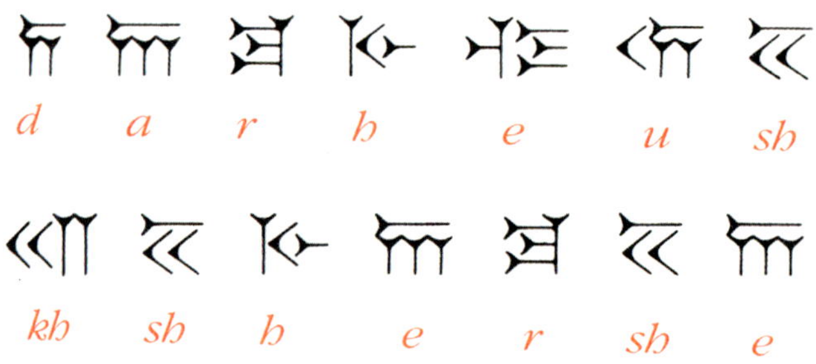

〈사진 3-5〉 설형문자

3.1.2. 수메르 문자의 해독

기원전 3300년경에 시작되어서 서기 75년경에 자취를 남기고는 사라진 수메르 문자를 후손들은, 어떻게 발견하고 어떻게 해독했는가.

수메르 문자를 해독하는 데 결정적인 계기가 된 것은 1618년 이란의 페르스폴리스 유적지에서 발견된 베히스툰(Behistun) 암벽의 문자이다. 베히스툰 암벽은 그 규모가 굉장히 큰 것으로, 그 암벽에 그림을 그려두고 몇 군데에 문자를 새겨두었다. 이 문자를 통해서 바로 설형문자인 수메르 문자를 해독하게 된다. 이 암벽에는 세 개의 언어(페르시아어, 엘람어, 아카드어)가 설형문자로 새겨져 있는데, 그 내용은 페르시아 왕 다리우스의 생애와 활동, 그가 정복한 나라와 정복한 나라의 국민생활 등을 적은 것이다. 발견 초기에는 이를 두고 문자일 것이라 추측하는데 그쳤으나, 그 후에 카르스텐 니부어(Carsten Niebuhr)가 똑같은 내용을 세 개의 언어로 새겨놓은 거라 생각하고, 그로테펜드(Grotefend)가 해독을 시작하게 되었다. 이런 연구의 결과에 힘입어, 유적 복원에 파견된 영국의 헨리 롤린슨(Henry Rawlinson)이 그 암벽의 문자를 일일이 필기해서 연구한 끝에, 1846년에 베히스툰 암벽의 문자를 완전히 해독하게 되었다.

베히스툰 암벽

페르시아어, 엘람어, 아카드어

영국의 헨리 롤린슨

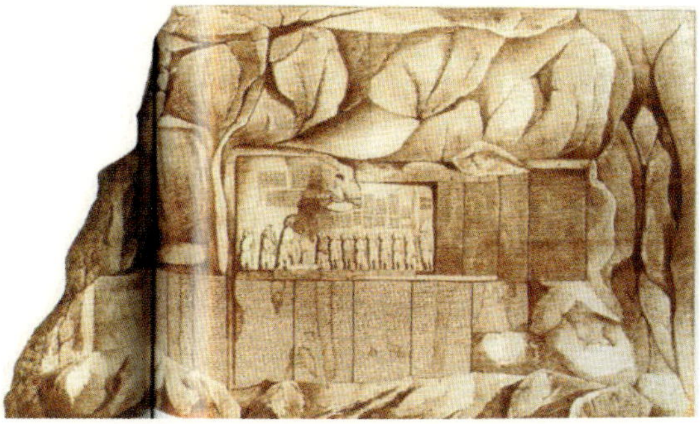

〈그림 3-6〉 베히스툰 암벽

3.1.3. 인도 문자

기원전 2500년경에 인더스강 유역에서 많은 유적이 발견되는데 그 유물 중에 기원전 2500년경 제작된 석제 인장에 문자가 새겨져 있다. 기원전 2000년경에 발견된 신관에도 문자가 새겨져 있다. 이런 유물들을 모아보니 3500개 정도였는데 이 유물들에는 간략한 표기만 되어 있었다.

기원전 2500년경의 유물 석제 인장의 문자

롱고롱고 문자

인도 문자는 두 가지 계통이 있다. 기원전 2500년경의 유물 석제 인장의 문자들은 수메르 문자, 고대 이란, 이집트 문자와 같지 않다. 인도문자는 400개 정도로, 표의문자이기도 하면서 표음문자이기도 한 혼합체계이고, 우측에서 좌측으로 써 나간다. 특이하게도 태평양에 있는 이스트섬의 롱고롱고어를 새긴 문자와 40-50개의 기호가 아주 흡사하다. 인도 문자는 기원전 2500년경, 롱고롱고 문자는 서기 1700년대 문자이다. 이 차이는 시기적으로 거의 4000년경의 차이를 보이며, 또 거리상으로 수만 킬로가 된다. 이러한 시간적, 공간적 차이에도 불구하고 이 두 문자의 유사성은 너무나 뛰어나다. 그래서 사람들은 인도에서 이스트섬으로 전파되었다고 설명하기도 하지만, 시공간적 제한을 어떻게 설명하는가 하는 의문이 앞선다.

기원전 6세기경 페니키아 알파벳에서 유래

두 번째 인도 문자는 기원전 3세기경에 처음 등장한다. 이 인도 문자는 아소카왕의 칙령을 돌에 새긴 유적으로, 이를 보면 전 지역에서 통일성 있게 쓰였음을 알 수 있다. 두 번째 인도문자는 기원전 6세기경 페니키아 알파벳에서 유래했을 가능성 있다. 그 이유는 너무도 정연하고 통일성 있게 쓰이기 때문이다. 이러한 사실은 알렉산더의 동방 원정이나 인도의 교역을 통해 충분히 추정되는 바이다.

문자 체계는 카로스티어 체계, 브라미어 체계로 나뉜다. 카로스티어 체계는 아랍문자에서 기원되었고, 브라미어 체계는 데바나가리 문자로 산스크리트어[15], 현재의 힌디어에 해당된다. 이 두 번째 인도 문자가 티벳트 문자로 발전된다. 아래 그림은 티벳트 문자로 쓰인 석비로, 불교의 기도문을 적어놓았는데, 새겨진 문자가 아주 정교하고 아름답다.

티벳트 문자

〈사진 3-7〉 인도문자[16]

〈사진 3-8〉 티베트 석비

인도 문자는 자체가 독특하고 아름답다. 그리고 한 글자에 자음과 모음이 결합되어 있는 것이 특징이다. 인도 문자에서 파생된 문자로 티베트, 라오스, 타일랜드, 캄푸치아, 미얀마의 문자들이 있다.

---

15) 언어 연구가로 알려진 파니니(Panini)는 기원전 4세기경에 인도의 살라투라에서 탄생해서, 파니니 문법책을 만들게 된다. 이 문법책은 그동안 언어학 발달에 대해 서양 학문 우월 사조를 뒤엎을 만큼 너무나 정교하다고 정평이 나 있다. 이 책에서 그는 신의 소리에 더 가깝게 다가가겠다는 종교적인 이유로, 산스크리트어의 자음과 모음 체계를 설명했다.

16) 이 인도 글씨는 19세기 나가리어로 쓰였다. '나가리'는 산스크리어로 '마을에 왔다'는 뜻이다. 한편 '데바나가리'는 '마을의 신'이라는 뜻이다.

3.2. 이집트 문자

3.2.1. 이집트 문자의 생성과 발달

이집트의 전설에 의하면, 현재 이집트에 남아 있는 많은 유

토트
적에서 발견되는 토트(Thoth)라는 신이 글자를 발명하고 난 뒤에 인간에게 선물했다고 한다. 이집트 문자는 신의 선물이고 따라서 신성한 것이라는 논리이다. 그러나 이것은 어디까지나 이

기원전 3000년경의 유물
야기이고, 실제로 이집트 문자가 발견된 것은 기원전 3000년경의 유물에서이다. 사람에 따라서는 유물의 연대를 기원전 4000년까지도 끌어올리는 사람도 있고, 또한 어떤 사람들은 기원전 3000년경에 발견된 문자라면, 아마 기원전 4000~3500년경에 이미 문자가 발생되어 그것이 발달되고 정비된 후에 기록된 것이 아니겠느냐 하고 추측하기도 한다.

이집트 문자는 다른 문명의 문자와 마찬가지로 사제가 주로 사용하였다. 이집트 문자는 '신'이 발명하였다고 생각했고, 그것은 즉 신의 말이라 여겼기 때문이다. 이 문자 역시 초기에는 사물의 모양을 그려 문자로 삼았고 그 후 그것이 문자화하는 과정을 겪어서 문자가 되었다고 할 수 있다.

기원전 3000년에서 기원전 2000년경에 사용된 이집트 문자는 대체로 700여 글자가 확인되었다. 그러나 그 후에 세월이 흐르면서 약 5000 개까지의 문자로 늘어나게 되었다. 이집트 문자는

서기 390년까지 사용되고 사멸
서기 390년까지 사용되고 그 후로 사멸된 것으로 확인된다.[17)]

17) 이집트 문자와 달리 이집트어는 나중에 사라지게 되는데, 이집트어의 마지막 모습은 곱트어에 남아 있어서 곱트어의 연구가 고대 이집트어 연구에 중요한 열쇠가 되고 있다.

〈사진 3-9〉 이집트 상형문자

〈사진 3-10〉 이집트 상형문자의 음가

이집트 문자를 보통 히에로글리프(Hieroglyph)라고 한다. 히에로글리프는 hieros(신성)과 glypho(새기다)가 합쳐진 단어이다.[18)]

히에로글리프(Hieroglyph)

---

18) 이를 일반적으로 신성문자로 번역하여 불렀지만, 최근에 들어 이것을 성각(聖刻) 문자라 부르자는 의견이 있었다. Hieros를 나타내는 聖과 glypho를 나타내는 刻이 합쳐져서 성각(聖刻)문자라 부르자는 것이다.

이집트 문자는 지금 우리들이 평가하기를, 거의 완벽한 이집트 구어가 표현될 만큼 체계가 완벽했다고 한다. 이집트 문자는 구체적인 대상은 물론, 추상적인 개념까지도 모두 기록할 수 있었다. 또한 이집트 문자는 미적으로 매우 아름답다는 또 하나의 특징을 지니고 있다. 이집트 문자는 사제가 사용한 만큼, 종교의식에 많이 사용했고, 역사적 사건, 일상적 사건을 기록하는 데에도 쓰였으며, 매매문서나 문학작품 등에 사용되었다.

이집트 상형문자의 예를 보면, 해와 달은 구체적인 사물임에 비해서, 빛은 눈에 보이지 않는 개념이므로 이를 나타내기 위해 태양을 그리고 그 아래 태양에서 나오는 물줄기 같은 선을 그려줌으로써 '빛'을 나타내었다. 또 '하늘'이라는 상형문자에서 추상적인 개념인 '밤, 모호함' 같은 것들을 밤 아래 별을 그려냄으로써 나타내고, 하늘에서 내려오는 물을 그려주어 비를 나타내었다. 또한 달 아래 별과 문자를 두어 '한 달'이라는 뜻을 나타내고, 수평선은 산과 달을 합쳐서 나타내었다.

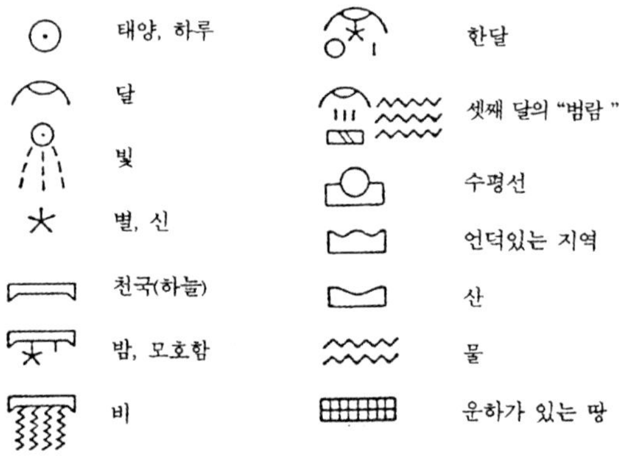

〈사진 3-11〉 이집트 상형문자

거의 3000년 이상 사용되어 온 이집트 문자는 기능에 따라 세 가지로 분류를 될 수 있는데 표의문자, 표음문자, 지정문자(한정문자라고도 한다.)가 그것이다. 상형문자는 기본적으로 표

표의문자, 표음문자, 지정문자

의문자이다.[19] 표의문자는 레부스 시스템에 의해 표음문자로 발전된다. 물을 나타내는 그림은 'n'을 나타낸다. 이것은 물을 나타내는 문자로 쓰이면서 표음문자로 쓰일 때는 'n'이라는 소리만으로 나타나는 것이다. 이와 같이 이집트 문자는 근본적으로 표의문자이지만 경우에 따라서 표음문자로도 쓰였다. 지정문자는 어떤 문자가 구체적으로 어떤 대상, 개념을 가리키는가를 더 분명히 지시해 주는 문자이다. 이 지정문자는 표의문자에서 표음문자로 가는 과정에서 중요한 역할을 하는 것이다.[20]

〈사진 3-12〉 카르투시

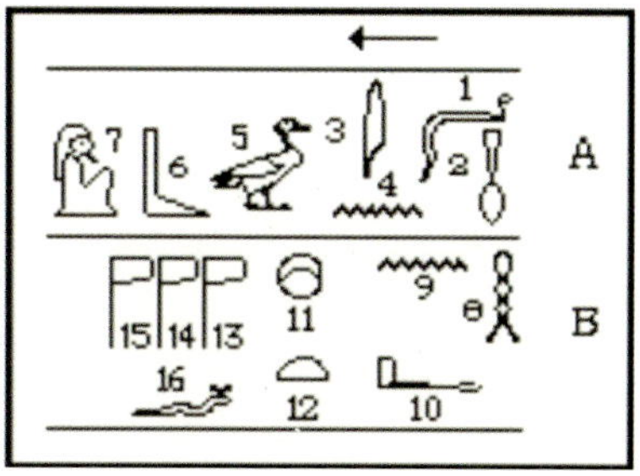

〈사진 3-13〉 이집트 상형문자를 읽는 순서

이집트 상형문자는 거의 대부분은 그림의 앞쪽에서 읽어 뒤쪽으로 읽어 지나가는 방식인데, 이것이 이집트 상형문자의 가장 기본적인 읽는 방법이다. 만약 물뱀이 오른쪽을 보고 있다면, 오른쪽에서 왼쪽을 향해 읽어야 하는 것이다. 한편 이집트 글자들이 타원형의 선으로 둘러진 경우가 있는데, 이 타원형의 선을 카르투시라고 부른다. 이 카르투시 속의 글자들은 신이나 왕의 이름을 나타내는 고유명사임이 밝혀졌다.[21]

그림의 앞쪽에서 읽어 뒤쪽으로 읽어 지나가는 방식

카르투시

---

19) 사실 상형문자는 소리와 뜻, 즉 단어를 나타낸다. 그리하여 표어문자라고도 할 수 있으나, 여기서는 표의문자라는 개념을 계속 쓰기로 하겠다.

20) 개념이 조금 다르긴 하지만, 한자의 부수가 가지는 의미는 지정문자에 견줄 만하다. 이것은 주로 동음이의어가 많을 경우에 더욱 유용하게 쓰인다.

21) 카르투시는 프랑스어로 '탄창'이라는 뜻인데, 프랑스 군대가 이집트에 갔을 때, 이 모양이 자기들이 갖고 있는 탄창과 비슷하다고 해서 카르투시라고 불렀다고 한다.

이집트 문자는 어떤 과정을 거쳐 변천했을까? 이집트 문자는 신성문자, 승용문자, 민용문자로 나누어 볼 수 있다. 신성문자는 최초에 문자를 발명할 때 나왔던 상형문자이고, 승용문자는 물론 상형문자를 좀 더 쉽게 쓰기 위해 나온 문자로 신성문자보다는 좀 더 늦게 나왔겠지만, 둘은 거의 같은 시기에 쓰인 문자라 할 수 있다. 이집트에서는 대개 파피루스라는 종이에 글씨를 썼는데 여기에는 승용문자가 편했고, 돌이나 금속 같은 딱딱한 곳에는 신성문자가 편했다.

신성문자, 승용문자, 민용문자

〈사진 3-14〉 이집트 문자체의 변화

그런데, '승용'이라는 말은 처음부터 쓰인 것은 아니고, 민용문자가 나와서 승용문자가 서서히 퇴각함에 따라, 민용문자에 대한 상대적인 이름으로 승용문자에 대한 명칭이 쓰였다. 민용문자는 이보다 더 늦은 기원전 650년에 쓰였다. 민용문자가 쓰이고 나서 승용문자가 서서히 퇴각되었다. 신성문자는 신성한 것에 사용, 승용문자는 일상적 문자로 사용되었고, 이것은 나중에 민용 문자로 변했다. 민용 문자라 하여 일반 백성이 사용한 것이 아니라, 소수 특권층이 사용했다.

3.2.2. 이집트 문자의 해독 과정

이집트 문자는 어떻게 해독되었을까? 일찍부터 이집트 문자에 대한 관심은 지대했으나 이집트어의 사멸로 인해 해독할 방법이 없었다. 그러다가 17세기에 이르러 키르헤라는 사람이 이집트 문자의 해독을 처음 시도하였다. 지금 수준으로 보면 무수한 오류가 있었던 것으로 밝혀졌으나, 몇 가지 공적은 남아 있다. 먼저, 키르헤가 갖고 있던 곱트어에 대한 많은 지식은 나중에 이집트 문자에 대한 해독에 큰 도움이 되었다. 또한 그의 해독이 오류는 많았으나, 앞으로의 상형문자 해독의 방향 설정에 지대한 공헌을 했다. 그 후 윌리엄 워버튼은 문자는 그림에서 진화했다는 일반적인 사실을 이야기하였다. 1800년대, 소에가는 이집트 상형문자 중 어떤 상형문자는 음성기호라는 견해를 밝혔다.

키드에

윌리엄 워버튼

소에가

그러던 중, 1799년 나폴레옹의 이집트 원정에서 알렉산드리아 동쪽의 라지드 항에서 돌 하나를 발견했는데 로제타 스톤(Rosetta Stone)이라 불리는 이 돌이 문자 해독에 촉매제 역할을 한다. 로제타 스톤은 기원전 196년에 제작된 것으로, 여기에 이집트의 신성문자, 민용문자, 그리스 문자가 함께 새겨져 있었다. 이 그리스 문자가 로제타 스톤의 해석 나아가 이집트 문자의 해독에 결정적인 역할을 하였다.[22)]

로제타 스톤

신성문자, 민용문자, 그리스 문자가 함께 새겨져 있다.

---

22) 로제타 스톤은 무게 762kg, 높이 117cm, 넓이 74cm, 폭 28cm의 조그만 돌이다. 1799년 나폴레옹의 이집트 원정에서 발견한 이 로제타 스톤은 프랑스군이 영국군에게 빼앗기지 않기 위해서 알렉산드리아로 옮겼으나, 결국 1801년 영국군이 알렉산드리아를 점령하면서 빼앗겨, 지금까지 대영박물관에 보관되어 있다.

〈사진 3-15〉 Rosetta Stone

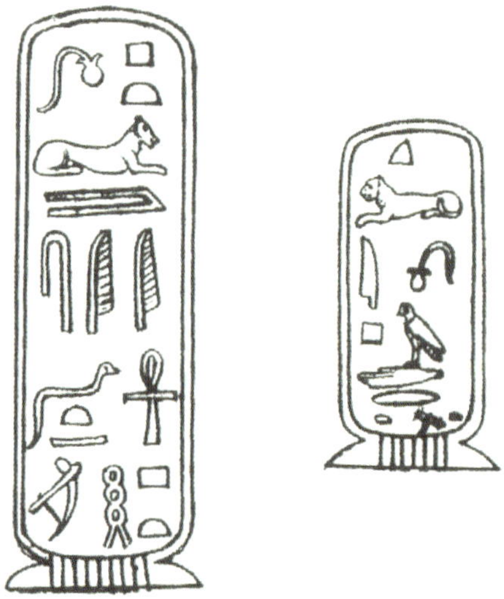

〈사진 3-16〉 카르투시 (프톨레마이오스와 클레오파트라)

이 로제타 스톤을 해독한 과정은 다음과 같다. 먼저 돌 아래의 그리스어를 기록한 문자의 해독이 가장 중요하였고 이것이 해독의 열쇠였다. 그 내용은 기원전 196년 프톨레마이오스 5세가 즉위한 지 1년을 기념하여, 멤피스에 이집트 사제들을 모아 사제회의에서 법령을 제정하였는데 그러한 사실을 기록해 놓은 것이었다. 그리스 문자 해독 후 민용문자를 해독했는데, 토머스 영은 카르투시 안의 글자는 이름을 나타낸다고 가정하고, 프톨레마이오스(Ptolemaios)의 이름을 찾아내었다. 이로써 이름을 알파벳 식으로 표기한다는 사실이 밝혀지게 되어, 소에가의 주장이 옳음이 증명되었다.

토머스 영

로제타 스톤 해독에 가장 큰 공헌을 한 샹 폴리옹(Jean Franois Champollion, 1790~1832)은 1808년부터 로제타 스톤의 해독에 착수했다. 그러던 중 1822년에 윌리엄 뱅크스가 필라이 오벨리스크의 명문을 탁본하여, 이를 샹 폴리옹에게 보냈다. 이 오벨리스크와 로제타 스톤을 비교하여 카르투시 속의 클레오파트라와 프톨레마이오스의 이름을 밝혀내는 것과 함께, 표음문자의 기능을 갖는다는 것을 알아내었다. 이것으로 발음기호표를 작성하여 1823년에 발표하였으며, 그 결과 1419개의 기호 중 서로 다른 것은 66개밖에 되지 않는다는 것을 알아내었다. 결국 이집트 문자는 의미 기호와 음성 기호의 혼합물이라는 결론을 얻게 된다.

샹 폴리옹

표음문자의 기능

3.3. 중국 문자

3.3.1. 중국 문자의 생성과 발전 과정

지금까지 세계 문명의 발생지 중에서, 바빌로니아에서 발생한 수메르 문자와 인도 문자, 그리고 이집트 문자에 대해서 지금까지 알아보았다. 이처럼 오래된 역사를 가진 문자 중에 이웃나라 중국에서 발명된 한자가 있다. 앞서 살펴 본 고대 문명의 문자들이 하나같이 뛰어나지만, 중국의 한자는 이들과 비교할 때 특이한 점이 있다. 바로 살아있는 문자란 사실이다. 앞서 밝힌 문자들만큼이나 오래되었고, 체계도 복잡하고 게다가 그 숫자까지 많은 중국의 한자는 어떻게 아직도 잘 살아 있는지 의문이다. 우리는 이제 그 한자의 매력을 생각해 보려고 한다.

한자가 발생하기 이전 중국에서는 어떻게 자기의 의사를 기록할 수 있었을까?

결승
서계

중국에서도 세계의 다른 나라와 마찬가지로, 한자를 발명하기 전에는 결승으로 문자의 역할을 대신했다. 또 목각에 선을 그어 수량을 나타낸 서계를 사용하기도 하였다. 계산막대기와 비슷한 이것은 앞면에는 일 단위 숫자를, 측면에는 십 자리 숫자를 홈으로 새겨 수량을 표시하였다.

창힐

중국의 전설에 의하면, 중국 3황 중의 하나인 황제(黃帝) 때의 관리인 창힐(倉頡)이라는 사람이 문자를 만들었다고 한다. 창힐이라는 사람은 용의 얼굴을 하고, 입이 대단히 컸으며, 눈이 네 개였다고 한다. 이 창힐이 달의 모습, 새와 짐승의 발자국을 보고 문자를 만들었는데 이렇게 창힐이 문자를 만들고 난 뒤 하늘에서 오곡이 내려오고 귀신이 밤새 울었다고 하는 기록이 있다.

양소 문화유적
대문구 문화유적

좀 더 가시적이고 명확한 유물로는 기원전 4000년경의 서안(西安)시의 반파라는 곳에서 양소 문화유적이 발견되었는데, 여기서 각획 부호가 발견되었다. 이것이 한자의 전신이 아니겠느냐 하는 추측이 있다. 또한 기원전 3500년경에 산동성에서 발견된 대문구 문화유적의 토기에 상형문자가 새겨져 있다는 주장

〈사진 3-17〉 창힐

을 하는 사람도 있다. 이 토기의 무늬에서 상형문자를 찾아내고, 그것이 한자의 전신이라고 추측하는 것이다. 만약에, 이러한 주장이 받아들여진다면 한자는 기원전 3500년경에 처음 태동되기 시작했다는 이야기가 성립될 수 있겠다. 기원전 3500년은 수메르 문자가 발명되었던 그 시기와 거의 일치하는 시기이다.

복희(伏羲)씨가 팔괘를 이용해서 한자를 만들었다.

또한 사마천(司馬遷)의 사기(史記)에 따르면, 상고시대의 복희(伏羲)씨가 팔괘를 이용해서 한자를 만들었는데, 이 한자를 이용해서 어업이나 목축을 하는 사람들의 교화에 쓰였다는 기록이 있다. 그렇지만 이 기록을 뒷받침해 줄 만한 유물이나 증거는 아직 발견되지 않고 있다.

갑골문자

그것에 비해 갑골문자는 실제로 은나라 왕조 때에 사용되었던 것이고, 황하유역에서 그동안 많이 발견되었던 것들이다. 갑골문자는 앞에서 이야기했던 유물들과는 달리, 명확한 한자의 초기 모습이라고 할 수 있다. 갑골문자라는 명칭은 귀갑녹골(龜甲鹿骨)의 갑(甲)과 골(骨)을 따서 만들었는데, 사람에 따라서는 녹골이 아닌 수골(獸骨)이라고 말한다. 즉, 거북의 등껍질과 짐

거북의 등껍질과 짐승의 뼈에 이러한 문자를 새긴 것은 바로 점을 치기 위해서였다.

승의 뼈에서 갑골을 따왔다고 본다. 고대 중국인들이 거북의 등껍질과 짐승의 뼈에 이러한 문자를 새긴 것은 바로 점을 치기 위해서였다. 상나라 시대 혹은 은나라 시대에 거북 껍질이나 소 견갑골에 글자를 새겼는데, 이것을 불에다 달구면 새겨져 있는 글자에 균열이 생긴다. 이 균열이 생기는 것을 보고 길흉을 점쳤다고 한다. 그 때 사용된 것이 바로 이 갑골문자로, 거북의 등껍질과 짐승의 뼈에 새겨져 있는 이 글자들은 기본적으로 상형이 바탕이 되어 있다. 갑골문자의 모양은 어떠한 사물의 모양을 충분히 짐작할 만할 그림으로 되어있다.

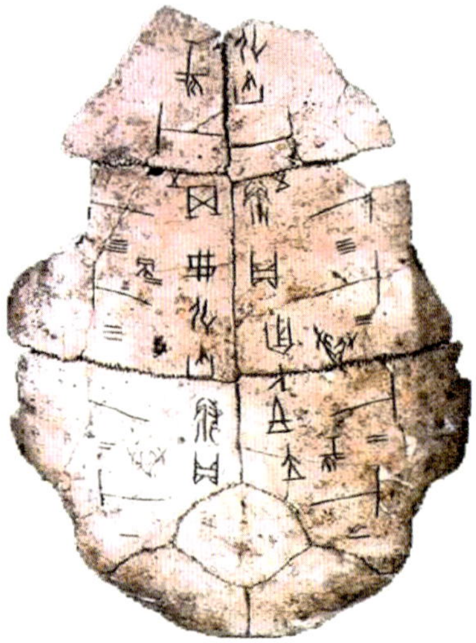

〈사진 3-16〉 갑골문자

갑골문자는 황하유역에서 많이 발견되었는데, 처음에 이 갑골문자가 발견되었을 때에, 이것이 용의 뼈라고 하여, 이것을 팔아서 한약재로 쓰는 바람에 많이 파손되었다. 그러나 한 학자가 이것이 중요한 문화유적이라는 것을 깨닫고 몇 만점 정도 모았다. 이 갑골문자는 기원전 1500년경에 만든 것이라 한다. 그러나 기원전 1500년경에 이러한 문자가 나타나려면, 그 이전

기원전 1500년경의 갑골문자

에 이러한 형태가 나타날 준비 단계가 있어야 한다고 보아, 기원전 3000년경에 나타난 것이 아니겠느냐 하는 추측이 있다. 이 수습된 유물에서 문자를 살펴보면 4500 내지 5000개의 문자를 확인할 수 있는데, 이 중 1500에서 1000개 정도는 지금 현대의 한자와 관련을 맺을 수 있어서, 해독이 가능하나 그 나머지는 아직까지도 정확한 해독이 불가능하다고 한다. 기원전 1500년경에 중국에는 현대 한자의 모태가 된 문자가 있었으며, 현재 한자와 원리가 같은 그들의 문자를 갖고 있었던 것이다. 이러한 갑골문자는 종이에 기록하기 시작한 시기인 기원전 200년경에서 서기 200년경에 걸쳐서 모양이 정비된다. 그리하여 이것이 현대의 한자로 발달하는 계기가 된 것이다.

3.3.2. 중국 문자의 구조

이제 한자는 어떠한 구조로 이루어졌는지를 알아보자.

한자는 세 가지 요소를 갖고 있는데 형태, 의미, 음성이 그것이다. '木'이라는 글자의 형태는 '나무'라는 의미를 갖고 있고 [목]이라는 소리를 갖고 있는 것이다. 그래서 한자는 표의문자, 혹은 표어문자라고 한다. 이에 대해 표음문자인 한글은 형태와 음성은 갖고 있지만 의미는 없다.

한자의 세 가지 요소는 형태, 의미, 음성

한자의 구조와 관련해 우리가 기억해야 할 것은, 모든 한자가 다 그러한 것은 아니지만, 의미를 나타내는 부분이 있고 소리를 나타내는 부분이 있다는 것이다. 이것은 뒤에서 설명될 한자를 만드는 여섯 가지 방법 중에서 형성자(形聲字)와 관련된 것이다. 예를 들어, '손'을 나타내는 扌(手)와 '수'라는 소리를 나타내는 受가 합쳐져 '주다'라는 뜻을 가진 授라는 한자가 형성된다. 이와 같이 대부분의 한자는 의미를 결정해 주는 부분과

의미를 결정해 주는 부분과 발음을 결정해 주는 두 부분

발음을 결정해 주는 두 부분으로 이루어져 있다.

한자를 사용하던 초기에는 약 5,000자의 글자가 있었다. 그러던 것이 진나라 때에 이르러 10,000자 정도로 늘어나고, 12세기경이 되면 23,000자 정도가 되며, 18세기가 되면 45,000자 정도에 이른다. 이렇게 많은 한자의 소리와 의미를 배우고 익히고 찾기란 매우 어려운 일이었으며, 이를 위해 고안된 것이 부수에 따라 찾는 것이었다. 예를 들어, 江의 경우에는 氵가 부수가 되는데, 이 부수를 갖고 있는 글자를 전부 모아 나열을 해 두고, 글자의 모양을 보고 찾을 수 있도록 하는 것이다. 그 다음, 부수를 제외한 나머지 부분의 획수인 3획을 찾아내어 江이라는 글자를 찾아내는 것이다. 이렇게 부수를 따라서 한자를 분류하고, 그 한자를 다시 획수에 따라 분류해 둔 것이 중국의 자전인 것이다.

부수찾기

한자의 부수는 이집트 상형문자나 수메르의 설형문자에서 한정사에 비교되는 요소이다. 고대문자들은 체계상의 문제점으로 비슷한 소리를 가진 두 단어를 구별 짓기 위해 한정사를 사용했다. 그 한정사가 개별 단어에 덧붙여 쓰였으나, 한자에는 글자의 일부분으로 쓰였다. 이 규칙이 한자를 더 복잡하게 만든 것같이 여겨지나, 달리 보면 이것이 곧 한자를 지금껏 살아있게 한 힘일 것이다. 다른 문자체계는 기호의 수를 줄이는 데 힘을 기울였으나 한자는 그 정반대의 과정을 거쳤다. 그럼에도 불구하고 다른 문자들이 소멸해 갈 때 한자는 살아남아 있다.

한자의 부수
한정사에 비교되는 요소

3.3.3. 중국 문자의 제자 원리

육서

상형, 지사, 회의, 형성
전주, 가차

한자의 제자원리에는 여섯 가지가 있는데 이를 흔히 육서(六書)라고 부른다. 이 육서는 상형(象形), 지사(指事), 회의(會意),

형성((形聲) 또는 해성(諧聲)), 전주(轉注), 가차(假借) 등이 그것이다. 이제 이 하나하나를 각각 알아보도록 하자.

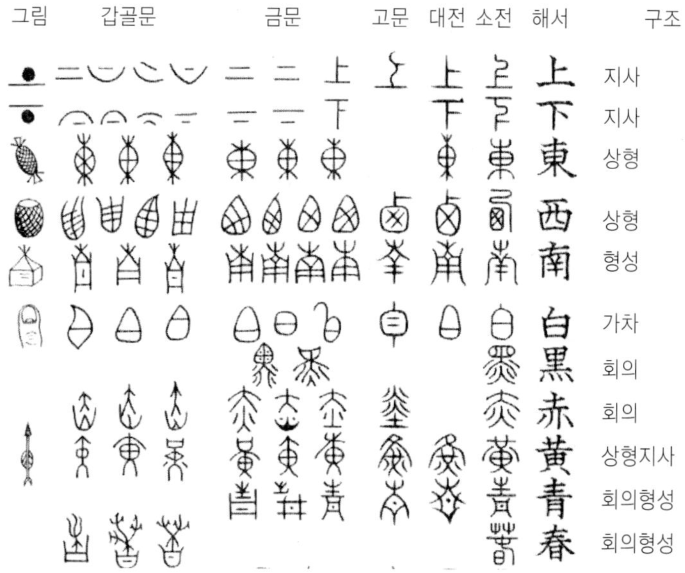

〈그림 3-19〉 서체와 육서

상형
사물의 모습

상형의 원리는 말 그대로 사물의 모습을 그려 그 모양대로 글자를 만드는 것이다. 초기의 상형자는 그림에 가까운 문자였는데 차츰차츰 모양이 간략화하고 바뀌어 오늘날과 같은 문자가 된 것이다. 이 상형자에 해당되는 것은 木, 日, 月, 水, 雨 등이다.

지사
추상적인 것

눈에 보이는 것을 그린 것이 상형이라고 한다면, 지사의 원리는 눈에 보이지 않는 추상적인 것을 나타내는 데 사용되었다. 예를 들어, '위'라는 추상적 개념을 표시할 때에 기준이 되는 수평선을 긋고 거기다가 '위'를 나타내는 선을 그어 上이라는 글자를 만들어 내었다. 숫자 1, 2는 수량의 표시대로 一, 二와 같이 선으로 표시했다. 또한 '끝'이란 의미는 나무(木)의 끝에 선을 그음(末)으로써 나타내었고, 나무(木)에 해가 걸린 모습(東)으로 동쪽을 의미하였다.

회의
둘 이상의 서로 다른 글자를 결합

회의의 원리는 둘 이상의 서로 다른 글자를 결합해서 새로운 뜻을 나타내는 것이다. 明은 해(日)와 달(月)을 합해 '밝다'는 것을 나타낸 글자이고, 나무(木)와 나무(木)를 합하여 숲을 나타내는 林을 만들었다.[23)]

형성
소리를 나타내는 글자와 뜻을 나타내는 글자가 합성

새로운 뜻을 나타내기 위해 이미 존재하는 두 글자를 합성한다는 면에서 회의와 유사한 형성의 원리는 소리를 나타내는 글자와 뜻을 나타내는 글자가 합성하는 것이다. 한자의 80퍼센트가 바로 이 형성자이다. 柱는 '나무(기둥)'란 뜻과 관련된 木과, '주'란 음과 관련된 主로 이루어져 있다. '말하다, 묻다'의 의미를 지닌 言과 '방'이란 음을 갖고 있는 方으로 구성된 訪은 '찾다, 묻다, 방문하다' 등의 의미를 가진 한자가 되었다.

전주

전주의 원리는 글자가 갖고 있는 뜻을 비슷하거나 관련 있는 의미로 확대 또는 전용해서 사용하는 것이다. 즉, 글자는 하나이나 여러 가지 의미를 가진 한자가 있는데 이 글자들은 대부분 전주의 원리로 만들어지는 것이다. 예를 들면, 樂은 '풍류'라는 뜻을 갖고 있지만 '즐기다' 또는 '좋아하다'라는 뜻으로 파생되어 사용되고 있다. 更은 '고치다'라는 뜻을 갖고 있고, 여기서 '다시'라는 뜻이 파생되어 두 가지 뜻을 갖고 있다.

가차

마지막으로 가차의 원리는, 외국어나 외래어의 고유명사를 표기할 때 주로 사용되는데, 음이 같거나 형태가 비슷한 글자를 가져와 임시로 쓰다가 그것이 굳어져 일반적인 의미를 갖게 되는 것을 말한다. 가차는 뜻과 무관하게 쓰인다는 것이 그 특징이다. 한자는 형태와 소리와 의미를 갖고 있는데, 가차는 형태와 소리는 가지고 있지만 의미를 갖고 있지 않는다는 말이다. 來는 원래 '곡식 이삭'이란 뜻을 갖고 있었는데, 이것이 가차를

23) 앞서 말한, 東은 지사자라고도 할 수 있겠으나, 회의자라고도 할 수 있을 것이다.

통해 '오다'라는 뜻으로 변경되었다. 가차의 예 중에서 더욱 더 명백한 것은 외국어를 표기할 때 나타난다. Asia를 亞細亞, France를 佛蘭西라 쓰는 것이 그 예이다.

전주와 가차는 엄밀한 의미에서 한자를 만드는 원리는 아니고, 만들어진 한자를 운용하는 방안에 해당한다는 점에서 상형, 지사, 회의, 형성과 다른 면을 지니고 있다.

여기서는 한자의 자체(字體)에 대해 이야기하겠다. 처음에 갑골문자가 발견되었을 때의 문자체를 갑골문이라고 하였다. 이후 기원전 1050년경에는 전서체가 나왔고, 주·진나라 때에는 대전체와 소전체가 나왔으며, 이때에 각 나라마다 달랐던 문자가 통일되었다. 그 후 예서체, 해서체 그리고 예서체를 좀 더 명확하게 쓴 행서체, 초서체 등이 나왔으며, 1955년 이후, 한자의 획수를 아주 간단하게 줄인 간자체가 나오게 되었다.

갑골문
전서체
대전체와 소전체
예서체, 해서체
행서체, 초서체
간자체

〈그림 3-20〉 서체의 변화

3.3.4 구결자와 가나 문자 : 중국 문자와의 관련

우리나라에서는 일찍이 한자를 이용하여 국어를 표기했는데, 문법형태소들의 소리를 표기하기 위하여 구결자를 만들어 썼다.[24] 예를 들면 '하-/ᄒᆞ-'를 표기하기 위하여 한자 '爲'를 빌리고 그 획을 간략히 한 'ソ'를 사용하였다. 또 '-라'는 '羅'의 획을 줄인 罖 또는 厶로 표기하였다. 이 둘을 합한 ソ厶는 '하라/ᄒᆞ라'로 읽힌다. 구결자에 해당하는 것을 몇 가지 보이면 다음과 같다.

구결자

	原吐	後代吐		原吐	後代吐
가	可				
고	口, 古	口	면	丆, 面	丆
ᄋᆞᆫ/은	ㄱ	ㄱ	ㅅ	七	七, 叱
ᄂᆞ	ㅌ	ㅌ	ᄉᆞ	士	
나	乃, 尹	乃	시	二	二, 丶
니	匕	匕	아	阝, 卩	阝
다	丨	丨	어	扌	扌, 亽
두	斗	斗	의	ラ	ラ
ᄋᆞᆯ/을	ㄴ, 乙	ㄴ, 乙	ᄒᆞ	ソ	ソ
라	丶, 厶	丶	호	ノ	ノ
며		彡, ス	히	亏	亏

〈표 3-1〉 구결자의 예

한자에서 파생된 문자는 여러 가지가 있으나, 가장 대표적인 것은 일본에서 사용되는 가나(假名) 문자이다. 중국어와 일본어는 어순이나 문법 면에서 서로 다르지만, 일본인들은 가나와 한

가나 문자

24) 자세한 것은 7장 참조.

자를 함께 혼합하여 사용하고 있다. 중국의 단어 문자가 형식어가 필요한 일본어에 어떻게 적용됐을까? 일본어의 어순으로 기록을 하되, 의미부분은 한자로 표기하고 형태부분은 음절문자인 가나를 한자에 병용하는 방식이었다. 이런 점은 우리의 구결과 흡사하다.

가나는 6~7세기 경에 한자에서 발전한 음절문자이며, 기본글자가 47개 정도 된다. 이 가나가 8~9세기 경에는 가타카나(片假名)와 히라가나(平假名)로 발전하게 된다.

가타카나는 한자의 한 조각을 떼내어 만든 것이어서 각진 형태이다. 가타카타는 주로 한문 훈독용으로, 공식적인 문서에 썼으며, 따라서 주로 남자들이 사용했다. 현대에 와서는 주로 외래어를 표기할 때 쓰인다. 가타카나

あ 安	か 加	さ 佐	た 太	な 奈	は 波	ま 末	や 也	ら 良	わ 和	ん 无
い 以	き 幾	し 之	ち 知	に 仁	ひ 比	み 美		り 利		
う 宇	く 久	す 寸	つ 川	ぬ 奴	ふ 不	む 武	ゆ 由	る 留		
え 衣	け 計	せ 世	て 天	ね 禰	へ 部	め 女		れ 惠		
お 於	こ 己	そ 曾	と 止	の 乃	ほ 保	も 毛	よ 與	ろ 呂	を 遠	

〈사진 3-21〉 히라가나

ア 阿	カ 加	サ 散	タ 多	ナ 奈	ハ 八	マ 末	ヤ 也	ラ 良	ワ 和	ン
イ 伊	キ 幾	シ 之	チ 千	ニ 二	ヒ 比	ミ 三		リ 利		
ウ 宇	ク 久	ス 須	ツ 川	ヌ 奴	フ 不	ム 牟	ユ 由	ル 流		
エ 江	ケ 介	セ 世	テ 天	ネ 禰	ヘ 部	メ 女		レ 禮		
オ 於	コ 己	ソ 曾	ト 止	ノ 乃	ホ 保	モ 毛	ヨ 與	ロ 呂	ヲ 乎	

〈사진 3-22〉 가타카나

히라가나

한자의 초서체를 써놓은 것으로 글자 모양이 둥근 히라가나는 주로 비공식적인 용도에 여성들이 사용했다. 11C초에 만들어진 「겐지 이야기」는 히라가나로 쓰여 있다. 이것은 비록 여성 작가에 한한 것이기는 하지만, 비교적 이른 시기에 일본의 문자로 쓰인 작품을 보여주는 실례이다.

현재 일본에서는 보통 수준의 문자생활을 누리기 위해 약 2000개의 기호를(가나와 한자) 알고 있어야 하며, 고등교육을 받기 위해서라면 5000개의 기호를 알고 있어야 한다고 한다. 이로 인해 일반적으로 일본어는 세계에서 가장 복잡한 문자 체계 중의 하나가 되었다.

〈사진 3-23〉 일본의 문자생활

〈사진 3-24〉 일본의 거리 간판

4. 알파벳의 탄생과 발달

4.1. '알파벳' 이전의 알파벳

4.1.1. 알파벳의 두 의미

표음문자란 의미로 사용되는 알파벳
로마 문자 즉 로마자

일반적으로 알파벳이라고 하면, 두 가지 의미로 사용되어 왔다. 하나는 표음문자란 의미로 사용되는 알파벳이고, 다른 하나는 표음문자 중에서 대표적인 문자인 로마 문자 즉 로마자를 가리키는 말이다. 마치 '서울'이 수도(首都)란 의미로 사용됨과 동시에 고유명사로서 한 도시 이름으로 사용되는 것과 같은데 그 의미는 대화 맥락을 파악해야 알 수 있는 것처럼, 알파벳이 지니고 있는 두 의미는 문맥에 따라 파악할 수 있게 된다.

지금부터 이 단원에서 사용하는 알파벳은 대부분 전자인 표음문자를 가리킨다. 다시 말하면 표음문자 형태로 존재한 여러 알파벳을 대상으로 논의를 전개하려는 것이다. 이 계통에 속하는 것으로는 그리스 문자, 라틴 문자인 로마 문자, 룬 문자, 러시아에서 사용하는 키릴 문자 그리고 아랍 문자, 아람 문자, 히브리 문자 등이 있다.

4.1.2. 알파벳: 그 비밀스런 탄생

"인류의 위대한 발명품" - 초기의 문자들

1) 기원전 3300년	■ 수메르 문자 탄생
2) 기원전 3100년	■ 이집트 문자 탄생
3) 기원전 2500년	■ 인도 문자 등장
4) 기원전 1200년	■ 중국 문자 사용
5) -?-	■ -?- : -?-

앞 장에서 지금까지 알아본 이른 시기의 문자들은 거의 대부분 표의문자였다. 시간이 흐르면서 차츰 표음성(表音性)을 지향하는 개별 문자가 전혀 없는 바는 아니었지만, 그림에서 출발한 문자의 출발에는 표의성이 압도적으로 강하게 들어 있었다. 표의문자는 해석에 직관적인 부분을 더해 주어 기호와 의미의 상관성이 더욱 긴밀하다는 장점이 있으나, 부인할 수 없는 치명적인 단점이 있다. 읽고 쓸 때 각 사물과 개념에 해당하는 문자를 그 수만큼 알고 있어야 한다는 점이 그것이다. 표의문자의 수가 많다고 해도 산발적이거나 불규칙하게 나열된 것이 아니라서, 비교적 긴밀한 문자의 구조를 잘 파악한다면 기억에 용이한 면도 없지는 않다.

표의문자

각 사물과 개념에 해당하는 문자를 그 수만큼 알고 있어야 한다는 점

그러나 아무리 글자 간의 관련성이 크다고 할지라도, 중국의 한자는 평생을 배워도 다 배우지 못한다고 한다. 현대를 사는 10살 난 일본의 아이들이 원만한 문자생활을 하기 위해서 1000여 개의 문자를 기억해야 하며, 고대 메소포타미아의 수습 필경사는 600여 개의 설형문자를 외우고 있어야 했다고 한다. 이집트 문자에 소리를 나타내는 것이 일부 있긴 하였지만, 이집트 문자를 온전히 쓰고 읽기 위해서는 최대 6000여 문자를 알고

있어야만 했다. 이러한 어려움은 문자생활을 어렵게 한 가장 큰 원인이었다. 이집트 문자 중 표음문자는 표의문자 속의 한 부분이었을 뿐, 문자체계 전반 모두가 표음문자인 것은 아니었다.

표음문자의 탄생

그런 의미에서 알파벳이라 불리는 표음문자의 탄생은 인류 역사에서 혁명이라 할 만한 사건이었다. 알파벳은 인류에게, 30개 전후의 기호로 세상살이에서 크게 불편함 없이 문자생활이 가능하게 했다. 그러한 알파벳의 위력을 인정하는 후손들로부터, 알파벳은 '세상을 바꾼' 문자라는 별칭까지 얻었다.

'세상을 바꾼' 문자

그러나 이 위대한 발명품은 하루아침에 신이 만들어 땅에 떨어뜨려 준 것이 아니다. 한 개인이 어떤 곳을 응시하다가 무릎을 치면서 얻어낸 갑작스러운 결과물은 더욱이 아닐 것이다. 그렇다면 이것은 이전 시기에 발달한 어떤 문자에서 진화한 것일까? 앞서 살펴본 것과 같이, 알파벳 발생 이전에는 문화를 꽃피우던 지역에서 자신들만의 주요한 문자 체계를 갖고 사용하고 있었다. 그런데 이들 문자 체계가 자신들의 문화 형성과 유지에 각각 큰 기여를 했겠지만, 이후 대부분 사멸되고 말았다. 그 위대한 문자들이 알파벳의 직계 조상이 되지 못한 이유가 무엇일까? 또한 알파벳이 과거 어느 문자와 관련이 있는 것이라면, 가장 큰 관련을 갖는 것은 무엇인가? 불행히도 이러한 질문에 대한 명쾌한 해답을 인류는 지금껏 얻지 못했다. 알파벳의 탄생 배경에 의문을 갖고, 다음과 같은 질문에 함께 고민해 보면서 탄생의 비밀을 열어 보자.

알파벳의 탄생

■ 알파벳의 탄생을 알기 위한 질문들

1) 알파벳은 한 개인의 우연한 발견이었나, 오랜 역사의 산물인가?

A. 개인의 발견이다_____ B. 역사의 산물이다_____

※ B를 선택했다면 2)로 가시오.

2) 이전 문자체계와 연결되는 뚜렷한 고리가 있나?

A. 없다_____ B. 있다_____

※ B를 선택했다면 3)으로 가시오.

3) 이전 문자체계 중 어느 것과 가장 관련이 크다고 보는가?

A. 수메르 문자_____ B. 이집트 문자_____

C. 인도 문자_____ D. 중국 한자_____

4) 언제쯤 누구에 의해 제 모습을 갖추어 등장했을까?

A. 언제쯤?____________________

B. 누가? ____________________

5) 이후 알파벳의 영향을 받았다고 여겨지는 문자들에 모두 √표 하시오.

A. 이란 문자_____ B. 아랍 문자_____

C. 중앙아시아 문자_____ D. 로마 문자_____

E. 현대 유럽 문자_____

4.1.3. 알파벳 탄생의 배경 이야기

고대 문자의 기원을 밝히는 일은 까마득한 후손들에게 어려운 일일 수밖에 없다. 그리고 고대 문자와 관련을 가진 알파벳의 탄생에 대해서 아는 것 또한 문자의 발생을 아는 것만큼이나 어렵다. 그러나 인류는 알파벳이 언제 어떻게 발생하였는가 하는 것을 끊임없이 추적했고, 그 결과 기원전 3000년경부터 사용되어 온 우르크의 설형문자와 이집트의 상형문자는 모두 알파벳의 탄생에 크게 직·간접으로 기여했던 것으로 알려졌다. 그리고 알파벳은 페니키아에서 시작하여 고대 그리스에서 성립되고 라틴을 거쳐 현대에까지 이르렀다는 것을 알아내었다. 좀 더 구체적으로 말하면, 고대 이집트 문자와 크레타 문자의 영향을 받은 시나이 문자에서 시작하여 페니키아로 이어졌다는 사실을 밝혀 낸 것이다.

우르크 설형문자
이집트 상형문자
페니키아
그리스
라틴
시나이 문자

이 문자의 신비스러움에 현혹되어 생긴 갖가지 억측도 있었다. 『알파벳은 이렇게 만들어졌다』에서 러디어드 키플링(Kipling, Joseph Rudyard)은 알파벳이 어린아이의 장난에서 시작되었다고 한다. 이 책의 주인공 타피마이는 어린아이이며 낙서와 그림을 즐긴다. 이때 그려 둔 입을 벌린 붕어가, 우연히도 [a]를 낼 때 아버지의 입모양과 같아서, 이것으로 'A'를 삼았다는 것이다. 이와 마찬가지 원리로, 돌멩이 모양으로 'O'를, 뱀을 쫓으면서 나는 소리와 모양을 유추해 'S'를 만들었다고 한다. 그러나 이것은 알파벳을 완성한 필연적인 과정으로 보기에는 터무니없는 이야기이므로, 신빙성이 없다고 평가된다.

표의문자에서 표음문자로 발달하는 과정에서 가장 큰 계기는 '레부스' 체계를 인류가 찾아낸 것이다.[25]

레부스

---

25) 이에 대한 자세한 설명은 2장에서 한 바 있다.

이런 과정을 통해서 표음문자 체계의 알파벳은 언제 처음 나타났을까 하는 것이 의문의 핵심인데, 몇몇 유적을 통해 그것을 추론할 수 있다.

〈사진 4-1〉 세라빗 엘카뎀의 스핑크스

첫 번째 유적은 시나이 반도에 위치한 세라빗 엘카뎀(Serabit el-Khadim)에서, 1905년에 고고학자 플린더스 페트리 경(Flinders Petrie)에 의해 발견된 스핑크스다. 이 스핑크스는 기원전 1500년경의 유물이라는 사실이 드러났는데 여기에서 문자가 발견되었다. 이 문자들을 분석한 결과 이들은 전부 30개 미만의 문자임을 알아내었다. 그러므로 이때의 사람들이 30개 정도의 문자로 문자생활을 했다는 것을 가정하면, 그것은 표음문자가 될 가능성이 아주 크다고 판단했던 것이다. 또한 페트리는 여기 새겨진 말은 셈어라고 생각했다. 그 후 엘런 가디너(Alan Gardiner)가 이것과 이집트 상형문자와 대비하여, 문자의 의미를 알아내었는데, 그 뜻은 '하토르의 연인, 터키옥의 여왕'이었다.

세라빗 엘카뎀

플린더스 페트리

엘런 가디너

다음 유물은 우가리트 유적지에서 1929년에 발견된 점토판이다. 1000여 개의 점토판이 발견되었는데, 이 점토판들은 기원전

우가리트 유적지

14세기경의 것으로 밝혀졌고 거기에는 설형문자들이 빼곡히 새겨져 있었다. 이 유물들을 통해서 결국 설형문자에서 알파벳이 나타났다고 하는 설을 뒷받침하는 의미를 지니게 된다. 우가리트의 수도는 구리, 주석, 도자기, 보석, 직물, 목재 등을 교역했기 때문에 여러 가지 말이 혼용되었고, 이 곳에서 아주 많은 언어들이 사용되었다고 한다. 좀더 구체적인 기록은 최소 10개의 언어와 5개의 문자가 사용되었다고 증언하고 있다.

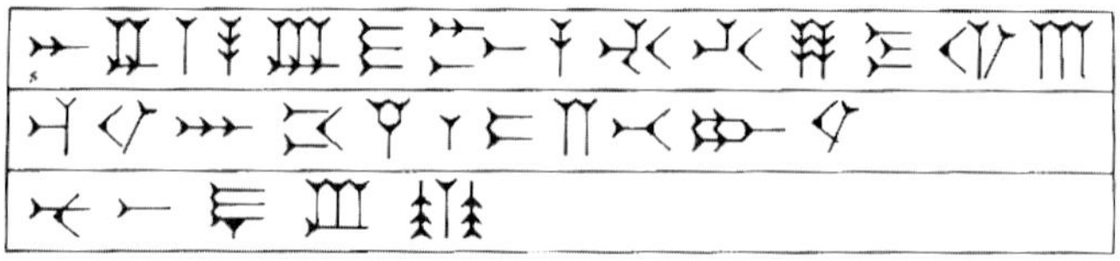

ʾa b g ḫ d h w z ḥ ṭ y k š l
m ḏ n ẓ s ʿ p ṣ q r ṯ
ġ t ʾi ʾu ś

〈사진 4-2〉 우가리트 문자와 그 음가

이렇게 사용된 다섯 개 이상의 문자 중에서도, 아카이아의 설형문자가 주로 사용되었다. 기원전 2000년경에 사용하던 아카이아인의 언어는 기원전 1100년경 도리아인의 침입으로 미케네 문명이 붕괴될 때까지 사용되었다.

그런데 이 아카이아의 설형문자는 셈어를 위해 발명된 문자가 아니었으므로 우가리트 사람들은 새로운 알파벳을 만들어야 할 필요성을 느끼게 되었다. 그리하여 만들어 낸 것이 또 다른 점토판에 나타나는 우가리트 알파벳이다. 이 우가리트 알파벳은 주로 상업 문서나 정부 행정 문서에 사용되었고, 문학과 종교 서적에 사용되기도 하였다. 이것은 문서에서 30개 정도의 기호

우가리트 알파벳

가, 문학에서 27개 정도의 기호가 사용되었으며, 분석 결과로 자음만을 나타내는 음소문자였던 것을 알아내었다. 이로써 우가리트의 알파벳이 최초의 알파벳 문자라는 주장이 등장한 것이다.

자음의 음소문자

앞서 말한 두 가지 유물은, 각각 다른 기원을 가지고 있다. 만약 여기서 이 두 유물로 확인된 문자의 공통점을 굳이 찾는다면, 그것은 그 후에 다른 문자로 발전하지 못했다는 사실이다. 그렇다면 알파벳의 실마리는 어디에서 찾아야 하는가?

4.2. 진정한 알파벳의 탄생

4.2.1. 페니키아인 : 알파벳의 주역

알파벳의 기원은 페니키아

지금까지 거의 대부분의 학설은 알파벳의 기원을 페니키아에 두고 있다. 페니키아인들은 지중해와 대서양 연안은 물론 아프리카 해안까지 항해했던, 고대의 뛰어난 무역 상인이었으므로 여러 지역의 문화를 접하게 되었고 따라서 많은 문자를 배우게 되었을 것이다. 이들은 이집트나 수메르의 언어들과 다른 언어를 사용하였기 때문에 이집트의 상형문자나 수메르의 설형문자가 그들의 언어를 표기하는 데 적합하지 않음을 알고 이 문자들을 이용한 자신들의 문자체계를 형성하였던 듯하다. 이로써 그들이 표음문자인 알파벳을 만들게 되고 여러 곳에 그들의 문자를 전파하게 된 것으로 보인다.

그렇다면 페니키아 문자는 어디에서 온 것일까? 페니키아 문자의 기원에 대해서도 몇 가지 가설이 있다.

> 페니키아 문자의 기원
> 1) "이집트 상형문자에서 발전한 이집트 승용문자에서 페니키아 문자로 발전했다"/ 루즈
> 2) "아시리아 설형문자에서 알파벳이 발전했다"/ 데크
> 3) "이집트 상형문자가 시나이 문자로 발전하고, 이것이 페니키아 알파벳으로 발전했다"/ 가드너
> 4) 설형문자가 페니키아 알파벳으로 발전?

첫째 가설은 요즘에 들어와 거의 부정적으로 받아들여지고 있다. 이집트에서는 페니키아의 문물은 발견되는 데 비해서, 페니키아에서는 이집트 문물이 발견되지 않기 때문이다. 지금 어느 설이 사실인지는 분명하지 않으나, 일반적으로 (3)과 (4)의 주장으로 의견이 많이 모이고 있다.

페니키아 알파벳이 발명되기 이전의 유물로 두 가지가 있다. 하나는 비블로스에서 발견된 유사 상형문자로, 120개 정도의 기호로 구성되어 있다고 알려져 있을 뿐, 연대도 알 수 없으며 아직 해독도 되지 않았다. 다른 하나는 이스라엘에서 발견된 기원전 12세기 경의 명문이다. 여기에도 여러 가지 기호가 있는데, 아직 해독되지 않았다.

기원전 11세기 경의 페니키아 알파벳은 아주 안정된 기호체계

그러나 비블로스 지역에서 발견된 기원전 11세기 경의 페니키아 알파벳은 아주 안정된 기호체계였다. 이로써 다른 알파벳의 선구 역할을 하게 되었을 것으로 추측된다. 페니키아 알파벳은 22개의 기호로 되어 있다고 알려져 있다. 기원전 11세기 경의 아히람 왕의 석관비문에, 기원전 10세기 경의 바알 레바논이라는 접시에, 그리고 기원전 9세기경의 것으로 추정되는 모압이라는 돌에 페니키아 알파벳이 새겨져 있다. 이것을 면밀히 검토한 결과, 이 문자들은 모음이 없고 자음만 갖춘 체계로 밝혀졌다. 아래에 정리하여 제시한 페니키아 알파벳은, 이 때 이미 진

아히람 왕의 석관비문
바알 레바논
모압

정한 알파벳 시대가 열려 있다는 것과, 그 주역이 페니키아인이라는 사실을 알려준다.

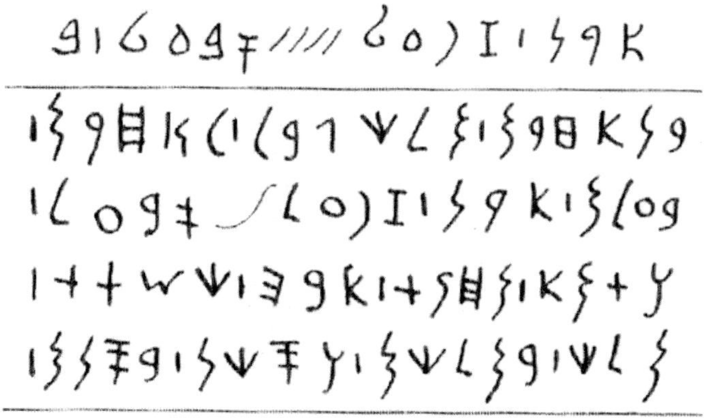

〈사진 4-3〉 아히람왕의 석관비문[26)]

4.2.2. 그리스 알파벳

페니키아에서 시작된 알파벳은 그리스로 전달된다. 헤로도토스는 그리스 알파벳을 Poenician letter라고 하였는데, 이로써 그리스 사람들 스스로가 자신들의 문자를 페니키아에서 가져온 것이라고 했음을 알 수 있다. 기원전 11세기 경의 그리스 알파벳의 유적은 주로 테라와 바코티아라는 지역에 많이 남아 있다.

알파벳은 페니키아에서 그리스로 전달

무역업자인 페니키아 사람들이 쓰던 알파벳을 페니키아에 거주하던 그리스인들이 알파벳을 배워서 모국으로 전파했을 것이고 이를 그리스 사람들이 사용하게 되었던 것이다. 그 결과 기원전 8세기 경에는 이미 문서에 이것을 사용하게 되었다.

페니키아 알파벳은 자음만으로 이루어져 있었으므로 그리스 알파벳도 처음에는 모음을 나타내는 문자가 없었다. 그리스어의 체계는 비교적 다양한 모음 체계를 갖추었으므로 모음을 나타

페니키아 알파벳은 자음만으로 이루어져 있다.

26) "조심하라! 볼지어다. 여기까지 찾아온 너에게 재앙이 (있을지어다)."

아람문자에서 모음자를 빌려 왔다.

완벽한 알파벳

낼 문자가 필요했고 이를 위해 아람문자에서 모음자를 빌려 왔다. 이렇게 해서 이루어진 그리스 알파벳을 두고 후손들은 완벽한 의미의 알파벳이라 이른다. 이것 또한, 외부 요소를 합리적 사고 바탕 위에서 개선하는, 그리스인의 독창성이 작용한 결과물 중 하나라 할 수 있다. 그리스인들은 1000년 전부터 선문자를 사용해 왔으므로, 이러한 전통적 기반 아래 그들의 음운을 분석하여 알파벳 문자체계를 만든 것이다.

과거에 문자는 정보의 원천으로 권력자에 의해 독점되었다. 크레타나 미케네에서 서기관은 중요한 역할을 맡고 있었는데, 미케네 서판이 보여주는 물품명세서, 계산서 따위는 서기관이 물량의 수효를 기록하고 문자를 해독할 수 있는 효과적 통치기구였음을 알려 준다. 그리스 전제군주 왕권은 서기관들에 의해 뒷받침되었다고 평가되고 있다.

누구든지 쉽게 익혀 문자생활에 동참

기원전 8세기 경

문자생활의 정착 시기

그러나 이제 과거와 달리, 서기관 이외에도 신자, 작가, 상인, 백성 등 누구든지 쉽게 익혀 문자생활에 동참할 수 있었다. 기원전 8세기 경에 이르러 음영 시인의 전유물이 서정시로 변화되어 간 것은 문자생활의 정착 시기와 관련되어 있는 것으로 보인다.

4.2.3. 그리스 알파벳의 유형과 특성

이오니아 알파벳

에우보니아 알파벳

진정한 알파벳으로 평가 받는, 그리스의 알파벳에 대해 좀더 자세히 알아보자. 그리스 알파벳은 한 가지만이 아니라, 이오니아 알파벳, 에우보니아 알파벳 등 여러 가지가 있었다. 이것은 나중에 통합되어 단일화되지만, 이러한 현상이 나타난 까닭은 페니키아 알파벳을 수입할 때에 어느 한 지역에서 수입한 것이 아니라, 그리스의 곳곳에서 따로따로 수입함에 따라 여러 가지의 알파벳이 생겨나게 된 것이다.

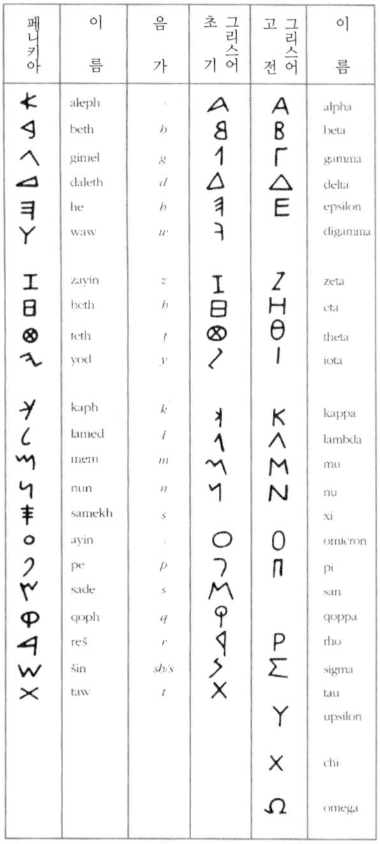

〈사진 4-4〉 그리스 알파벳

이 중에서 오늘날의 그리스 알파벳과 더 관계가 있는 것은 이오니아 알파벳이다. 그러나 이것과 다소 다른 에우보니아 알파벳이 이탈리아로 넘어갔으며, 후에 에트루리아인이 이것을 수정했다. 후대 로마인들이 이것을 채택한 결과로, 현대 유럽어와 현대 그리스어의 글자형이 다르게 되었다.

에트루리아인들의 역할

전 세계에 위력을 떨치는 현대 로마자의 사용 실태를 본다면, 에우보니아 알파벳에 수정을 가해 로마인에게 넘겨준 에트루리아인들의 역할은 아주 큰 것이었다. 역사적 사실을 종합해 보면,

에트루리아인들은 그리스인과 그 이웃들을 중개하는 역할을 담당했다. 이들은 페니키아와 그리스 문화의 영향을 받아 정착했고, 이후 알파벳을 포함한 그리스 문화를 라틴 세계에 전달했다. 현재 그들의 말은 라틴어 어휘들 중에서 상위 문화를 보여주는 단어에 흔적으로 남아 있다고 한다.

그리스어는 모음이 여러 종류가 있었기 때문에 모음을 예측할 수 없었다.

기원전 5세기에 자음 17글자, 모음 7글자로 이루어진 24개의 문자체계

그리스 알파벳은 이전의 문자체계와 달리 왜 모음을 생성해 넣었을까? 학자들의 연구 결과 이전 문자는 주로 셈어를 적기 위한 것으로 알려져 있다. 셈어는 모음의 수가 적어서 자음만을 표기해도 모음을 보충하여 읽는 데 크게 문제가 되지 않았다. 모음은 환경에 따라 충분히 예측해 낼 수 있었던 것이다. 그러나 그리스어에는 모음이 여러 종류가 있었기 때문에 모음을 예측할 수 없었고, 따라서 모음을 표기하지 않으면 문자로서의 효용성이 떨어졌던 것이다. 그래서 그리스인들은 아람어 알파벳에서 특정 모음을 빌려오게 되어, 기원전 5세기에 자음 17글자, 모음 7글자로 이루어진 24개의 문자체계를 갖게 되었다. 여기에다 각 글자는 대문자와 소문자로 나뉘어 사용되었는데, 돌에 새길 때는 대문자가, 파피루스나 왁스판에 새길 때에는 소문자가 각각 사용되었다. 필기 소재로는 점판암 위에 왁스를 바른 것을 사용했으나, 값싼 필기 소재를 위해 유약을 바르지 않은 도기인 오스트라카(ostraca)도 많이 이용했다.

그렇다면 기호로서의 알파벳은 어떤 과정을 통해 각각의 음가를 부여받았을까? 이미 널리 알려진 바와 같이, 알파벳은 두음법을 이용하여 음가를 갖게 되었다. 처음에 사용된 표의문자는 사물이나 인간의 신체 부위를 상형하여 만들어지지만, 그 사물의 모양을 단순화한 기호에다가 그 사물 이름의 첫소리를 붙여서 음가를 결정짓는다. 다시 말하면, 처음에는 지시 사항을 그림으로 그린 표의문자였지만, 나중에 표음문자화한 것이다. 이러한 사실은 표음문자가 표의문자에서 진화했다는 사실을 증언한다.

4.3. 알파벳의 발달

페니키아에서 온 그리스 알파벳은 이후 라틴 알파벳으로 이어진다. 라틴 알파벳은 에우보이아 알파벳에서 유래한 것이지만, 가장 초기의 라틴 알파벳은 펠라스지언 알파벳이다. 이것은 희랍어로 에트루스칸 알파벳이라고도 한다. 좌측에서부터 읽어나간 이 펠라스지언 알파벳은, 에트루스칸 알파벳과 라틴 알파벳의 시조이다. 이 라틴 알파벳은 기원전 3세기경 19글자의 라틴어 알파벳이 된다. 그 후 x, y:, w, e, ð, a, 등의 글자가 추가된다. 그리고 이 라틴 알파벳은 유럽의 각 지역으로 전파되면서 여러 문자로 파생되어 고트, 키릴, 룬 문자 등이 된다.

라틴 알파벳

펠라스지언 알파벳

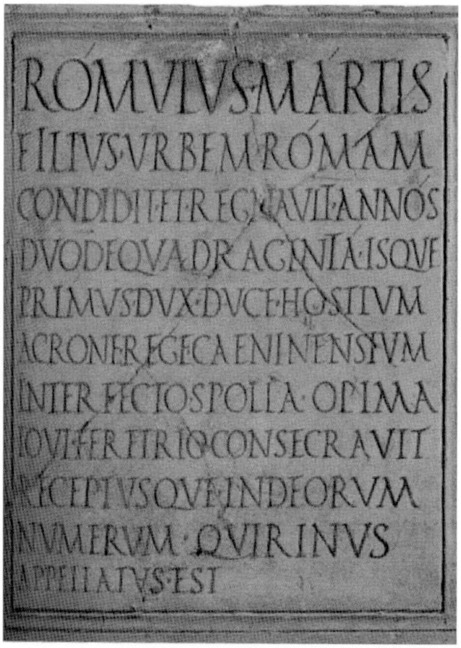

〈사진 4-5〉 로마 문자(기원전 3세기)

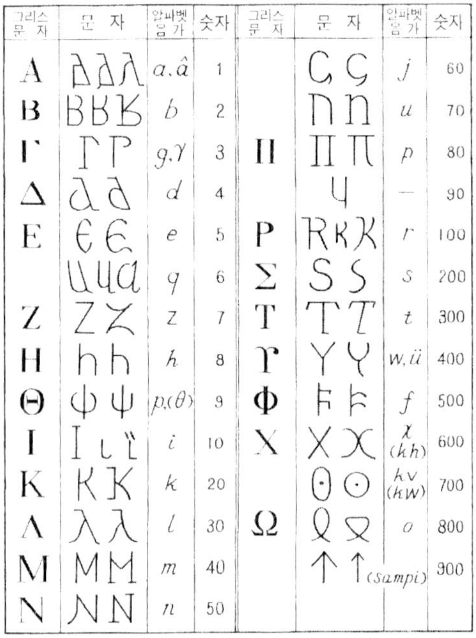

〈사진 4-6〉 고트 문자

그리스와 라틴을 거쳐 유럽으로 전파된 페니키아 알파벳은 다른 지역으로 전파되어 그 지역의 문자로서 기능을 수행하기도 했다.

아람 알파벳

첫 번째, 아람 알파벳이 있다. 이것은 시리아의 아람에서 기원전 800년 경 쯤에 쓰였던 알파벳이다. 이 아람 알파벳은 그 이후 거의 천년 이상 사용되어 근동지역에 많은 영향을 끼쳤다. 그런데 이 아람 알파벳은 서기 7세기 경에 이슬람교가 근동지역을 통일하여 아랍문자를 사용함에 따라 퇴각하게 되었다. 이 아람어는 이집트에서 시작하여 인도까지 많은 교역자들이 사용했던 언어라고 한다. 아람문자는 동쪽으로 퍼져 히브리와 아랍문자의 선구가 된다.

히브리 문자

두 번째, 히브리 문자가 있다. 히브리 문자로는 두 가지가 있다고 알려져 있다. 하나는 기원전 9세기 경 페니키아 문자에서 유래한 히브리 문자로, 유대인들이 흩어진 6세기 경에 사라졌다. 이것은 주로 종교나 문헌에 사용되었는데, 구약성서가 바로 이 문자로 쓰여 있었다. 페니키아 문자에서 유래한 히브리 문자는, 자음밖에 없었고, 우측에서 좌측으로 읽었다고 한다. 또 다른 히브리 문자는, 아람문자에서 유래한 히브리 문자이다. 이것은 서기 3세기 경에 사용되어 현재까지 이스라엘에서 사용되고 있다. 이 히브리 문자는 유대문자, 사각형 히브리어라 불리기도 한다.

페니키아 문자에서 유래

아람 문자에서 유래

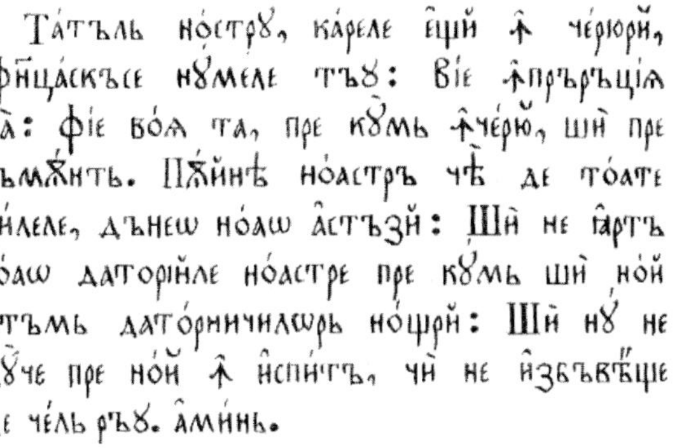

〈사진 4-7〉 키릴 문자

〈사진 4-8〉 룬 문자(14세기)

아랍 문자

세 번째, 아랍 문자가 있다. 아랍 지역에서는 대부분 아랍어가 사용되었는데, 문자로는 아람 문자가 사용되어 언어를 표현하기에 적합하지 않았다. 그래서 나바테안 아랍 문자를 발명하게 된다. 나바테아인은 요르단 페트라에 중심을 두었던 북부 아라비아 사람들로 최초의 아랍 독립 왕국이다. 이 문자로 된 최초의 비문은 512년까지 거슬러 올라간다. 아랍 문자는 부호와 강세를 포함하여 29개로 구성되어 있고, 지금도 아랍의 문자들은 자음

자음만 표기

만 표기하게 되어있다. 아랍 문자로 기록된 대표적 걸작품이 코란이다. 코란의 문자는 곧 알라의 문자이며, 경배의 대상이라 보기 때문에, 그들은 바로 그 성스러운 면을 부각시켜서 세계에서 가장 '위대한 문자'라고 이른다. 오늘날도 아시아 및 아프리카 일부 등지에서는 아랍어로 코란을 공부한다고 한다. 아랍 문자는 이처럼 종교적 이유와 결부되어 구어보다 먼저 퍼져 나갔고, 나아가서 페르시아 구어를 표기하는 데도 사용되었다.

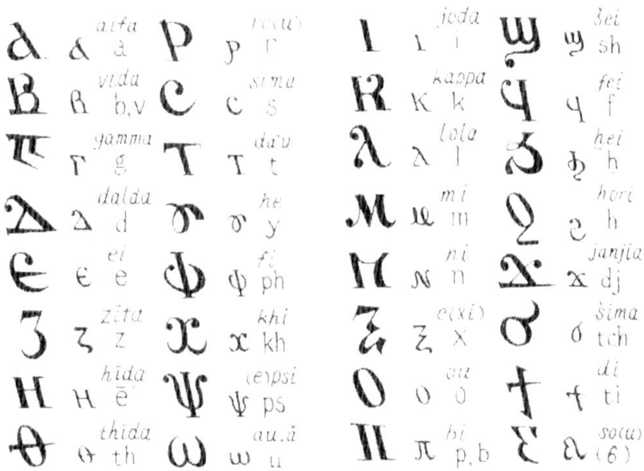

〈사진 4-9〉 곱트 문자

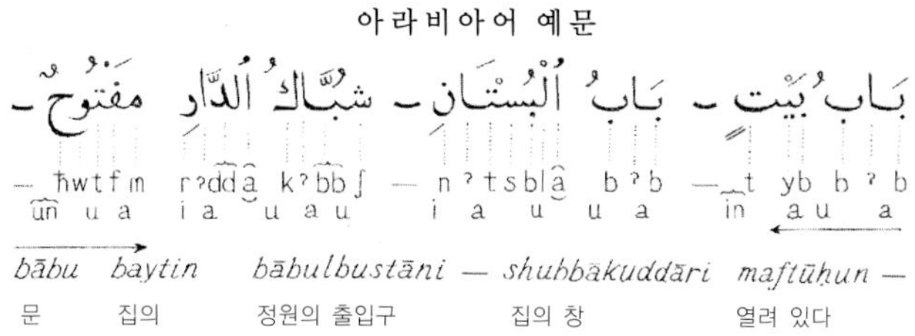

〈사진 4-10〉 아랍 문자

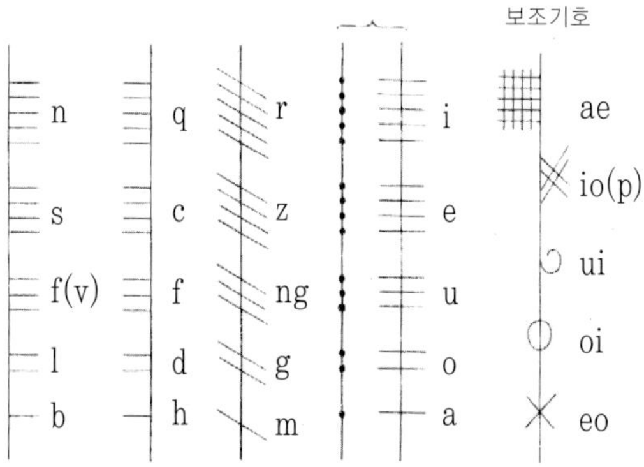

〈사진 4-11〉 오감 문자표

> 페니키아 문자 ⇒ 그리스 문자 ⇒ 라틴 문자 ⇒ 고트, 키릴, 룬 문자
> ⇘ 아람 문자, 히브리 문자, 아랍 문자

지금까지 우리는 표음문자인 알파벳이 어떻게 탄생했는가 알아보았다. 앞에서 이야기했듯, 알파벳의 발생은 획기적인 사건이었다. 알파벳을 발명한 인류는 문자생활을 훨씬 간편하게 할 수 있었다. 그것이 인류문화를 한 단계 더 끌어올린 계기가 된 것이다. 서구 문명은 그리스 문명에서 비롯되었다고 하는데, 문명 전수의 선구자 역할을 한 것이 바로 그리스의 알파벳일 것이다.

5. 한글

5.1. 훈민정음

우리의 문자인 한글은 자타가 공인하는, 세계에서 가장 우수한 문자다. 이 장(章)에서는 훈민정음의 창제에서부터 그 우수성 등 한글에 대한 전반적인 사항을 알아보도록 하자.

훈민정음

조선의 제4대 왕인 세종은 1443년(세종 25년)에 문자인 '훈민정음'(訓民正音)을 창제하고, 이어서 1446년(세종 28년)에 그 창제 목적과 원리, 이론적 근거 등을 적은 이론서 「훈민정음」을 간행하면서 문자를 창제하였음을 공포하게 된다.[27)]

해례본

예의

이론서 「훈민정음」에는 두 가지 책이 있다. 그 하나는 한문으로 된 소위 해례본(解例本)인데 대체로 이를 원본으로 보고 있다. 이 책은 모두 3부로 구성되어 있는데 제1부 예의(例義)는 "國之語音 異乎中國"으로 시작되는 세종대왕의 서문이 있고 그 뒤에 새로 만든 문자와 그 운용법에 대해 간단히 설명하고 있다. 제2부 해례(解例)는 5解와 1例로 되어 있는데 전자는 제자해(制字解), 초성해(初聲解), 중성해(中聲解), 종성해(終聲解), 합자해(合字解)이고 후자는 용자례(用字例)이다. 여기서는 문자를 만든 해설, 초·중·종성에 대한 해설, 문자를 합해 쓸 때에 대한 해설과 문자를 실제로 사용할 때의 예를 들어 두고 있다. 제3부는

제자해, 초성해, 중성해, 종성해, 합자해, 용자례

27) '훈민정음'은 두 가지의 의미로 사용된다. 하나는 세종대왕이 창제한 문자의 명칭이고, 다른 하나는 새롭게 만든 문자에 대한 제자의 근거와 운용법 등을 기술한 책의 이름이다.

정인지의 서문으로서 새 문자를 만들게 된 경위와 새 문자의 우수한 점을 지적하고 있다. 정인지의 서문

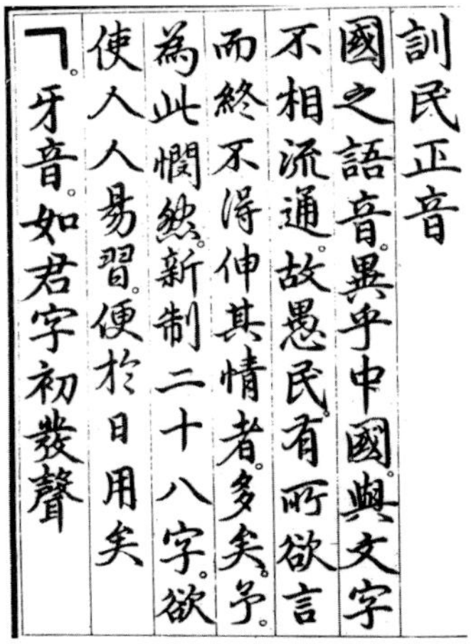
訓民正音
國之語音異乎中國與文字不相流通故愚民有所欲言而終不得伸其情者多矣予為此憫然新制二十八字欲使人人易習便於日用矣
ㄱ牙音如君字初發聲

〈사진 5-1〉 훈민정음 해례본(예의)[28]

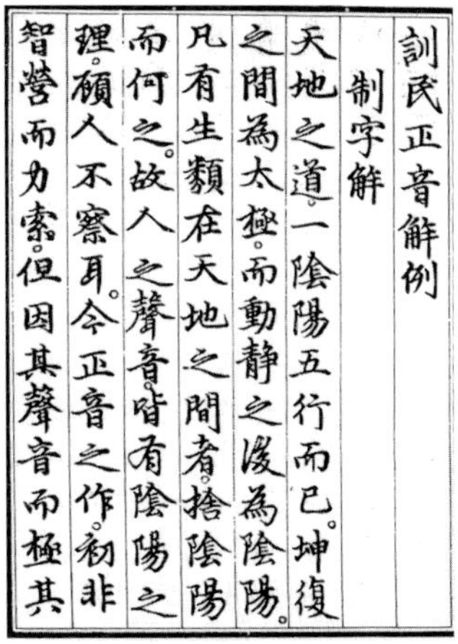
訓民正音解例
制字解
天地之道一陰陽五行而已坤復之間為太極而動靜之後為陰陽凡有生類在天地之間者捨陰陽而何之故人之聲音皆有陰陽之理顧人不察耳今正音之作初非智營而力索但因其聲音而極其

〈사진 5-2〉 훈민정음 해례본(제자해)

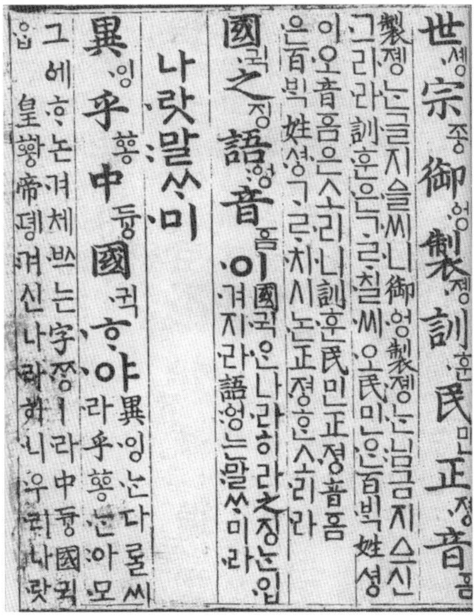
世솅宗종御엉製젱訓훈民민正졍音흠
製젱는 글지슬씨니 御엉製젱는 님금 지스신 그리라 訓훈은 ᄀᆞᄅᆞ칠씨오 民민은 百빅姓셩이오 音흠은 소리니 訓훈民민正졍音흠은 百빅姓셩 ᄀᆞᄅᆞ치시논 正졍ᄒᆞᆫ 소리라
國귁之징語엉音흠이
國귁은 나라히라 之징는 입겨지라 語엉는 말ᄊᆞ미라
나랏말ᄊᆞ미
異잉乎홍中듕國귁ᄒᆞ야
異잉는 다ᄅᆞᆯ씨라 乎홍는 아모그ᅌᅦ ᄒᆞ논 겨체 ᄡᅳ는 字ᄍᆞᆼㅣ라 中듕國귁은 皇황帝뎽겨신 나라히니 우리나랏

〈사진 5-3〉 훈민정음 언해본

28) 낙장(落張)되어서 후대에 보진(補塡)한 것이다.

「훈민정음」의 또 다른 하나는 해례본의 제1부 예의를 번역하여 한글로 표기한 소위 언해본이다. 여기에는 "나랏말쏘미 中國에 달아"로 언해된 세종의 서문과 "ㄱ눈 엄쏘리니"로 시작하는 문자의 음가에 대한 설명과 그 운용에 대한 간단한 소개가 있다.

이 책에서 우리는 문자와 관련된 사항을 논하고 있으므로, 세종실록 권102(세종 25년 12월조)에 나와 있는 다음 기록을 보면서 문자로서의 훈민정음에 대해서 알아보기로 하자.

> "이 달에 임금이 친히 언문 28자를 만들었는데, 그 글자가 옛 전자를 모방하고, 초성·중성·종성으로 나누어서 이를 합한 후에야 글자를 이루었다. 무릇 문자에 관한 것과 이어(俚語)에 관한 것을 모두 쓸 수 있고, 글자는 비록 간요(簡要)하지만 전환하는 것이 무궁하니, 이것을 훈민정음이라고 불렀다" [29]

훈민정음은 세종대왕이 창제

이 기록에 의하면 문자 훈민정음은 세종대왕이 창제했다고 한다. 그러나 한때 훈민정음을 창제한 사람이 세종이 아니라 집현전 학사라는 주장도 있었지만, 지금은 훈민정음을 창제한 사람이 세종이라는 점에서는 거의 이견이 없는 듯하다. 「훈민정음」 해례본의 정인지 서문을 보면, 세종이 '집현전 학사들에게 상세하게 해석을 더 하라는 명을 내렸다'고 되어 있다.[30] 이것으로 보아, 집현전 학사들은 「훈민정음」을 주석하는 데 도움이 되었던 것으로 보이고 세종대왕이 문자 훈민정음을 창제한 것이 분명하다.

위의 기록을 보면 '언문'이란 명칭과 '훈민정음'(訓民正音)이라

---

29) 是月上親制諺文二十八字 其字倣古篆 分爲初中終聲 合之然後 乃成字 凡于文字及本國俚語 皆可得而書 雖簡要 轉換無窮 是訓民正音 (세종실록 권102)
癸亥冬. 我殿下創制正音二十八字 略揭例義以示之 名日訓民正音 象形而字倣古篆 (…) 以二十八字而轉換無窮 簡而要 精而通. 故智者不終朝而會 愚者可浹旬而學(훈민정음 해례본의 정인지 서문)

30) 逐命詳加解釋

는 명칭이 함께 사용되었다. 현전하는 기록에 따르면 '훈민정음'이란 명칭은 이 기록에서 처음 등장하는데 '백성을 가르치는 바른 소리'라는 의미를 지닌 것이라고 한다. '훈민정음' 또는 '언문'(諺文), '언서'(諺書)[31]로 불리던 것이 그 뒤 '반절, 암클, 아랫글, 가갸글, 국서, 국문, 조선글, 통싯글' 등의 이름으로 불리면서 근대에까지 이르렀다. 그러다가 개화기 때부터는 '한글'이라는 이름을 쓰기 시작했는데, 이 이름은 주시경 선생이 처음으로 지어 쓴 것으로 알려져 있다.[32] '한글'의 '한'은 '바르다', '하나', '크다', '으뜸' 이라는 뜻이 담겨 있다고 한다.

언문, 언서

국문

한글

주시경

'한글'이라는 명칭이 일반화한 것은, 조선어학회에서 훈민정음 반포 8주갑(480년)이 되던 해인 병인년 음력 9월 29일을 반포 기념일로 정하여 처음에는 '가갸날'이라고 부르다가 1928년에 '한글날'이라고 고쳐 부르게 되면서부터이다. 그 후로부터 지금까지 '한글'이라는 이름이 계속 쓰이고 있다.

가갸날

한글날

창제 배경과 목적

샘프슨(Geoffrey Sampson)은 그의 「문자 체계(Writing Systems)」라는 책에서 "한글은 의문의 여지없이 인류가 만든 가장 위대한 지적 산물 중의 하나임에 틀림없다."라고 극찬을 하였다. 또 그는 다음과 같이 말하였다.

인류가 만든 가장 위대한 지적 산물 중의 하나

> "한국은 매우 작고 먼 나라지만, 언어학자에게는 두 가지 측면에서 매우 중요한 나라이다. 하나는 중국에서 발명된 인쇄술이 최초로 실질적으로 이용된 것이 바로 13세기 한국에서이고, 다른 하

31) '언문, 언서'라는 것은 일종의 번역하는 글을 말한다. 그 당시는 한자가 주가 되어, 그 한문을 언해하는 글이라는 뜻으로 사용되었다.

32) 이 한글이라는 명칭을 누가 처음 사용했는지는 정확히 알려지지 않다. 주시경 선생이 한글이라는 명칭을 처음 붙였음이 어느 정도 밝혀졌으나, 지금도 그 근거를 찾는 작업이 진행되고 있다.

나는 오늘날 한글이라고 불리는 가장 독창적이고도 훌륭한 음성 문자를 15세기에 백성들을 위해 만들었다는 점이다."33)

세종대왕이 백성을 위해 만들었다는 훈민정음은 과연 어떤 목적에서 창제되었는지 그리고 당시의 시대적 배경과 정황은 어떠했는지를 알아보기로 하자.

창제자 창제 시기

한글은 창제자와 창제 시기가 뚜렷이 밝혀진 문자라는 점에서 세계적으로 드문 글자이다. 훈민정음의 창제는 세종이 주도하였고 집현전 학자들이 부분적인 참여하였음은 앞에서 언급한 바 있다. 당시 조선은 운학에 대한 이론을 중국, 인도, 몽골 등에서 받아들여 상당한 수준에 이르렀다. 그리고 세종 자신은 운학에 있어서 당대 최고의 권위자였다.

차자표기법

훈민정음 창제의 배경은 차자표기법과도 관련이 있다. 우리나라는 고대로부터 중국의 한자를 빌려서 문자생활을 영위했지만, 한국어의 어음(語音)과 중국어의 어음이 서로 달라 한자로는 잘 통하지 않는 부분이 많았다. 이 불편함을 해소하는 한 방편이 차자표기법이었다. 그러나 한문이나 차자표기법으로는 문자생활에 불편함이 있었으므로 세종대왕은 '훈민정음'을 창제하게 된다. 세종의 이러한 동기는 정인지의 서문을 통해서도 나타나고 있다.

음운 분석

한편, 차자표기법의 발달은 훈민정음을 창제하는 데 공헌을 하였으니 즉, 차자표기법이 발달하면서 그 결과로 음운을 분석해 내는 원리를 찾아낼 수 있었다. 예를들면, '밤'을 뜻하는 '夜音'에서 'ㅁ'을 '音'으로 표기하였는데 이 'ㅁ'이 바로 음운에 해당한다.

세종은 한편, 문자를 통하여 백성들을 교화할 필요를 느꼈다.

33) Sampson(1985:120). 그 외에 라이샤워는 한글이 '가장 과학적인 표기체계'라 했고 보스는 '세계에서 가장 우수한 알파벳'이라고 했다.

즉, 경상도 진주에서 아들이 아버지를 살해한 사건이 일어나면서 백성을 교화해야 한다고 생각했고 이를 반영한 것이 <오륜행실도>의 간행이었다. 그리고 이어서 훈민정음을 창제하게 된다.

훈민정음의 창제 목적

이러한 배경에서 세종은 훈민정음을 창제하게 되는데 그 목적은 훈민정음의 어제서문에 간결하게 나타나 있다.

> 우리나라 말이 중국과 달라서 한자로는 서로 통하지 못한다. 그러므로 어리석은 백성들이 말하고 싶은 바가 있어도 마침내 그 뜻을 펴지 못하는 이가 많다. 내가 이것을 매우 딱하게 여기어 새로 스물여덟 자를 만들어 내노니 사람마다 쉽게 익히어 나날의 소용에 편하도록 하고자 한다. 〈훈민정음 어제서문〉

위의 기록에서 볼 수 있듯이, 세종이 우매한 백성들의 문자생활을 위해 훈민정음을 만들었다는 것은 명확하다. 또, 훈민정음이라는 명칭이 “백성을 가르치는 바른 소리”란 의미를 가지고 있음은 이를 방증하고 있다. 결국 훈민정음은 일반 백성들의 문자생활을 위해 만든 글자이니, 이것이 가장 중요한 훈민정음의 창제의 목적이다.

이와 같은 훈민정음의 글자 모양은 어디에서 온 것일까? 우선 지금까지 제기되었던 몇몇 가설을 소개하면서 논의를 시작하기로 한다.

파스파(八思巴 Phags-pa) 문자 기원설

훈민정음의 기원이 파스파 문자[34]라는 설은 조선시대부터 거론되어 왔었다. 조선 숙종 때의 이익(李翼)은 <성호사설>(星湖僿說)에서 훈민정음이 몽고 문자와 같은 것이라고 하였고, 순조

파스파 문자

---

34) 八思巴('팍파'라 부르기도 하지만 여기서는 '파스파'라고 부르기로 한다.) 문자는 1269년 원나라 세조 때에 승려 八思巴가 세조의 명을 받고 티벳 문자를 본으로 하여 인위적으로 만든 문자이다.

때의 유희는 <언문지>에서 "우리 세종조 때 사신에게 명하여 몽고 문자 모양을 본떠서 만들어졌다. 언문은 비록 몽고에서 시작되었으나 우리나라에서 이루어졌다."라고 하여 한글은 몽고 문자를 본받았다고 하였다.[35]

모음

자음

〈사진 5-4〉 파스파 문자

유희의 <언문지>에서 말하는 몽고 글자는 파스파 문자를 가리키는 것으로서 훈민정음의 자체(字體)와 밀접한 관계가 있다는 주장은 최근에도 되풀이되고 있다. 그에 대한 예로서 양자의 대조에서 파스파 자형을 간략화한 것이 훈민정음의 기본 다섯 자(ㄱ,ㄷ,ㄹ,ㅂ,ㅈ)가 아닌가 하는 주장이 있다. 이 이론은 동시에 인도 문자 기원설이나 티벳 문자 기원설과도 관련성을 가진다고 하는데 그 이유는 파스파 문자는 티벳 문자를 개량해서 만

인도 문자기원설

35) "我世宗朝命使臣 依蒙古字樣 ……以製諺文雖始於蒙古成於我東" (언문지)

든 것이고 티벳 문자는 인도 문자에서 기원했기 때문이다.

인도 문자기원설

문자의 발달은 정치나 문화의 교류와 무관하지 않다고 본다면, 원나라 세조 때(1269년)에 창제된 파스파 문자가 몽고와 밀접한 협력 관계에 있던 우리나라에 어느 정도 영향을 주었을지도 모르는 사실이다.

몽고 문자

이에 대해 이익의 설명은 몽고 문자(위그르 계통의 문자)와 파스파 문자를 구별함이 없이 혼동하여 말한 것으로 보아 몽고 문자 기원설은 타당성이 없다고 주장하는 사람도 있다. 또 두 문자 간의 유사한 형태가 서로 음(音)이 다르고, 각 문자 내에서 문자 간의 관련성이 다르며, 두 문자의 관련성에 대해 구체적인 문헌자료가 없다는 점 등을 들어 파스파 문자에서 훈민정음의 자체가 기원했다는 주장을 부정하는 경우가 많은 실정이다.

가림토(加臨土) 문자 기원설

한글 이전에 우리의 고유 문자가 있었다는 이야기는 <환단고기>(桓檀古記)에 실려 있으니 그것이 기원전 2181년에 사용되었다는 소위 '가림토 문자'다.

가림토 문자

> "당시 풍속이 하나같지 않고, 지방마다 말이 서로 달랐다. 형상으로 뜻을 나타내는 진서(眞書)가 있다 해도 열 집 사는 마을에도 말이 통하지 않는 경우가 있고, 백 리 되는 나라의 땅에서도 통하는 않는 일이 많았다. 이에 삼랑(三郞)을 을보륵(乙普勒)에게 명하여 정음 38자를 만들게 하니 가림토(加臨土)라 하였다."

〈사진 5-5〉 가림토 문자

가림토 문자설을 주장하는 측은 다음과 같은 근거를 들고 있다.

> 놀랍게도 과거 우리 민족의 활동무대였던 만주에는 가림토 문자 비석이 우뚝 서 있다. 그 비석을 탁본한 것이 높이 2m, 폭이 32㎝인 것을 보면 실제 비석은 이보다 조금 더 클 것이다.
>
> 세종대왕은 성삼문을 만주 방면으로 열세 번이나 보내어 가림토 문자를 기본으로 하는 우리 글을 연구케 하였다. 그리하여 집현전 학자들인 성삼문, 박팽년, 최항, 신숙주 등과 가림토 문자를 실제 쓰기에 편리하도록 다듬어서 서기 1446년 병인 음력 9월 상한(양력 10월 9일)에 훈민정음 28자를 반포하였다.

그러나 가림토 비석은 가림토 문자로 쓰인 것이 아님이 밝혀졌고, 집현전 학사들도 가림토 문자를 공부하러 간 게 아니라 중국의 운학을 문의하러 갔음이 밝혀졌다. 또 <환단고기>가 위서라는 설이 제기되었고, 위의 내용이 훈민정음의 서문이나 신숙주의 《동국정운》의 서문과 너무도 흡사한 점, 그리고 고대 문자가 있었다면 왜 우리의 고대 자료에 한 번도 등장하지 않았는가 하는 의문점 등으로 인하여 그 신뢰성이 크게 떨어지고 있다.

음양오행 기원설

천지인, 삼재 원리와 음양오행 원리를 바탕으로 창제

우리 민족 문화의 뿌리는 음양오행이라고 해도 과언이 아니다. 말과 글은 물론이요, 음식, 주거, 의복, 의학, 음악 등 어느 하나 음양오행과 관련되지 않는 분야가 없다. 한글은 천지인(天地人) 삼재(三才) 원리와 음양오행(陰陽五行) 원리를 바탕으로 창제되었다. 한글의 기본 형태는 천(天), 지(地), 인(人), 원(圓), 방(方), 각(角)의 형태로 나누어지는데, 천은 '·', 지는 'ㅡ', 인은 'ㅣ'로 표시하여 모음을 만드는 데에 이용한다. 하늘은 둥글어서 둥근 점이요. 땅은 평평하여 'ㅡ'자이고, 천지간에 서 있는 것이 사람이라 'ㅣ'자로 표시하는 것이다. 원(O), 방(ㅁ), 각(△)은 자음을 만드는 데에 이용한다. 원방각의 구조는 인간을 말한다. 원은 사람의 머리이고 방은 사람의 몸통이다. 각은 손발의 움직임을 상징한다. 또한 원은 열매 맺는 모양을, 방은 잎이 넓게 자라는 모양을, 각은 만물이 싹트는 모양을 말한다. 우주 만물은 오행의 원리에 따라 존재하는데, 우리말의 소리법칙도 이 원리에 맞추어 창제되었다. 따라서 한글은 이 세상의 온갖 소리를 그대로 표현해 낼 수 있는 유일한 언어이다.

기일성문도(起一成文圖) 기원설

중국의 학자 정초(鄭樵)는 그의 책 「육서략」(六書略)에서 '문(文)은 일(一)에서 이루어진다.'는 '기일성문도'(起一成文圖)를 제시하고 있다. 기일성문도

衡爲一 從爲ㅣ(音袞) 邪ㅣ爲ノ(房必切) 反ノ爲㇏(分勿切) 至㇏而窮 折一爲ㄱ(音及) 反ㄱ爲ㄏ(呼旱切) 轉ㄏ爲ㄴ(音隱) 反ㄴ爲ㅢ(居目切 了从此 見了部)至ㅢ而窮折一爲ㄱ者側也 有側有正 正折爲∧(即亼字也 又音帝 又音入) 轉∧爲∨(側加切) 側∨爲<(音畎) 反<爲>(音泉) 至>而窮 一再折爲冂(五犯折) 轉冂爲凵(口犯切) 側凵爲匚(音方) 反匚爲コ(音播) 至コ而窮 引一而繞合之 方則爲□(音圍) 圓則○(音星)至○則環轉無異勢 一之道盡矣 •(音柱)與一偶 一能生 •不能生 以不可屈曲 又不可引 引則成ㅣ 然•與一偶 一能生而•不能生 天之道 陰陽之理也

〈사진 5-6〉 기일성문도

평평하게 하면 一가 되고 종으로 하면 ㅣ가 되고 … 一을 꺾으면 ㄱ이 되며 … 이것을 전환하면 ㄴ이 되고 …' 등과 같은 내용이 들어 있으니 훈민정음 28자의 모양이 거의 다 보인다.

기일성문도의 'ㅡ'와 그 변형된 글자들이 한글의 자형과 유사할 뿐만 아니라, 한글의 기본자가 이 글에 모두 나타난다는 사실에서 이 글이 한글창제에 큰 영향을 주었을 것으로 그동안

추정되어 왔다.[36] 이 글에서 한글의 기본자가 모두 나타나고 있다는 사실에서 보면, 한글 창제에 참여한 학자들은 육서에 대한 이해와 지식을 가졌을 뿐만 아니라 한글의 기본자를 만들 때 육서에 관한 전문서인 「육서략」의 '기일성문도'를 참고했을 것으로 보고 있다.

그 밖의 기원설

(1) 송대 등운학 기원설: 훈민정음 제자해의 제자원리와 조음원리가 송대의 등운학에서 기원했다는 설로서 제자해의 음운체계에 대한 기원설이다. 등운학은 인도 음성학에서 기원했다.

(2) 주역의 하도 기원설: 훈민정음 중성의 기원이 역학의 삼제에서 왔다는 견해이다.

(3) 티벳 문자 기원설: 티벳 문자는 인도문자에서 기원한 것으로서 역사적 이동통로로 보아 훈민정음과 어느 정도 유사성이 있어 티벳 문자를 한글의 기원으로 보는 주장이다.

이 외에도 한글이 한자의 전자, 인도의 산스크리트(Sanskrit) 문자의 영향을 받았다는 주장이 있었다. 그러나 현재까지 밝혀진 문자 '훈민정음'의 기원은 발음기관을 상형하고 天地人을 상형하였다는 것이 정설로 되어 있다.

---

36) 홍기문(1946), 공재석(1967), 김영만(1987), 안병희(1992)에서 한글창제와 기일성문도의 관련에 대해 말한 바 있다.

5.2. 훈민정음의 제자 원리

「훈민정음」 제자해를 통해서 우리가 알 수 있는 것은 훈민정음 창제원리이다. 자음의 기본글자인 'ㄱ, ㄴ, ㅁ, ㅇ, ㅅ'은 발음기관을 상형했다는 것이 제자해에 명시되어 있다. 이 기본글자에 획을 더하여 나머지 글자를 만들었다. 상형과 가획의 원리에 의해서 만들어진 것이 자음 17자이다.

기본글자인 'ㄱ, ㄴ, ㅁ, ㅇ, ㅅ'은 발음기관을 상형

상형과 가획의 원리

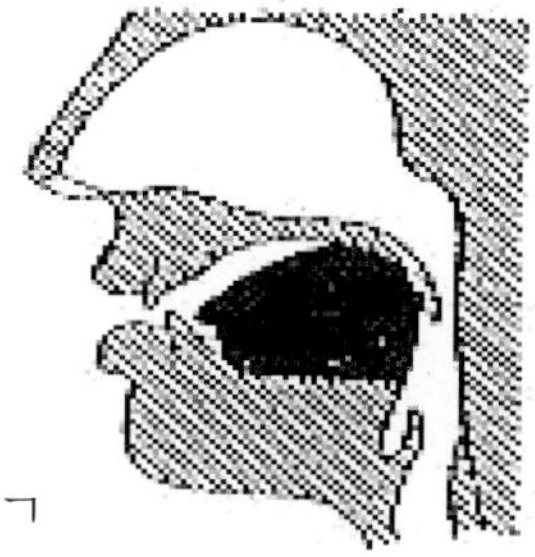

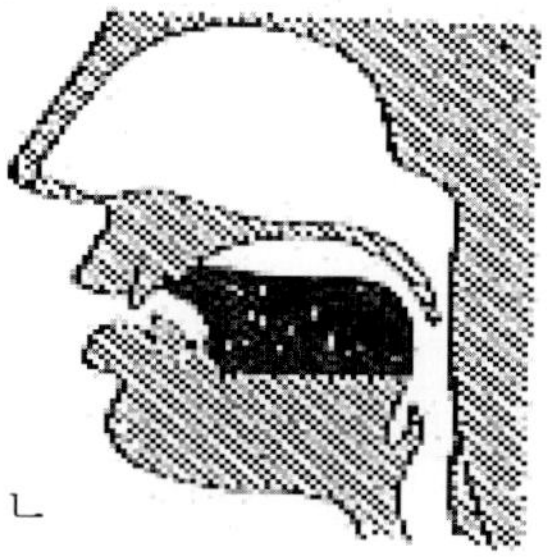

〈사진 5-7〉 ㄱ, ㄴ의 발음 모습

'ㄴ'을 예로 들면 기본자 'ㄴ'보다 소리가 약간 세면 획을 하나 더하여 'ㄷ'을 만들고, 'ㄷ'이 다시 더 세어지면 획을 하나 더하여 'ㅌ'을 만들었다. 이를 가획의 원리라 한다. 그래서 1차 가획에 의해 무성음이 만들어지고, 2차 가획에 의해 유기음이 만들어지도록 설계되어 있다.

기본자	1차 가획	2차 가획
ㄱ	ㅋ	
ㄴ	ㄷ	ㅌ
ㅁ	ㅂ	ㅍ
ㅅ	ㅈ	ㅊ
ㅇ	ㆆ	ㅎ

〈표 5-1〉 자음의 기본자와 가획자

이것을 도표로 좀 더 명확하게 보면, 불청불탁, 전청, 차청, 전탁으로 구분할 수 있는데, 불청불탁이라는 것은 유성음, 즉 발음할 때 목이 떨리는 것이다. 이외에 전청은 평음, 차청은 유기음(거센소리), 전탁은 경음(된소리)으로 모두 무성음이다.

	전청(全淸)	차청(次淸)	전탁(全濁)	불청불탁(不淸不濁)
아음	ㄱ	ㅋ	ㄲ	ㆁ
설음	ㄷ	ㅌ	ㄸ	ㄴ
순음	ㅂ	ㅍ	ㅃ	ㅁ
치음	ㅅ, ㅈ	ㅊ	ㅆ, ㅉ	
후음	ㆆ	ㅎ	ㆅ	ㅇ
반설음				ㄹ
반치음				ㅿ

음명	기본자	오행	오시	오방	오음	가획	병서	이서
아음	ㄱ	木	春	동	각	ㅋ	ㄲ	ㆁ
설음	ㄴ	火	夏	남	치	ㄷ ㅌ	ㄸ	ㄹ
순음	ㅁ	土	季夏	말(末)	궁	ㅂ ㅍ	ㅃ	
치음	ㅅ	金	秋	서	상	ㅈ ㅊ	ㅆ ㅉ	ㅿ
후음	ㅇ	水	冬	북	우	ㆆ ㅎ	ㆅ	

〈표 5-2〉 자음체계와 음양오행

위에서 살펴보았듯이, 자음의 기본자는 발음기관을 본떠 만들고, 5개의 기본자에 소리의 세기에 따라 획을 붙여 다른 글자를 만들었다. 여기에서 생기는 의문은 왜 아음은 불청불탁자가 기본자가 아니었을까 하는 것인데, 이것 역시 해례본에서 명확히 설명하고 있다. 아음의 불청불탁소리는 후음과 아주 비슷하기 때문에, 후음에 가획했다는 것이다.

또 전탁자를 만들 때는 전청자를 가지고 만들었다. 그런데 후음의 경우는 차청자 두 개(ㆅ)를 썼다. 이것도 해례본에 설명되어 있는데, 전청자는 소리가 너무 약하여, 전탁자를 만들

수 없었다고 나와 있다. 우리는 이를 통해서 세종대왕이 말소리를 얼마나 주도면밀하게 관찰하고 그 원리를 생각했는가와 자음의 제자원리의 과학성을 알 수 있다.

모음도 자음과 마찬가지로 상형과 합자를 했다.[37] 모음의 기본자는 자음과는 달리 천·지·인의 3재(三才)를 상형했다. 하늘은 '·', 땅은 'ㅡ', 사람은 'ㅣ'로 나타내었는데, 여기에 깊은 철학적인 의미가 담겨있다.

모음
천·지·인의 3재(三才)를 상형

기본자	형	상형대상	성리학적 원리
·	圓	天	天 開 於 子
ㅡ	平	地	地 闢 於 丑
ㅣ	立	人	人 生 於 寅

〈표 5-3〉 모음의 기본자와 음양오행

나머지 글자는 '천·지·인'으로 기본자를 만들고 난 후, 이것을 합자하여 8글자를 만들었다. 이는 가획의 의미로도 설명될 수 있다. '천지인' 셋을 합하여 만든 글자가 'ㅗ, ㅏ, ㅜ, ㅓ'로 'ㅗ, ㅏ, ㅜ, ㅓ'는 초출자가 되고, 'ㅛ, ㅑ, ㅠ, ㅕ'는 초출자에 다시 가획을 해서 만든 것으로 재출자라고 한다.

초출자

재출자

기본자	·	ㅡ	ㅣ	
초출자	ㅏ	ㅓ	ㅗ	ㅜ
재출자	ㅑ	ㅕ	ㅛ	ㅠ

〈표 5-4〉 모음 체계

이렇게 합해서 11글자가 되는데, 모음글자에서도 세종대왕의 의도를 알 수 있다. 'ㅗ'는 '·'와 같지만 입이 오므라들고, 'ㅏ'는 '·'와 같지만 입이 펼쳐진다고 하였다. 또, 'ㅜ'는 'ㅡ'와 같은데

37) 합자도 획을 더한다는 의미에서는 가획이라고 할 수 있다

입이 오므라들고, 'ㅓ'는 'ㅡ'와 같은데 입이 펼쳐진다고 했다. 또 재출자는 'ㅛ'는 'ㅗ'와 같은데 'ㅣ'에서 일어난다고 하였다. 이러한 체계적이고 조직적인 문자를 세종대왕이 만들어 낸 것이다.

5.3. 한글의 우수성

지금까지 이야기 한 것을 토대로, 훈민정음이 우수한 문자란 주장의 근거를 알아보자.

첫째는, 훈민정음은 아주 과학적인 글자이다. 훈민정음은 자음은 소리가 발음되는 발음기관을, 모음은 '천·지·인'을 상형해서 글자로 만들었다는 것에서 과학적임을 보여준다.

과학적인 글자

그래서 자음의 경우는, 'ㄱ'은 혀뿌리가 목구멍을 막는 꼴을 본뜬 것이고, 'ㄴ'은 혀가 잇몸에 닿는 꼴을 본떴고, 'ㅁ'은 입술 모양을, 'ㅅ'은 이의 모양을, 'ㅇ'은 목구멍의 모양을 본떴다. 이 다섯 개의 기본자에서 음의 세기에 따라 획을 덧붙여 나머지 글자들을 만들었다. 다만 'ㆁ'은 어금닛소리와 비슷하면서 목구멍 소리와도 비슷하므로 모양을 달리했고, 'ㄹ'과 'ㅿ'은 혀와 이의 모양을 본떴다고 했다. 모음도 '천·지·인'을 상형해서 글자를 만든 후 획을 덧붙여 나머지 글자를 만들었다.

자음과 모음의 상형원리 뿐만 아니라 그 수에서도 훈민정음의 우수성을 알 수 있다. 훈민정음의 초성을 중국의 36자모에 따르지 않고 당시 국어의 음운에 맞도록 23자모로 고쳐서 만든 것도 말소리에 대한 이해가 상당했기 때문에 가능한 것으로 보인다.

체계적인 글자

둘째, 훈민정음은 동일 계통의 소리는 같은 모양을 가지고 있다는 점에서 체계적인 글자이다. 세계의 어떤 글자도 글자 사이에 체계성을 가지고 있지 않다. 그런데 우리 한글은 우리말의 음소 체계를 잘 고려하여 만든 글자이기 때문에 글자들 사이에도 체계가 있어 배워 쓰기가 쉽게 되어 있다. 된소리 글자들은 예사소리 글자가 겹쳐져 있는 것이며(ㄱ과 ㄲ, ㄷ과 ㄸ 등), 거센소리 글자는 예사소리 글자에 획이 하나 또는 둘씩 더해져 있다(ㄴ, ㄷ, ㅌ과 ㅅ, ㅈ, ㅊ 등). 이처럼 자음 글자들은 서로 관련이 있어 예사소리 글자만 제대로 알게 되면 나머지 글자들은 쉽게 알 수가 있도록 짜여 있다. 그래서 정인지 서문에 '슬기로운 사람은 하루아침을 마치기 전에 깨우치고, 어리석은 사람이라도 열흘이면 배울 수 있다'고 하였다. 세계의 어떤 글자도 이처럼 체계적이고 유기적으로 되어 있는 글자는 없다.

모음 글자들도 자음 글자만큼은 덜 하지만 서로 관련을 지을 수 있는 글자들로 구성되어 있다. 모음 글자들의 경우는 단모음 글자와 이중모음 글자들이 서로 관련을 맺고 있다. 이중모음 글자들은 모두 단모음 글자와 관련이 있는데, j계 이중모음 글자들은 각 단모음 글자에 획이 하나씩 그어져 있고(ㅏ와 ㅑ, ㅗ와 ㅛ 등), w계 이중모음 글자들은 각 단모음 글자에 'ㅗ'나 'ㅜ' 글자가 덧붙어 있어(ㅘ, ㅝ 등) 서로 관련을 맺고 있다.

셋째, 훈민정음은 자질을 처음으로 적용한 글자이다. 언어이론 면에서 볼 때, 「훈민정음」 제자해에서 제시하고 있는 언어이론은 지금 현대 언어이론과 비교해도 손색이 없다. 자질이론은 서양에서 1950년대 후반에 나왔다. 그러나 이에 앞서 훈민정음 해례본(1443)에 자질이론이 등장한다. 세종대왕은 'ㄱ'과 'ㅋ'의 다른 점을 확실히 알고 같은 점과 다른 점을 획으로써 표현하였다. 이것을 높이 산 것이 Sampson이라는 사람이었는데, 그는 한글이라는 문자는 자질문자 체계(Featural Writing System)라는 것으로 파악하여 다른 문자와 달리 분류했다(35페이지 참조). 그래서 한글이 가장 선진적이고 뛰어나다고 주장했다.

자질이론

음절을 삼분(초, 중, 종성)

넷째, 훈민정음은 음절을 삼분했다. 훈민정음은 국어 음운에 따라 뛰어난 음소문자로 만들었지만, 초·중·종성의 글자를 합하여 음절 단위로 적도록 규정했다. 이렇게 훈민정음은 한 음절을 성(聲)과 운(韻)으로 이분하는 중국 음운학을 발전시켜서 음절을 초·중·종성으로 삼분하는 독창성을 보였다. 세종이 국어에 맞지 않는 중국의 운모 이론을 따르지 않고 새롭게 세 단위 소리를 분석한 것은 그가 음운학에 대한 학문이 얼마나 깊었던가를 보여준다. 중국의 성운학에서도 한 음절 소리 마디를 2개 단위(성모와 운모)로 나누었고, 일본 문자는 한 음절을 그대로 나타낸 것이어서 그것을 음소 단위로 나누는 인식을 갖지 못하였다.

독창성
애민사상

이 외에도 한글이 우수한 이유는 많다. 세종은 초성과 종성이 동일함을 간파했다는 점과 훈민정음은 세계의 다른 문자와 계통을 같이 하지 않고 독창적으로 만들어진 글자라는 점, 그리고 백성을 위해 만든 정신이 담겨 있으며, 천지인과 음양오행이론을 끌어온 점 등에서 알 수 있다.

6. 문자와 생활

6.1. 문자의 기능

앞에서 인류는 지금으로부터 약 5000~6000년 전에 문자를 만들어 냈다고 했다. 현재 우리가 사용하고 있는 문자는 필요에 의해서 오랜 기간을 두고 발달해 온 결과물인 것이다. 인류의 역사에 비해 문자를 사용하게 된 기간은 매우 짧지만, 문자를 사용하면서 인류의 생활과 문화는 비로소 급속한 성장을 할 수 있었다.

여기에서는 문자가 어떤 분야에서 어떻게 사용되었는가를 알아보고, 문자를 더욱 편리하고 효율적으로 사용하기 위한 인류의 노력은 어떠했는가를 살펴보기로 한다.

먼저 문자는 경제 활동, 종교, 역사, 문학, 예술 등과 같은 분야에서 두루 사용되었는데 그 실상과 예를 알아보자.

경제 활동, 종교, 역사, 문학, 예술 등에 사용

경제 활동과 문자

인류가 문자를 발명한 가장 큰 이유는 실생활에서의 기억 또는 기록을 위한 것이었다. 수확한 곡식의 양을 적어 두고 계산을 한다든지 빌려준 가축의 수를 기록해 둔다든지 하는 필요성에서 문자를 발명한 것이었다. 이런 추측은 우르크 대신전의 유

계산과 기록의 필요성

적지에서 출토된 진흙판에 새겨진 최초의 문자가 곡식의 포대 수와 가축의 수를 적어 놓은 것이었다는 사실에서 어느 정도 확인된다.

농축산물의 수확량과 중요한 사건을 기록하거나 계약을 하기 위해 문자를 사용하였을 뿐만 아니라, 수메르 사람들은 상거래에서 은화를 사용했고, 이자를 받고 돈을 빌려 주는 제도를 도입했다는 사실도 문자를 경제 활동에 사용하였음을 보여주는 것이다.

〈사진 6-1〉 진흙판에 새겨진 초기의 문자

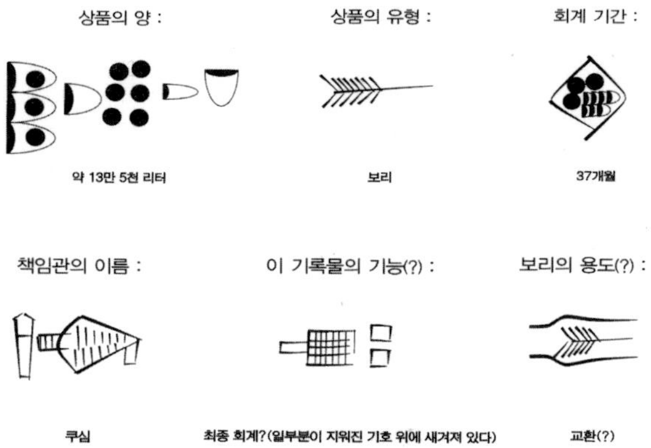

〈사진 6-2〉 진흙판에 새겨진 문자의 해독

메소포타미아인 사이에서 숫자를 세기 위한 수단으로 초라하게 시작했던 문자체계는 서서히 발전했다. 먼저 중요한 사건이나 계약을 기록하기 위한 수단으로 쓰였고, 이어 구어를 기록하기 위한 체계로 발달했다. 마지막으로 의사소통과 표현의 중요한 수단이 되었다. 이런 발달에 힘입어 고대 수메르인, 아카드인, 바빌로니아인, 아시리안인은 우편제도를 발달시킬 수도 있었다. 그 결과 이 당시에 이미 진흙으로 만든 봉투가 생겨났다.

중요한 사건이나 계약을 기록하기 위한 수단
→ 구어를 기록하기 위한 체계
→ 의사소통과 표현의 중요한 수단

이집트의 상형문자도 고대 수메르인과 마찬가지로 거래량을 기록하고, 물품 매매계약을 작성하는 데 사용되었다.

이와 같은 문자의 발명이 교역을 원활하게 하였고 교역의 발달이 문자의 발달에 크게 영향력을 끼쳤다고 볼 수 있다.

교역의 발달과 문자의 발달

종교에서의 문자의 힘

문자는 실생활의 필요성에서 발명되었지만 특히 종교 분야에서 많이 필요하게 되었다. 문자의 발명으로 신에 대한 찬송, 고대의 예언 등을 기록할 수 있게 되었기 때문이다.

문자의 발명으로 신에 대한 찬송,
고대의 예언 등을 기록

〈사진 6-3〉 아니의 사자의 서[38)]

고대 이집트인은 토트 신이 문자를 발명한 뒤 인간에게 선물로 주었다고 믿었고 따라서 그들의 상형문자를 매우 신성시했다. 이처럼 '신들의 문자'라 불린 상형문자는 구체적인 대상뿐만

추상적 개념

아니라 추상적인 개념도 잘 나타낼 수 있어서 종교와 관련된 교리, 자료 등을 모두 기록할 수 있었다. 현재에도 이 문자는 콥트어[39)]의 형태로 남아 콥트 교회의 예배에서 사용되고 있다고 한다.

무문자시대(無文字時代)의 종교에서는 체계적인 교의는 없었고, 그 대신 신화가 구전되었다. 문자의 발생으로 기록이 가능

각 종교의 경전

하게 되자 신화 가운데서 일정한 의도 아래 집대성된 것이 성전으로 자리를 잡았다. 고대 인도 종교의 '베다(Veda)', 유대교의 '토라(Trh)' 등이 이에 해당된다. 이런 종류의 성전에는 불교경전, 그리스도교의 성서, 조로아스터교의 아베스타(Avesta), 이슬람교의 코란(Koran)이 있다.

이슬람교의 경전인 '코란'이 이슬람국가, 이란인, 인도인, 터키

---

38) 죽은자의 심판, 죽은 자의 심장과 진리의 상징인 깃털을 저울로 달고 있는 아누비스신(우측에서 두 번째)과 그것을 기록하는 토트신(우측 첫 번째), 제19왕조, 런던 대영박물관 소장

39) 3-15세기 말까지 이집트인이 쓴 고대 이집트의 언어이다.

인 등에게 전해짐과 동시에 아라비아 문자도 같이 보급되었다.

문자로 인해 새롭게 태어난 역사

다른 분야에서와 마찬가지로 역사는 문자의 탄생으로 비로소 온전하게 기록되기 시작하였다.

고대 이집트인은 문자의 도움으로 역사를 기록할 수 있게 되었다. 그 결과 왕들의 계보를 작성하고, 왕족의 결혼이나 전쟁 따위의 중요한 사건을 기록할 수 있었다.

왕들의 계보를 작성,
왕족의 결혼이나 전쟁 등 중요한 사건을 기록

중국의 한자도 그들의 역사를 기록하는 데 크게 기여했으니 사마천의 「사기」와 반고의 「한서」를 들 수 있다. 중국의 사기(史記)는 중국 최초 문명시대인 황제 시대에서 전한 무제 시기까지 2,500여 년의 역사를 서술한 130권의 방대한 역사서이다.

사마천 사기

반고 한서

그리스의 경우도 문자의 힘을 빌려서 비로소 고전기(기원전 600~323년)와 헬레니즘기(기원전 323~31년)의 역사를 정리할 수 있었다.

문학에서의 문자

문자는 문학의 수단으로도 사용되었다.

고대 수메르인은 <길가메시의 서사시>[40]라는 작품을 만들었는데, 이 작품은 그리스 신화(헤라클레스 신화)의 예고편이라

문학의 수단으로도 사용
길가메시의 서사시

40) 그리스의 《오디세이아》에 비할 만하다. 주인공 길가메시는 수메르·바빌로니아 등 고대 동양 여러 민족 사이에 알려진 전설적 영웅으로, 수메르의 자료에 의하면 우루크 제1왕조 제5대 왕이었으나 뒤에는 전설적인 인물이 되어 부조(浮彫)와 원통(圓筒)·인장(印章) 등의 미술작품에도 가끔 나타나고 있다. 《길가메시 서사시》는 BC 2000년경에 이룩된 것이라 하는데 각기 시대가 다른 별도의 이야기들을 한 사람의 인물인 길가메시에 통일시킨 것이다. 오늘날에는 주로 BC 7세기 니네베의 아슈르바니팔 왕궁 서고(書庫)에서 출토된, 12개의 점토서판(粘土書板)이 그 전거(典據)가 되는데, 1862년에 영국의 조지 스미스가 이 서판의 내용을 공표함으로써 전 세계에 알려지게 되었다.

할 수 있다. 그 줄거리는 다음과 같다.

> 길가메시는 반신반인(半神半人)의 영웅으로 폭군이 되어 있다. 여신 아루루가 괴물 엔키두를 보냈지만 두 사람은 싸움 끝에 친구가 된다. 두 사람은 숲속의 괴물 훔바바를 치러 함께 떠나 이를 무찌른다. 다음에 엔키두는 하늘의 황소까지 죽여 버리는데 그 죄과로 하늘로부터 죽음의 벌을 받는다. 친구의 죽음을 애통해 하며 길가메시는 죽지 않는 비결을 찾아 헤맨다.
>
> 드디어 멀리 성자(聖者)의 섬에 사는 우트나피시팀(바빌로니아의 노아)을 만난다. 이곳에서 우트나피시팀은 옛날 신이 일으켰던 대홍수(구약성서 중 노아의 대홍수에 해당한다)의 이야기를 한다. 그러나 그도 죽지 않는 비결은 알지 못하고 다만 불로초를 바다에서 캐는 방법을 가르쳐 준다. 길가메시는 이 풀을 캐 가지고 집으로 돌아가다가 잠시 쉬고 있는 사이 뱀이 이 불로초를 먹어 버려 슬픔에 잠겨 빈손으로 우루크성(城)으로 돌아온다.

고대 이집트인은 다양하고 풍성한 내용의 문학 작품을 창작하였고 이를 문자로 표기하였다. 여기에는 도덕적 격언, 신과 왕에게 바치는 찬사, 역사적 사건이나 모험담, 사랑의 노래, 서사시, 우화 등이 있다. 이 중 오늘날까지 널리 알려진 작품으로는 기원전 13세기 경에 존속한 19왕조 시대에 상형문자로 쓰인 <사자(死者)의 서>가 있다.

〈사진 6-4〉 사자의 서

기원전 5세기와 4세기의 그리스인은 그리스 문자를 구사하여 시, 희곡, 서사시에 이르기까지 위대한 문학을 창조했다. 그 후 유럽 각국은 그리스와 라틴의 문자 체계를 계승하여 많은 문학 작품을 창작하였다.

문자는 이처럼 다양한 분야에서 사용되었다. 수를 세기 위한 수단으로 발명된 것이 사건이나 계약을 기록하기도 하고, 신에 대한 찬송, 고대의 예언, 문학의 수단, 의사소통과 표현을 위해 사용되기도 한다. 뿐만 아니라 문자는 철학, 농업, 의약, 법률, 교육, 천문 등의 영역에서도 사용되어 많은 전문 서적들이 나오게 되었다.

철학, 농업, 의약, 법률, 교육, 천문 등의 영역에서도 사용

이와 같이 기록하는 것이 문자의 근본적인 기능이라면, 그림이나 그릇 등을 장식하기 위해 문자를 사용하는 것은 부차적인 기능으로 볼 수 있다. 예를 들어, 동양화를 보면 그림 속에 문자를 넣어서 균형을 갖추어 보이게 하는 기능이 있다는 것을 알

동양화 속의 글

그릇 등을 장식하기 위해서도 사용

수 있다. 물론 글의 내용은 그림과 관련 있는 것으로 의사소통의 기능도 있지만 조화적인 측면에서의 효과도 있다고 하겠다.

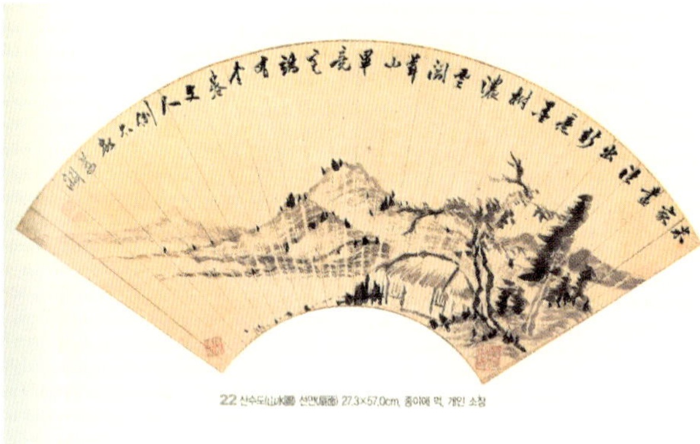

〈사진 6-5〉 부채

6.2. 필기도구와 인쇄술

6.2.1. 필기도구의 발명과 발달

서사바탕

암석, 동물의 뼈, 나뭇잎, 나무판, 조개껍질 → 진흙판, 금속판, 가죽, 천, 파피루스

서사도구

문명의 발달과 더불어 그 시대의 정보를 전달하고 이를 기록하는 수단으로서 필기도구는 매우 중요한 역할을 하였다. 먼저, 사람들은 종이가 나오기 전에는 암석, 동물의 뼈, 나뭇잎, 나무판, 조개껍질에 문자를 썼고 그 후 진흙판, 금속판, 가죽, 천, 파피루스 등에 문자를 기록하였다. 이러한 서사바탕[41]에 문자를 표기하기 위하여 사용된 서사도구[42]로는 주위에 있는 돌, 뼈 조각, 갈대, 깃털을 거쳐 금속펜이 등장하게 되었다.

---

41) '서사바탕'이란 용어는 문자가 기록되는 곳(돌, 금속, 가죽, 천, 종이 등)을 뜻하는 것으로서, 이를 칭할 마땅한 용어가 없어서 이 용어를 사용한다.

42) '서사도구'란 용어는 '서사바탕'에 문자를 기록하는 도구(첨필, 갈대, 깃털, 펜 등)을 뜻하는 것으로 사용하기로 한다.

이러한 필기도구의 발달은 문자의 역사에 많은 영향을 주었다. 서사바탕이 무엇이냐에 따라 서사도구가 바뀌었고, 서사바탕과 서사도구가 달라짐에 따라 서체도 달라졌기 때문이다.

이제 필기도구의 발달에 대해 구체적으로 알아보기로 하자.

점토판과 첨필

고대 수메르인은 서사바탕으로 진흙판을 사용했고, 서사도구로는 바로 한쪽 끝이 뾰족한 갈대를 사용해서 묘사하고자 하는 대상이나 사물을 표기하였다. 서사도구는 갈대의 끝부분을 삼각형으로 잘라 낸 첨필(尖筆)이어서 표기된 문자들은 주로 쐐기모양을 하고 있었기 때문에 이 특징으로 인하여 설형문자(楔形文字, cuneiform)라는 말이 생겨나게 되었다.[43)]

서사바탕으로 진흙판,
서사도구는 한쪽 끝이 뾰족한 갈대

〈사진 6-6〉 점토판과 첨필

수메르인들은 용도에 따라 갈대 펜을 둥근촉, 뾰족한 것, 편

---

43) cuneiform은 '쐐기'를 의미하는 라틴어 cuneus에서 유래되었다.

평한 것 등으로 만들어 사용하였는데, 갈대뿐만 아니라 금속과 뼈도 이용하였다. 이 외에도 수메르의 필경사들은 금속판에 글을 쓴 경우도 있는데 이 때에는 특수한 첨필을 사용한 것으로 보인다. 페르시아의 다리우스 1세 때 제작된 은판에서 진흙판의 첨필과는 다른 모습을 볼 수 있기 때문이다.

금속판

점토판은 만들기가 쉬웠고, 반영구적으로 보관할 수 있었기 때문에 메소포타미아 지방에서 많이 사용되었다.

파피루스와 갈대 펜

처음에 돌이나 금속에 상형문자를 새겨 넣음. 파피루스에 갈대로 만든 펜을 이용

이집트의 필경사들은 처음에 돌이나 금속에 상형문자를 새겨 넣었는데 이러한 과정은 많은 노력을 요구하는 것이었다. 그래서 필경하는 품이 훨씬 적게 드는 방안을 모색하게 되었는데 그것은 바로 부드럽고 질이 좋으며 다루기 쉬운 파피루스였다. 그들은 파피루스에 갈대로 만든 펜을 이용해 문자를 썼다. 이러한 변화는 신성문자에서 승용문자 또는 민용문자로 발전하는 데 큰 영향을 미친 것으로 추측할 수 있다.

문자의 변화와 관련

〈사진 6-7〉 필기도구(파피루스와 갈대펜)

파피루스는 나일 강변에 번성하는 갈대의 일종인데, 일정한 방법으로 만들어진 제품도 파피루스라 불린다. 파피루스의 줄기를 쪼개어 껍데기를 벗겨내고, 속을 예리한 칼로 엷게 잘라낸 후, 이를 가로와 세로로 엮어 압력을 가하고 건조하면 파피루스가 완성되는데, 이집트인들은 이를 서사바탕으로 사용하였던 것이다.[44] 이 제법은 3~4세기경 알렉산드라 지방에서 성행하였다.

이 후에도 파피루스를 응용한 볼루맨(volumen)과 팔림프세스트(palimpsest)가 사용되기도 했다. 이 가운데 볼루맨은 파피루스로 만든 두루마리를 말한다.

볼루맨
팔림프세스

파피루스는 성경을 필사하던 초기의 필경사들이 사용했지만 서사바탕으로 적당하지 않았다. 파피루스는 값이 비싸며 질기지도 못했고 또 한 면밖에 사용하지 못했기 때문이다. 이와 더불어 보관상의 문제도 파피루스의 사용을 제한시킨 하나의 원인으로 볼 수 있다. 팔림프세스트는 이집트 정부가 파피루스를 독점함으로 인해 새롭게 만든 것인데, 사용된 파피루스의 잉크를 지운 후 재생한 것을 말한다. 재생한 파피루스를 사용했다는 것에서 이 당시 파피루스의 가격이 비쌌음을 알 수가 있다.

파피루스의 단점

이 외에도 가격이 싸고 글씨가 잘 쓰인다는 이점 때문에 석회석과 도자기류, 왁스 판이 사용되기도 했다. 특히 왁스 판은 그리스나 로마에서 많이 애용되었다.

왁스판

죽간(竹簡)과 목간(木簡)

목간
죽간

고대 중국과 인도에서는 기원전 800년 무렵부터 서사바탕으로 나무와 대나무가 이용되었다. 이들은 여러 개의 나무 조각이

44) 파피루스(papyrus)는 영어 'paper'의 어원이라고 하는데, 그 뜻은 '왕에게 속한'(파-엔-페르-아)이라고 보는 경우도 있다.

나 대나무 조각에 글씨를 새기거나, 먹으로 글씨를 썼는데 이를 끈으로 나란히 연결하면 하나의 판과 같은 형태가 된다. 이와

冊 같이 해서 생긴 죽간과 목간의 모양에서 한자 冊(책)이라는 상형문자가 만들어지게 되었다.

〈사진 6-8〉 죽간

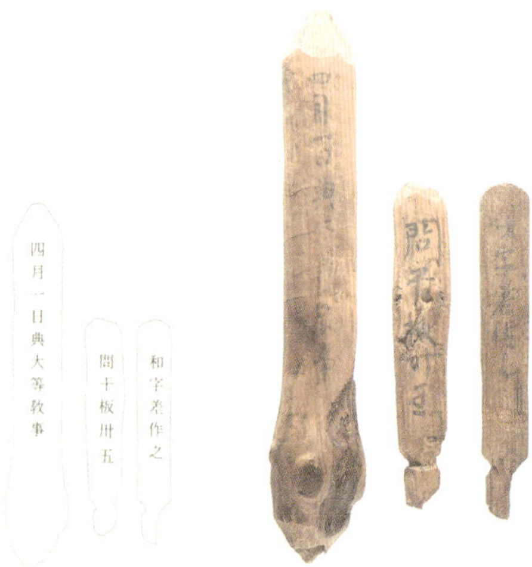

〈사진 6-9〉 목간

죽간과 목간은 주위에서 쉽게 구할 수 있고 가격이 싼 이점이 있다. 그러나 무겁고 부피가 커서 책 한 권을 만들기 위해서 죽간과 목간을 몇 수레씩 준비해야 했다. 또 만들어진 책을 갖고 다니기도 힘들었다. 이런 불편함이 종이를 발명하게 하는 계기가 되었다.

견면(絹綿)

비단과 무명 즉, 견면(絹綿)은 죽간, 목간과 함께 일찍이 중국에서 사용된 서사바탕이었다. 죽간과 목간에 비해 견면은 가격이 비싸기는 했으나, 가볍고 쓰기 편하기 때문에 많은 사랑을 받았다. 이와 같이 견면 즉, 포백(布帛)에 쓰인 문서를 백서(帛書) 혹은 회서(繪書)라 하는데 이것은 종이가 발명된 후에도 많이 사용되었다. 견면 외에도 금포(錦袍)와 마를 이용해 글을 쓰기도 했다.

견면

백서

양피지와 깃털 펜

서양에서 파피루스에 이어 널리 사용했던 서사바탕은 양피지 즉, 파치먼트(parchment)이다.[45)]

양피지, 파치먼트

양피지는 아시아의 페르가몬(Pergamon)에서 처음 제작되었다. 기원전 2세기 경에 이집트는 경쟁국가인 페르가몬에 필경의 필수품인 파피루스를 공급하지 않으려는 정책을 썼다. 그래서 페르가몬을 비롯한 소아시아의 필경사들이 고안한 것이 동물의 가죽을 서사바탕으로 사용하는 것이었다. 파치먼트의 재료로 양, 송아지, 타조, 낙타, 가젤, 영양 등의 가죽이 이용되었는데,[46)]

페르가몬

45) Parchment(양피지)란 용어는 그리스어 pergamene에서 나왔는데 페르가몬 지방에서 나온 가죽이라는 뜻이다.

46) 마야에서는 재규어 가죽을 서사바탕으로 사용하기도 하였다.

이 중에서 양가죽과 소가죽은 다른 가죽과 달리 양면을 모두 이용할 수 있고 부드러워서 값이 비쌌다.

양피지를 만들기 위해서는 우선 석회 용액에 가죽을 담가 탈모를 한 뒤, 이를 틀에 붙여 늘리고 나서 경석 가루 등으로 표면을 문질러 엷고 매끄럽게 한다. 이렇게 만든 양피지 위에 문자를 기록하고 그림을 그렸다.

벨룸지

양피지 중에서는 '벨룸지(vellum)'라는 것이 있었다. 이는 최고 품질의 양피지로, 사산된 송아지나 어린 송아지 가죽을 이용해 만든 것이다. 벨룸지의 특징은 잉크나 페인트가 번지지 않아 원래의 색깔을 그대로 보존할 수 있다는 점이다. 이 때문에 아름다운 채색화를 그려 넣을 때 주로 많이 사용되었다.

〈사진 6-10〉 양피지로 된 책

양피지의 출현
깃털 펜을 사용하게 됨

새로운 서사바탕인 양피지의 출현은 두 가지 면에서 변화를 가져온다. 첫째, 깃털 펜을 사용하게 되었다는 점이다. 이는 딱딱한 갈대 펜으로 점토판을 눌러 문자를 표기하던 방식이나 부드러운 파피루스에 부드러운 갈대 펜으로 문자를 쓰던 방식과 달리 비교적 단단한 깃털 펜으로 양피지에 서사를 할 수 있게 됨으로써 글쓰기가 훨씬 쉬워진 것이다. 둘째, 로마의 코덱스[47] 같이 양면에 기록된 양피지를 한 데 묶을 수가 있었는데 이런 방식이 오늘날과 같은 책이 등장하는 큰 계기가 되었던 것이다.

코덱스

책이 등장하는 계기가 됨

다시 말하면, 양피지의 출현은 거기에 맞는 서사도구와 같은 필기 방식의 변화를 초래했고, 양면에 기록된 양피지를 묶음으로써 책의 출현에 큰 영향을 미쳤던 것이다.

종이와 붓, 먹, 벼루

종이는 서기 105년에 중국의 채륜에 의하여 발명되었다.[48] 채륜은 죽간이나 목간의 단점과 견백의 단점으로 인해 불편함으로 느끼고 나무껍질, 헌 걸레, 헌 어망 등을 사용하여 종이를 만들었다.

채륜

나무껍질, 헌 걸레, 헌 어망 등을 사용하여 종이를 만들었다

중국에서는 글을 쓰기 위해서는 서사바탕인 종이 외에도 붓과 벼루, 먹이 필요했다. 진대(秦代)의 몽염(蒙恬)이 발명하였다는 붓은 대개 대나무 손잡이에 털을 끼워서 만들었는데, 이 털은 주로 염소, 토끼, 담비로부터 제공되었다. 이 가운데 가을에 잡은 야생 담비의 털로 만든 붓이 가장 좋은 상품으로 여겨졌다. 이는 야생 담비의 털이 압력의 변화에 민감하게 반응하므로 글을 쓰는 이의 정신을 글자 속에 담아 주기 때문이다.

붓

먹의 발명자에 대한 기록이 없으나 붓을 쓰기 시작한 때와 거의 같은 시기에 발명되었을 것으로 짐작할 수 있다. 25~220년 후한(後漢)시대에 이르러 비로소 오늘과 같은 먹을 만들게 되었는데, 그것은 종이의 발명과도 밀접한 관계가 있다.

먹

47) 권자본과 다르게 여러 장을 책처럼 접어놓은 책자본을 말한다.

48) 기원전에 사용된 종이가 발견되었다는 주장은 채륜의 발명설에 의문을 제기한다. 이와 관련하여 종이는 자연 현상에 기인한 부산물이라고 주장하는 설도 있다. 즉 나무껍질 등이 떠내려 와 둔덕에 걸린 채로 부패되어 그것들이 종이의 형태를 형성한 것이라는 주장이다.

벼루

벼루는 대개 돌로 만들지만 기와나 도자기로 만든 와연(瓦硯), 도연(陶硯)도 있고 옥·유리·비취·수정 등 보석류라든가 금·은·동·철·목(木)·죽(竹) 등으로 만든 것도 있다. 형태는 직사각형·사각형·원형·타원형·풍자(風字)형 등이 있다. 벼루가 구비하여야 할 첫째 조건으로는 먹이 잘 갈리고 고유의 묵색이 잘 나타나야 한다.

중국은 서사바탕이 변해도 붓을 사용

서사바탕이 변하면서 서사도구도 변화했던 서양과는 달리, 중국은 서사바탕이 변해도 여전히 붓을 사용하고 있다.

〈사진 6-11〉 필기도구(붓, 먹, 벼루)

중국의 종이는 두 갈래로 전파

중국에서 발명된 종이는 두 갈래로 전파되었는데, 하나는 한국, 일본으로 전달되었고 다른 하나는 중앙아시아와 유럽 각지로 전파되었다. 종이와 함께 종이를 만드는 제지술도 함께 전파가 되었는데, 그 결과 한국에서 만든 종이인 한지(韓紙)와 일본에서 만든 와지[和紙]가 탄생한다.[49] 또 한편으로는 사라센제국

한국에서 만든 종이인 한지
일본에서 만든 와지

49) 한지(韓紙)는 조직도 좋고 재질도 뛰어난 반면, 일본의 와지와 중국의 종이는 그렇지 못하여 한지보다 질이 떨어진다.

을 통해 유럽으로 전파되었고 8세기경에는 스페인까지 전달되었다. 그 결과 13세기에 유럽에 제지 공장이 생기게 되었다.

종이와 금속 펜

19세기 초 유럽에서는 초지 기술의 발달과 더불어 인쇄물이 대중 사이에 보급되었다. 당시 종이원료는 헌 삼베였는데, 프랑스의 물리학자 레오므르(R.A.F.Reaumur)가 벌이 나무를 씹어 으깬 섬유를 이용하여 벌집을 만드는 것을 보고 암시를 받아 목재섬유를 제지에 이용해 내는 것을 고안했다.

레오므르

이 후 1840년에 독일의 켈러(F.G.Keller)가 제지용의 쇄목기를 고안하여 1860년 제지의 공업화에 성공함으로써 쇄목펄프로 만든 최초의 종이가 탄생하였다. 이 방법이 발달하여 소다펄프, 황산염펄프, 아황산펄프 등이 잇달아 개발되었으며, 20세기에는 상질지, 그라비어지, 인쇄용지, 사진 인화지용의 원지, 합성지, 크라프트지, 아트지, 코팅지 등 수많은 종류의 종이가 생산되기에 이르렀다.

켈러의 쇄목기

1860년 쇄목펄프로 만든 최초의 종이가 탄생

정확한 시기를 알 수는 없지만 금속 펜은 18~19세기에 처음 등장한 것으로 보인다. 1750년 요한 얀트센이라는 사람이 발명했다는 말도 있고, 미국, 독일 또는 프랑스에서 발명했다는 설이 있다. 처음 손으로 만든 금속 펜은 너무 거칠어서 종이를 찢기도 했지만 생산과정의 발달로 값싸고 질 좋은 금속 펜을 대량으로 생산할 수 있게 되었다. 금속 펜은 현대 산업사회 최초의 소모품이라고 할 수 있다.

금속펜은 18~19세기에 처음 등장

6.2.2. 인쇄 기술의 발달

인쇄술이 발달

인류의 문자생활은 필경(筆耕) 또는 필사(筆寫)에서 시작하였는데 이러한 방법이 오래도록 지속되었다. 서사바탕(점토판, 파피루스, 금석, 종이 등)에 필경사들이 하나씩 글을 써 내려 갔기 때문에 한 장의 문서를 작성하기 위해서 많은 시간과 노동력이 필요했다. 많은 시간과 노동력이 소요되었음에도 불구하고 그 필사본도 정확하지가 못했다.

필경의 단점을 해소

이러한 불편함을 해소하여 한번의 필경으로 많은 제품을 만들고 싶은 욕구는 고대에서도 있었던 것으로 보인다. 그 결과로 나타난 것이 바로 인장(印章)이다. 그리고 이러한 욕구는 바로 인쇄술의 발달로 충족될 수 있었다.

인장

동양

판목을 사용해서 불화 등을 인쇄

중국에서는 당나라 이전에 이미 판목(板木)을 사용해서 불화(佛畵) 등을 인쇄하고 있었다. 그 방법을 차용해 770년에 인쇄한, 일본의 백만탑(百万塔)에서 발견된 다라니경(陀羅尼經)은 현존 최고의 인쇄물로 여겨지고 있다. 그러나 지금은 700년대 초에서 751년 사이로 추정되는 한국의 다라니경이 이보다 더 오래된 것이라고 알려지고 있다. 9세기부터 사천 지방에서 역(曆)과 자서(字書) 등이 인쇄되었는데, 이 중 돈황(敦煌)에서 발견된 경권(經卷)이 가장 오래된 것으로 알려져 있다. 그러나 중국에서 본격적인 인쇄술이 시작된 것은 송대에 들어서이다. 이 시기에 대장경 등 대부분의 인쇄물이 간행되었다. 송대에 필승(畢昇)이라고 하는 사람이 목활자(木活字)를 고안해 냈는데 실용화되지는 못했다. 이 때에 나타난 송조체(宋朝體)는 송판의 자체(字體)에서 비롯된 것이다.

일본의 다라니경

한국의 다라니경

본격적인 인쇄술은 송대부터

필승

목활자

중국에서는 송대 이후 인쇄술이 점점 발전하게 된다. 남송 초 임안에서 인쇄된 서체가 명나라 가정(嘉靖)년간(1522-66)에 부흥했는데 이를 명조체(明朝體)라고 불렀다. 활자에 의한 중국의 현존 최고 인쇄물은 15세기 말까지 거슬러 올라가야 한다. 동제(銅製) 활자는 그 제작비용이 많이 들었기 때문에 다시 목판활자로 바뀌어 원래의 목판인쇄로 돌아가는 경향도 있었다. 동제 활자

고려에서는 1230년경에 이미 금속활자가 사용되었다. 1234년에 상정고금예문과 직지심경을 금속활자로 인쇄하였다. 고려의 금속활자

계미자 복원활자

〈사진 6-12〉 금속활자

이제 고대에 대량의 책을 간행하는 데 있어서 매우 중요한 역할을 했던 목판의 형식을 알아보도록 하자. 목판

먼저 나무를 평평하게 장만한 후, 그 나무판에다 글씨를 거꾸로 쓴다. 여기에 먹물을 묻혀서 찍어 내면 한 장(張)이 된다. 이렇게 인쇄한 장을 모아서 묶으면 한 권의 책이 된다. 한국의 경우, 묶을 때에는 그림과 같이 다섯 곳에 구멍을 뚫어 묶는데 이런 형식은 중국이나 일본과 다르다. 오정침

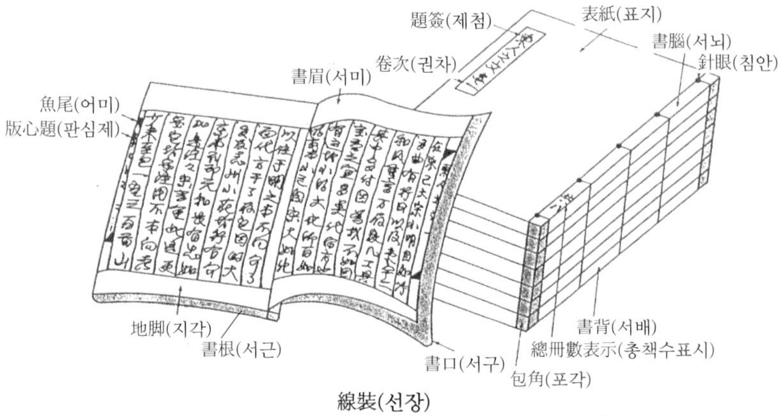

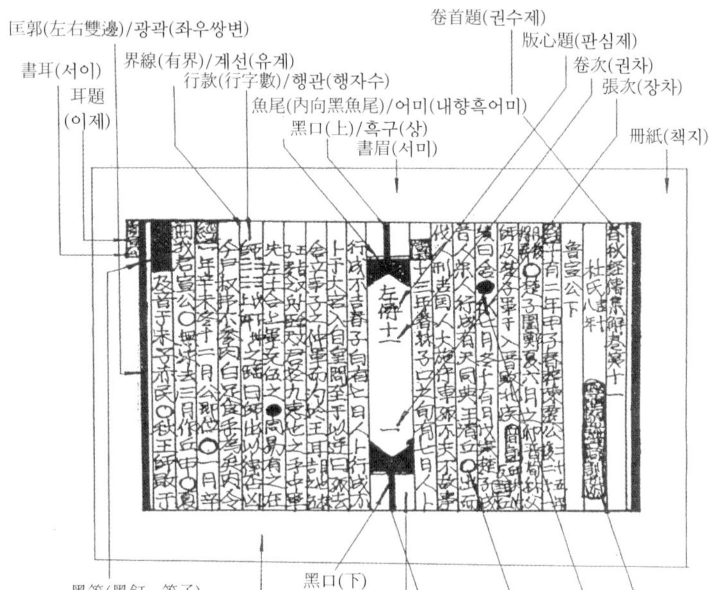

〈사진 6-13〉 판본의 형태와 명칭

위 그림에서 가운데 부분을 '판심'(版心)이라고 한다. 인쇄한 후 이 부분을 중심으로 반으로 접는다. 판심의 상하에 검은 선이 있으면 '흑구' 라고 하고, 하얗게 되어 있으면 '백구'라고 한다. 어미(물고기의 꼬리 모양)도 색에 따라 '흑어미'와 '백어미'가 있다. 꽃무늬가 들어가 있는 것이 있는데 이를 '화문어미'라고 한다. 가운데 판심에 있는 제목은 '판심제' 또는 '판심명'이라고 한다. 그 밑에 글자는 이것이 몇 권째이며 몇 번째 장인지 장차(張次)가 나와 있다. 네 면을 '사주' 라고 한다.

판심
흑구
어미(흑어미 백어미)
판심제, 판심명
사주

서양

유럽에서는 1440년 독일인 구텐베르크(Gutenberg)가 기계화된 인쇄기를 발명하였다. 또 친구인 피터 쇠퍼가 금속활자의 주조법을 발명함으로써 인쇄기를 운용에 날개를 달았다.

구텐베르크
기계화된 인쇄기
금속활자 주조법

기계화된 인쇄술은, 현대에 이르러 엄청난 혁명적 결과를 가져왔지만, 당시에는 필경의 연장으로 인식되었다. 인쇄업자의 목적은 필경사와 겨루어 그들이 내놓은 호화로운 책자와 똑같은 것을 만드는 데 있었다. 그래서 인쇄면에 많은 여백을 남겨 채식자(彩飾者)가 장식을 하도록 했고, 그 결과 손으로 쓴 책과 인쇄한 책이 비슷하도록 만들었다.

〈사진 6-14〉 중세유럽의 책

수동식 인쇄기
디도
금속인쇄기

구텐베르크의 발명 이래 거의 변하지 않고 1783년까지 사용되던 수동식 인쇄기에 디도가 쇠받침대와 구리판을 추가했다. 이것으로 금속인쇄가 시작되었다. 이로 인해 대형종이를 인쇄할 수 있게 되었고 동시에 스풀 위에서 종이를 만드는 과정이 완성되었다.

원압형 인쇄기(동시 인쇄 가능)
회전형 인쇄기(인쇄 속도가 빨라짐)

이 후에 여러 개의 인쇄판을 동시에 탑재할 수 있는 원압형(원통형) 인쇄판이 발명되어 한 번에 여덟 페이지를 인쇄할 수 있게 되었다. 원압형 인쇄판의 발명으로 인쇄 속도가 빨라져 수동식 인쇄기가 하루 300장을 인쇄하던 데 비해 원압인쇄기는 하루 1100장을 인쇄할 수 있게 되었다. 애플거스와 쿠퍼는 종이 받침대도 회전하는 회전형 인쇄기를 발명했는데, 이로써 한 시간에 8000장을 인쇄할 수 있게 되었다. 이것이 오늘날 널리 쓰이는 윤전 인쇄기의 선구이다.

인쇄, 출판의 역사가 시작

인쇄기술의 발달과 종이의 보급은 문자생활에 막대한 영향을 주게 되었다. 즉 문자의 역사가 아닌 인쇄, 출판의 역사가 시작되었고 교역과 문화의 발달을 앞당겼다고 볼 수 있기 때문이다.

〈그림 6-15〉 금속인쇄 현장

6.3. 서체의 발달[50)]

문자가 발생한 후 그 문자는 여러 가지 이유에서 모양을 달리하여 사용된다. 여기서는 세계의 여러 문자들이 시대나 용도에 따라 어떤 모양의 문자 즉, 서체(書體)를 사용하였는지 알아보기로 한다.

6.3.1. 로마자 계통

로마자를 라틴 문자라고도 하는데, 이는 라틴인이 라틴어를 기록하기 위해서 사용한 문자이기 때문이다. 로마자는, 로마가

50) 서체에 관한 내용은 김승일(1997)을 많이 참고하였다.

에트루리아를 항복시킨 뒤 서유럽을 정복하여 정치적인 팽창을 완수함으로써 서방 세계로 널리 전파되었다. 그 후 대부분의 유럽에서는 현대까지 로마자를 사용하게 되었고 그 결과 현재 사용인구가 가장 많은 국제적인 문자가 되었다.

고전기 로마자에는 대문자와 행서체 문자가 있다

고전기 로마자에는[51] 단정한 대문자와 약간 휘갈겨 쓴 형태의 행서체 문자가 있다. 이 행서체 문자는 파피루스에 쓰기가 편해서 주로 공문서와 서적에 이용됐으며, 뒷날 소문자의 원형이 되었다. 또 금석에 주로 사용되었던 본래의 대문자는 두문자(頭文字)에 주로 사용되는 문자로 변했고, 나중에는 '거친 두문자'라고 하는 새로운 서체가 등장했다.

장중한 앙샬체

2~3세기 무렵에 로마자 서체에도 변화가 일어났다. 앙샬체(Ancial)[52]라고 부르는 장중한 서체가 등장했다. 이는 서사바탕과 서사도구의 변화 다시 말하면, 파피루스에서 양피지로의 변화와 이에 따른 갈대 펜에서 깃털 펜으로의 변화에 따른 필기 각도의 변화 때문에 나타났다. 그 전까지는 서체가 대체로 횡선이 굵고 종선은 가늘었지만 앙샬체는 선의 굵기가 정반대로 바뀌었고, 전체적으로 둥근 느낌을 주었다. 앙샬체는 이탈리아에서 일어났지만, 갈리아(프랑스)로 퍼져 바다 건너 아일랜드에까지 전해졌다. 이로 인해 아일랜드에는 아이리쉬 앙샬이라는 서체(아일랜드체)가, 잉글랜드에는 라틴 앙샬체가 사용되었다.

아이리쉬 앙샬

라틴앙샬체

51) 로마제국이 가장 번창했던 1~2세기경의 문자를 고전기 로마자라 한다. 주로 각문과 파피루스 문서에 쓰였다.

52) 앙샬은 큰 직경 즉, 상하로 긴 글자라는 정도의 의미라고 하지만 확실한 것은 아니다. 그리스 문자에도 앙샬이라는 서체가 있지만 로마자의 앙샬과는 무관하다.

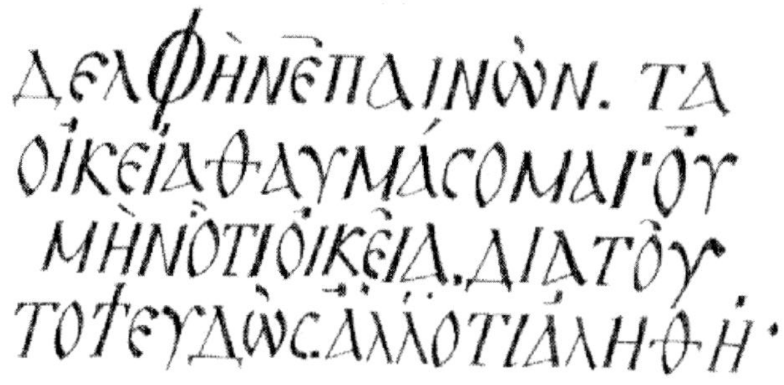

〈사진 6-16〉 그리스 앙샬체(9세기)

로마제국이 붕괴된 뒤 서유럽은 각각 정치적, 지리적으로 독립하기 시작했고, 각 지역에는 그 지역의 특색에 맞는 서체가 생겨났다.

이탈리아는 로마제국의 서체를 물려받아 9세기까지 사용했지만, 6세기부터 새로운 서체인 메뉴스크립체(소문자 manuscript)를 사용하기 시작했다. 한편 남이탈리아에서는 수도원을 중심으로 베네벤트(benevent) 문자라고 부르는 서체가 나왔다. 이 서체는 13세기까지 사용됐다.

메뉴스크립체

베네벤트 서체

스페인은 게르만의 일파인 비시고트(Visigoths)족이 정착한 곳으로, 8세기에 비시고트체가 생겨나 12세기까지 사용되었다. 이 서체의 일부는 후에 프랑스로 전해졌다.

비시고트체

프랑스는 중세초기부터 유럽의 정치적인 구심점으로서 여러 나라의 왕래가 활발했기에 각지의 문자 양식이 다양하게 유입되었으며 그에따라 독자적인 서체도 발달했다. 대표적인 서체가 메로빙거(Merovinger)체[53], 캐롤링(Caroling)체[54]이다. 캐롤링체에서 처음으로 대문자와 소문자를 구별해서 쓰게 되었는데 이 때

메로빙거체
캐롤링체

53) 메로빙거는 프랑크의 메로빙거 왕조(486~751)에서 유래된 명칭으로, 6세기 무렵부터 발생한 서체이다.

54) 캐롤링은 프랑크 캐롤링 왕조(751~987)에서 유래된 명칭이다.

에 단어를 띄어 쓰는 것이 시작되었다. 캐롤링체는 프랑크 왕국의 공식 서체로서 12세기까지 사용되었으며, 서유럽을 대표하는 서체이기도 했다.

〈사진 6-17〉 메로빙거 문자(7세기)

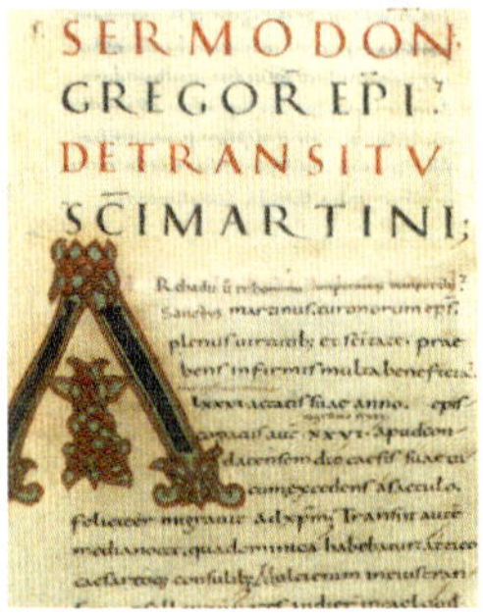

〈사진 6-18〉 캐롤링체

잉글랜드에서는 아일랜드 문자의 영향을 받은 서체가 생겨났다. 앵글로색슨(Anglo-Saxon)체라고 하는 이 서체는 1066년 노르만 정복 때까지 사용되었고, 후에는 프랑스에서 도입한 캐롤링체가 사용되었다. 독일에서도 잉글랜드와 같이 캐롤링체를 사용하고 있었다.

앵글로색슨체

로마자의 한 시기를 획정한 캐롤링체를 대신해 생겨난 것이 고딕체이다. 필사의 활동영역이 일반인에게까지 확대되고, 단단한 재질의 거위깃털 펜이 등장하면서 고딕체는 12세기가 끝날 무렵 이탈리아에서 등장했다. 이 서체는 세로선이 굵고 곡선이 예리하다는 특징을 가지고 있다. 고딕체는 프랑스, 독일, 영국

고딕체는 이탈리아에서 등장

등으로 퍼져 16세기까지 사용됐다. 15세기 중엽에 구텐베르크가 활판인쇄기를 발명했을 때 당시의 필사체를 모델로 한 활자체 고딕을 만들어서 최초로 <42행 성서>를 인쇄한 일은 유명하다. 이것이 훗날 활자체의 기초가 되기도 했다.

〈사진 6-19〉 고딕체(14세기)

독일에서 고딕체는 곡선이 풍부한 장식적인 서체로 발전했다. 15세기 말엽 슈바바흐(Schwabacher)체가 생겼고, 16세기 이후에는 굴절체인 프랙처(fractur)체가 등장했다. 프랙처체는 훗날 독일 문자의 조형(祖形)이 되었다. 영국에서는 고딕체를 블랙 레터(Black Letter)라고 불렀고, 미국에서는 블록 레터(Block Letter)라고 했다. 후에 영국에서는 원래의 고딕체를 변화한 서체로 산세리프(sans serif) 활자체를 많이 쓰게 되었다. 이 서체는 세로선의 굵기가 동일한 서체이다.

슈바바흐체
프랙처체

산세리프 활자체

르네상스 시기에는 문자에서도 새로운 개혁이 시작되었다. 15세기에 들어서자 아름다운 필사체 소문자가 이탈리아의 피렌체에서 탄생했다. 이 서체는 고전 로마시대의 서체로 여겨졌기 때문에 당시 사람들은 앤티크와(휴머니스트체)라고 불렀다. 문자에서의 복고를 의미했으며, 고딕체에 대한 캐롤링 문화의 재생이었다.

르네상스 시기에는 앤티크와(휴머니스트체) 탄생

캐롤링체의 복고인 휴머니스트체에서는 두 개의 서체가 발달했다. 하나는 베네치아체 소자(小字)로서 이는 현재 쓰고 있는 이탤릭체의 원형이 되었다. 이 서체의 특징은 비스듬히 쓴다는

베네치아체 소자

로만체 데 있다. 다른 하나는 북이탈리아에서 완성된 로만체이다. 이 서체는 네덜란드, 영국, 프랑스, 스페인 등으로 전파되었고, 인쇄술의 발달에 의해 여러 종류의 다양한 서체로 파생되었다.

로마자 활자체의 종류는 다양하며 복잡하지만 주체를 이루는 것은 로만체다. 기타 변형체로서 이탤릭체, 필기체를 활자로 옮긴 스크립트, 자획의 가늘고 굵음을 강조하지 않고 일정한 이집시안(Egyptian, 미국에서는 스퀘어 세리프), 산세리프로 분류할 수 있다. 이 밖에 독일문자를 영국에서는 고딕체로 부르고, 미국에서는 텍스트라고 부르는 서체가 있었다. 로만체에는 베네치안과 올드 페이스, 모던 페이스가 있고, 중간의 트랜지셔널로 분류할 수 있다.

이탤릭체, 스크립트, 이집트시안, 산세리프

꽃문자 이 외에 '꽃문자'(대문자로서 頭文字라고도 한다)라고 하는 서체가 있다. 이는 원래 책에서 문장의 첫머리의 첫 번째 글자를 꽃 모양으로 둘러싸는 것을 의미했다. 그러나 일반적인 문서에서도 두문자를 장식하는 일이 많아지고, 18세기 무렵에 장식문장(팬시체)이 만들어져 현대에는 다양하게 쓰이고 있다.

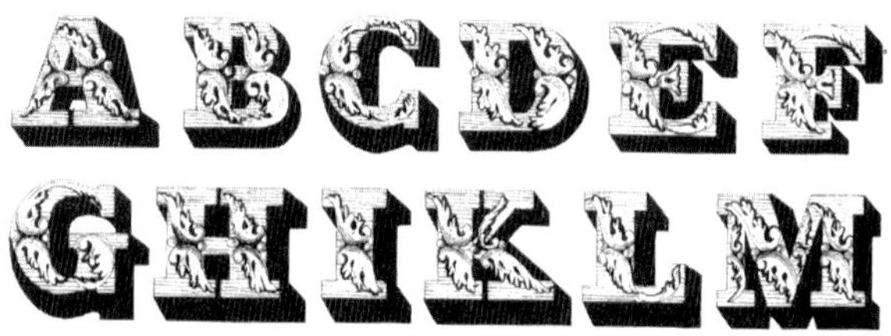

〈사진 6-20〉 꽃문자

6.3.2. 한자 계통

중국의 전국시대에는 7웅(雄)이[55] 할거하면서 서로 경쟁하다

55) 진, 초, 제, 연, 한, 위, 조'의 7개국이다.

가 진나라가 기원전 221년에 천하를 통일했다.

전국시대에는 진나라와 동방 6국의 자체(字體)와 고문(古文)은 달랐다고 전해지는데, 동방 6국의 고문에 대해서 진의 문자를 대전(大篆) 또는 주문(籀文)[56]이라고 한다. 주로 고상석(鼓狀石)에 새기는 석고문도 대전의 대표이다.[57] 대전(주문)

진나라가 천하를 통일한 후, 그 때까지 지방마다 제 각각이었던 문자의 자체(字體)를 통일하는 정책이 취해지기 시작했다. 진나라 시황제의 명을 받은 승상 이사(李斯)가 중심이 되어 새로이 제정한 것이 전서(篆書)이다. 이 전서는 전국시대 진의 자체를 간명하게 한 것이기 때문에 보통 소전(小篆)이라고도 한다. 소전은 현재 7개의 각석문을 통해 전해지고 있다. 전서(소전)

통일된 진나라시대에 소전이 만들어진 것과 함께 새로운 서체인 예서(隷書)[58]가 나타났다. 소전은 필획이 엄정했기 때문에 이를 베껴 쓰는 데에는 많은 시간이 걸렸다. 소전의 단점을 보완하고 실용적인 차원에서 생각해 낸 것이 예서였다. 예서는 소전에 대한 보조서체라는 의미로 좌서(佐書)라고도 한다. 전한시대를 통해서 소전의 석각문은 점점 적어지게 됐고, 또 소전이라고 하더라도 점점 예서풍의 필세로 변화하게 되었다. 그 결과 전한, 신(新), 후한 시대는 예서의 전성기가 되었다. 한대의 예서를 한예(漢隷) 또는 고예(古隷)라고 했다. 후한 시대에는 비를 세우는 것이 유행하게 된 것과 함께 그 서풍도 발달하였다. 특히, 환제와 영제(146~180) 때의 비석이 현재에도 100개 이상 남 예서(좌서)

56) 주의 선왕 때 태사(太史) 주라고 하는 사관이 만든 데서 주문이라는 명칭이 유래되었다.

57) 전국시대에는 아주 보기 드문 서체인 조서(鳥書)체도 있었다. 이는 주로 도검(刀劍) 등의 명문(銘文)에 사용된 서체로, 조형(鳥形)을 첨가한 것이다.

58) 예서는 정막(程邈)이라고 하는 사람이 만들었다고 알려지고 있는데, 그가 노예 출신이었기에 예서라는 이름이 생겨났다고 한다. 그러나 관제(官製)의 자체에 대한 통속적인 자체라는 의미로 보는 경향이 많다.

아 있어 그 당시의 서풍을 찾아 볼 수 있다.

예서는 원래 필기를 위해 고안된 서체로서 기필(起筆)과 종필(終筆)을 운용하는 파책(破磔)에 특징이 있지만, 결국은 속필(速筆)을 위해 초서가 나타나게 되었다.[59] 또, 전한 중기에는 고예(古隸)를 강조한 팔분(八分)[60]이라는 서체도 나타났다. 초서는 원래 예서를 성필(省筆)하는 데서 나타난 것인데, 후한의 장제(章帝)가 시작했다고 하는 설에서 초기의 초서를 장초(章草)라고 불렀다. 장초는 한 자씩 떼어서 쓴 것을 말하다가 이윽고 몇 개의 자를 계속해서 쓰는 연면체(連綿體)가 나타나면서 필세가 선명한 초서로 되었다. 한편 전서와 예서는 점점 실용성에서 멀어져 가 격식을 차려야 할 경우에만 사용했다.

팔분
초서
생획(省劃)

육서

한자의 구성 원리를 나타낸 육서(六書)와는 달리, 한자 서체의 총칭으로서 '육서(六書)'라는 말이 또 있다. 진대에는 '대전, 소전, 각부(刻符), 충서(虫書), 모인(摹印), 서서(署書), 수서(殳書), 예서'를 팔체(八體)라고 했지만, 신(新)나라 왕망(王莽) 때에는 '고문(古文), 기자(奇字), 전서, 예서, 무전(繆篆), 조충서(鳥虫書)'를 육체로 정했다. 또 허신은 「설문해자」에서 '고문, 기자, 전서, 좌서, 무전, 조충서'를 육서라고 했다.

〈사진 6-21〉 여러 서체

59) 전한(前漢)시대 목간에 나타났다.

60) 팔분은 예서를 말한다. 여기서 예서는 해서를 가리키는 말이다. 즉, 팔분은 예서의 일종이다.

이들 가운데 부각과 모인은 모두 인장용(印章用)의 문자이고, 무전은 모인과 같이 물결처럼 구불구불한 전서라는 뜻이다. 충서는 조충서와 마찬가지로 조서라고도 하는데, 무기 등의 명문에 주로 쓰였다. 서서는 성루의 문 등의 액(額)에 쓰이는 서체이고 수서는 모용(矛用)의 문자라고 하는 등 모두 그 각각의 특성이 있다. 기자는 고문의 변종으로서 기이한 형체라고 하여 붙여진 이름이다. 그러나 고문과는 큰 차이가 없다. 좌서는 초기의 예서이다.

이후 육서가 새롭게 변했는데, 이는 대전, 소전, 팔분, 예서, 행서, 초서이다. 이 외에의 서체로는 후한의 채옹이 처음 시작했다고 하는 비백체(飛白體, 비백서)라고 하는 것이 있다. 이것은 쇄모양(刷毛樣)의 폭이 넓은 붓을 사용하고, 붓을 꼬면서 먹물에 틈새를 주면서 쓰는 것으로, 특히 당대에 발달했다.

대전, 소전, 팔분, 예서, 행서, 초서

비백체

6.3.3 한글의 서체

훈민정음이 창제된 이후 그 서체가 어떻게 바뀌어 왔는가를 간단히 보이고, 현대 한글의 서체에는 어떤것이 있는지를 간략히 소개한다.

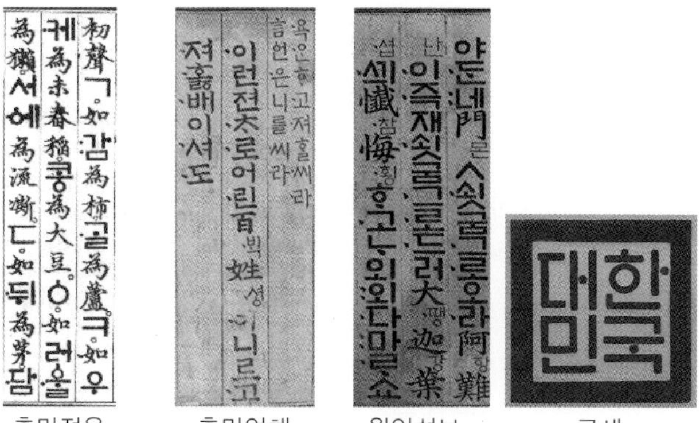

훈민정음 훈민언해 월인석보 국새

〈그림 6-22〉 서체

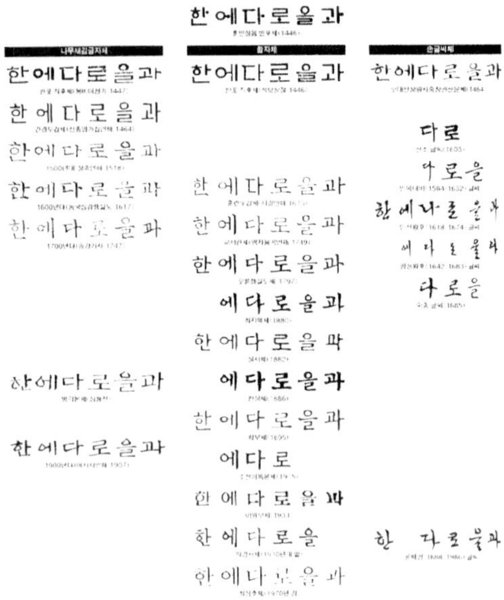

〈사진 6-23〉 한글의 글자체 변천

우리 강산(신명조체)

우리 강산(돋음체)

우리 강산(고딕체)

우리 강산(굴림체)

우리 강산(휴먼옛체)

우리 강산(펄기체)

우리 강산(궁서체)

우리 강산(샘물체)

우리 강산(옥수수체)

우리 강산(딸기체)

우리 강산(오이체)

우리 강산(가지체)

〈사진 6-24〉 현대 한글의 글자체

6.4. 필경사

인류가 문자를 발명하였지만, 고대인들 중에서 문자를 읽고 쓸 수 있는 사람은 극소수였다. 고대 메소포타미아의 일반인들에게 있어서 설형문자를 읽고 쓴다는 것은 있을 수 없는 일이었다. 문자를 쓸 줄 아는 사람 그리고 문맥에 따라 달라지는 문자의 의미를 모두 알고 있는 사람에게만 가능한 기술이었기 때문이다.

필경사

이 기술은 특수한 교육을 받은 사람 즉 필경사들만이 알고 있는 것이었다. 이 때문에 바빌로니아나 아시리아의 필경사들은 독립된 사회 계층을 형성했고, 궁정 지배자의 비서 등으로 근무하게 되어 막대한 부와 권력을 누리게 되었다. 특히 이집트의 왕이 자신을 신이라 생각해 쓰기, 읽기, 산수 등을 배우지 않은 경우에 필경사의 권위는 더욱 대단했으므로 실제로는 왕보다 더 강력한 권력을 휘두르기도 했다.

필경학교

권위와 특권의 상징

메소포타미아 지역에 남아 있는 점토판의 기록을 보면, 우수한 필경학교는 기강이 대단히 엄격했던 것으로 알려져 있다. 메소포타미아에서와 같이, 고대 이집트에서도 글을 읽고 쓸 줄 아는 것은 권위와 특권의 상징이었다. 이집트의 필경사 역시 서예의 대가이자 교육의 대가였다. 당시의 교육은 글쓰기와 읽기를 가르치는 것이 전부였는데 이는 암기를 통하여 이루어졌다. 이집트 상형문자의 경우, 암기해야 할 문자의 양과 상형문자의 복잡성으로 인해 글을 읽고 쓰기까지는 상당히 오랜 수련 기간이 걸렸던 것 같다. 수습 필경사들은 처음에는 필기체인 승용문자로 연습을 하다가 나중에는 정체인 상형문자를 배우게 된다. 공부를 잘 하지 못한 학생들에게는 체벌을 주기도 했다.

수습 필경사

한편, 메소포타미아 필경사는 주로 진흙판에 갈대 펜을 이용해 글을 썼지만, 이집트 필경사는 다양한 필기도구를 이용해 글을 썼다. 이들은 돌, 파피루스, 석회석과 도자기류, 양피지를 이용해 글을 썼다. 다양한 필기도구가 있었지만 이집트 필경사들에 대한 기록은 파피루스에 기록되어 있는 경우가 많아 오래 보존되지 못했다.

〈사진 6-25〉 필경사(이집트)

〈사진 6-26〉 필경사(아시리아)

위에서 살펴 본 것처럼, 수메르와 이집트의 필경사는 막강한 권력을 누렸다. 하지만 중세의 필경사는 이와는 다른 양상을 보인다. 중세유럽의 필경은 주로 수도원에서 이루어졌고 따라서 대개 수도사 중에서 필경사가 나왔다.

중세의 필경사

수도사

중세 이전의 필경사들이 글을 짓고 문서를 만들던 창작가였던 데 비해 중세의 필경사들은 창작가도 권력자도 아니었다. 이들은 단순히 글씨를 베꼈을 뿐 스스로 문장을 만들지는 않았기 때문이다. 단순히 글자를 베끼다 보니 필경의 기술이 발달하게 되었으니 이들은 모두 서예의 대가가 되었고 이들로 인해 많은 서체가 발달하게 되었다. 글자와 책을 아름답게 하기 위해 중세 필경사들은 그림물감으로 장식한 채식 필사본을 만들었다. 화려한 물감으로 그림을 그리고 글자도 아름답게 꾸미는 노력이 경주되면서 수도원의 필경사는 예술가가 되었고 그들이 만든 작품은 걸작이 되었다.

중세의 필경사들은 창작가도 권력자도 아니었다

채식 필사본

이 당시에 글을 아는 사람은 대부분 군주와 성직자들이었으나 군주 중에서도 문맹이 있었다. 그 대표적인 예로 샤를마뉴를 들 수 있는데 그는 자신의 서명조차도 할 수 없어서 서명을 십자를 그림으로써 대신하였다. 그렇지만 샤를마뉴와 같은 사람을 제외하고는 문자를 아는 군주와 성직자(정치와 종교)가 책을 독점하였다. 12세기 말에는 필경사들이 부르주아를 위해 문서를 작성해 주고 책을 만들어 주는 일을 했다. 이는 결국 중세유럽에서도 필경사를 중심으로 한 일부 사람만이 문자를 알고 있었음을 보여준다.

군주와 성직자

그 후 12세기 말 유럽 각국에서는 자국어로 된 책이 출판되어 그 결과 중산층도 문자생활을 할 수 있게 되었다. 책이 대중화되기 시작하면서 그 책의 내용도 성경 같은 종교에서부터 철학, 논리학, 수학, 천문학과 같은 분야를 거쳐 요리, 교육, 의학, 소설로 확대되기 시작했다. 이 시기에 '롤랑의 노래'란 궁중 연

중산층의 문자생활

롤랑의 노래

애담을 실은 책은 당시 중산층에게 굉장한 인기를 누렸다. 후에 대학이 발생하면서 필경의 수요가 늘어났고 이와 더불어 책들도 많이 보급이 되게 되었다.

대학의 설립

책을 찾는 사람들이 많이 늘어 책 제작이 꾸준히 늘어나고, 필경사 협동조합이 높은 작업 수준을 유지한 결과 훌륭한 필사본이 많이 나오게 되었다. 그러나 필경사의 사회적 지위는 보잘것 없었고, 간신히 생계를 유지할 정도의 수입이 따를 뿐이었다. 그래서 재주 있는 필경사나 삽화가는 일상생활의 물질적 어려움을 고민하지 않고 작업에만 전념하기 위해 수도원에 들어가 수도사가 되기도 했다.

필경사의 협동조합

20세기에 들어와서도 편지, 법률문서, 예술창작 등은 손으로 쓰고 있다. 손으로 직접 쓴 서명이 계약, 유언, 매매서류 등의 신빙성을 입증하는 유일한 수단이라고 판단해 오늘날에도 일부 법률문서에는 수기(手記)가 요구되고 있다. 그러나 필경사의 유일한 일거리였던 법률문서는 일반 대중의 눈에는 필경사를 고용한 악덕 사채꾼을 연상케 하는 물건이었다. 그 결과 사람들은 필경업을 악덕고리대금업과 동일시했다. 필경사들이 과거에 오랫동안 빛나는 업적을 쌓아왔음에도 불구하고 전문 필경사의 지위는 너무나 퇴락하여 19세기 말 이후에는 술주정꾼으로 치부되기까지 했다.

전문 필경사의 지위는 퇴락

7. 한국의 문자생활 1 (현대 이전)

7.1. 문자 이전과 고대문자

훈민정음 창제 이전의 우리 문자생활은 주로 한자를 이용한 것이었다. 물론 한자를 수입해서 사용하기 전에는, 외국의 경우와 마찬가지로, 그림을 사용하여 기록하기 시작하였다. 현전하는 회화는 주로 암각화로 남아 있는데 울산 천전리에 있는 암각화, 울산 반구대 암각화[61], 남해 암각화, 고령, 포항 칠포의 암각화 등이 그것이다.

암각화

〈사진 7-1〉 울산 천전리 암각화(일부)

이들은 대부분 기하학적인 도형이지만, 반구대 암각화에는 많은 동물들이 새겨져 있음이 특이하다. 그리고 문자와 결부하여 해독을 시도한 그림은 남해 암각화 정도가 있을 뿐이다.[62]

61) 반구대 암각화는 2장을 참조.

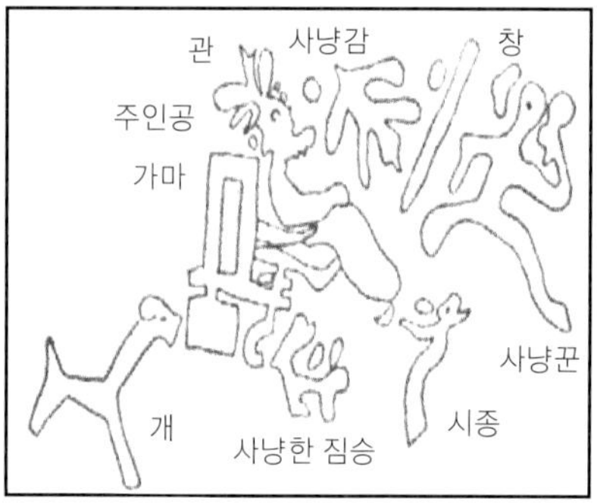

〈사진 7-2〉 남해 암각화

나무에 눈을 새겨 정보를 교환하였음

암각화 외에도 중국의 「양서(梁書)」에 '無文字 刻木爲信'이라는 기록이 있는데[63] 이 기록에 의지한다면 신라 때에는 문자가 없었지만 나무에 눈을 새겨 정보를 교환하였음을 알 수 있다. 또 최만리의 훈민정음 반대상소문 가운데서 우리나라는 원래 문자를 알지 못하였고 매듭을 사용하였다고 하였다.[64]

매듭

중국으로부터 한자를 수입

이와 같이 암각화, 목각, 결승을 사용하여 문자의 기능을 대신하던 단계를 지나서, 중국으로부터 한자를 수입해서 쓰게 된다.[65] 한글의 5백년 역사에 비하여 한자는 그보다 천 년 이상 앞서서 사용되기 시작하였으며, 지금도 우리 사회에 통용되고 있다. 훈민정음이 창제되기 이전까지 오랜 시간 동안 우리의 문자생활은 중국에서 수입한 한자에 의해 이루어졌다고 할 수 있다.

이제 우리 조상이 한자를 수입하기 전에 사용했다는 고대문자설에 대해 검토해 본 후, 한자를 차용한 문자생활과 훈민정음을 사용한 문자생활에 대해서 알아보도록 하자.

---

62) 남해도 암각화의 해독에 관해서는 정인보(1947)와 김민수(1982)를 참조.

63) 양서(梁書) 제이전(制夷傳) 신라(新羅)條

64) '若我國元不知文字 如結繩之世'

65) 중국의 한자를 수입하였다는 견해에 상반되는 아주 특이한 견해가 있다. 우리 조상들이 아주 옛날에는 중국의 황하유역에 살았는데, 거기서 살 때에 우리 조상들이 한자를 발견했고, 어떠한 이유에서 그 조상들이 동쪽으로 밀려나오면서 한반도에 정착했다는 주장이 있다.

앞에서 훈민정음이 창제되기 이전에는 우리의 고유문자가 없었다고 했다. 과연 훈민정음을 제외한 우리의 고유문자는 없었을까?[66] 훈민정음 이전에 고유한 고대문자가 있었다는 견해가 전혀 없었던 것은 아니다. 우선 이 견해를 간단히 소개하면 다음과 같다.[67]

고유문자

한국의 고대문자로 제시된 것은 삼황내문, 신지비사, 법수교비문, 왕문 문자, 수궁 문자, 남해도 각문 등이 있다. 이 외에 각목자라는 것이 있다. 중국의 사서에 신라에는 문자가 없고, 나무에 새겨서 뜻을 전달했다는 구절이 있는데, 그 구절을 가지고 한국 고대의 고유한 문자가 각목자라고 주장을 하는 것이다. 또 고구려 문자, 백제문자, 발해문자, 고려문자가 있었다고 하는 견해와 향찰이 고대문자라는 주장도 있었다. 그러나 향찰은 고유문자가 아니라 한자를 빌려서 우리 국어를 표기하는 하나의 표기 방법이다. 그 외에 천부경문이나 현구결문과 같은 여러 주장이 등장하였지만, 그것을 증명할 만한 아무런 기록이나 흔적도 없다.

삼황내문, 신지비사, 법수교비문, 왕문 문자, 수궁 문자, 남해도 각문

각목자

그 밖에 「연암집」과 「해동역사」의 기록을 들어 탐라문자가 존재했음을 주장하기도 하고, 세종 이전에도 한글은 있었다고 하여 단군 三世 때 만들어진 '가림다문'을 주장하기도 한다.

이러한 견해들은 구체적인 근거 없이 사서(史書)의 어느 한 구절을 가지고 확대 해석한 것으로 보인다. 위에서 말한 고대문자가 있었다는 주장은 모두 문자가 전하지 않는다는 사실에서 일치할 뿐 다른 점에서는 일치된 것이 없다.

66) 이처럼 훈민정음이 창제되기 이전에 고유한 고대문자를 사용했다는 설은 훈민정음의 기원을 캐는 문제에서 비롯되었다. 훈민정음의 기원을 이웃에 있는 다른 나라의 문자에서 찾아 보기도 했지만 만족스러운 결과가 없었다. 그래서 그 연원을 우리나라 문자에서 찾게 된 것이 고대문자설이다.

67) 김민수(1982 : 38)을 참고함.

고대에 한자차자체계가 아닌 고유한 고대문자를 사용했다는 설은 그 자형이나 음소체계에 대해서 어떤 설명이나 자료가 없기 때문에 단정하기는 어렵지만 훈민정음과 비슷하다는 것을 전제로 한 말로 보인다.

문자생활 초기에 일반적인 형성과정을 거치지 않고 음소문자가 탄생한다는 것은 일반적인 발달 과정이 아니기 때문에 믿기 어려운 일이다. 또 자료가 어떠한 형태로든 남아 있지 않다는 것은 고유한 고대문자를 썼다고 아무리 강조해도 설득력이 없는 일이다. 지금까지의 기록과 문자발달상의 일반적 과정으로 보아 훈민정음창제 이전에는 우리말을 표기하는 고유 문자가 없었고, 향찰, 이두, 구결의 차자체계만이 있었다고 볼 수 있다.

향찰, 이두, 구결의 차자체계만이 있었다

7.2. 한자의 수입과 차용 표기

7.2.1. 한자의 수입과 그 사용

우리 조상이 처음으로 접한 문자는 한자일 가능성이 높다. 한자의 전래 시기에 대해서는 명확한 기록이 없어 단언할 수는 없지만 여러 가지 상황으로 미루어 삼국시대 초기, 또는 그 이전부터 이미 사용되었을 것으로 본다. 현전하는 유물과 불교의 전래, 삼국시대의 이두의 사용과 교육기관의 설립에 대한 기록들로 보아 이렇게 추정할 수 있다.

한자의 전래 시기 삼국시대 초기, 또는 그 이전

〈사진 7-3〉 광개토대왕비

〈사진 7-4〉 진흥왕 순수비(창녕)

이처럼 오래 전부터 들어온 한자와 한문은 5세기 초에는 고구려 광개토대왕비가 보여 주듯이 높은 수준에 이르게 되었다.

한자가 수입될 수 있었던 이유
① 정치, 문화, 지리적 접촉
② 한자의 본질적인 특징

한자가 이처럼 일찍부터 우리에게 수입될 수 있었던 것은 몇 가지 이유가 있다. 먼저 정치, 문화, 지리적 접촉이 하나이고, 한자 그 자체가 지닌 본질적인 특징이 또 하나의 원인이다.

기자 조선 이래 빈번한 정치, 문화적 교섭에서 이곳저곳의 문자가 유입될 수 있는 가능성은 충분했기 때문에 한자가 우리나라로 유입될 수 있었던 것으로 보인다.

또 한자는 표어문자의 대표적인 것으로 한자는 그 자형에서 일정한 뜻과 음을 지닌다. 이 음과 자형은 쉽게 결합하거나 분리될 수 있는 자의성을 지니고 있다. 그러므로 한자는 다른 언어에도 쉽게 사용될 수 있는 특징을 가지고 있다. 즉, 한자를 차용하는 쪽에서는 한자가 지닌 표어성과 표음성을 적당히 이용할 수 있기 때문이다. 우리나라에서도 한자차용은 이와 같았다.

표어성
표음성

7.2.2. 한자차용표기법의 정의

인류가 언어를 처음 사용하게 된 것은, 두뇌 용적이 약 1000㎤에 달하고 성문(聲門)이 하강하였을 때인 약 50만 년 전이었다고 한다. 이 때부터 인류는 자신의 언어를 기록으로 남기고 싶은 욕망이 있었을지 모른다. 그러나 문자의 성격을 띤 회화문자가 발견된 것은 지금으로부터 약 7000년 전인 BC. 5000년경으로 알려져 있다. 이런 사실을 받아들인다면 인류는 오랜 세월이 지난 후에 기록에 대한 욕망을 이루었을 것이다.

우리 민족이 어떻게 이루어졌고 그 시기는 언제인지 알 수 없다. 그리고 우리 국어가 언제부터 사용되었는지도 정확히는 알 수 없다. 그러나 우리 민족이 우리 국어를 기록으로 남기기 시작한 것은, AD. 375년에 百濟書記를 편찬하였다는 기록과 현전하는 자료로 보면 AD. 400년을 전후한 시기부터라 할 수 있다.

이 무렵의 기록들은 모두 한자(漢字)를 이용한 것이었는데 국어를 漢文[중국어]으로 기록한 것과 한자의 음(音-소리)과 훈(訓 또는 釋-뜻)을 빌려서 기록한 것이 그것이다. 이렇게 한자의 음과 훈을 빌려서 우리 국어를 기록한 표기법 즉, 국어를 표기하기 위하여 우리나라에서 형성된 독특한 한자 사용 방법을 한자차용표기법(漢字借用表記法)이라 한다.

한자차용표기법

그러면 우리말을 표기하기 위하여 한자의 음과 훈을 빌린다고 했는데 그 구체적인 방법, 원리는 어떠한 것이었을까?

우리에게 주어진 문자가 한자밖에 없다고 가정하자. 이런 경우, 명사 '손'을 표기하기 위하여 한자를 빌려 올 수밖에 없는데, '손'이란 소리를 가진 한자 '孫'을 빌릴 수도 있고 '손'이란 뜻을 가진 한자 '手'를 빌릴 수도 있다. 전자와 같이 한자의 음을 빌리는 것을 '음차'(音借)라고 하고 후자와 같이 한자의 훈을 빌리는 것을 '훈차'(訓借)라 한다. 다시 말하면 한자의 표음적 기능과 표의적 기능 중 하나를 택하여 우리말을 기록하게 되는데, 전자는 이미 중국에서 假借의 원리로 이용하였던 것으로서 음차자이고 후자는 우리의 독창적 방법으로서 훈차자인 것이다. 반면에 기록된 자료를 읽을 경우를 생각하면, 음차된 한자를 읽는 것을 '음독'(音讀)이라 하고 훈차된 한자를 읽는 것을 '훈독'(訓讀 또는 釋讀)이라 할 수 있다.

한자 차용의 원리

한자의 음을 빌리는 것을 '음차'

한자의 훈을 빌리는 것을 '훈차'

음차된 한자를 읽는 것을 '음독'
훈차된 한자를 읽는 것을 '훈독'

한편 어미 '-고'를 표기하려고 할 때, '-고'의 의미를 구체적으로 파악하기 힘들기 때문에, 의미와는 무관하게 소리에 의존하여 '古'라고 표기하게 될 것이다. 이와 같이 한자의 본의(本意)에 얽매임이 없이 소리에만 의존하는 것을 가자(假字)라 하여 '손'을 '手'로 표기하는 독자(讀字)와 구별하기도 한다.

초기 이두에서 많이 사용된 한자는 '節, 中, 以, 者, 之' 등이었는데 이들은 대개 한자의 본의에 크게 의존한 독자이었다.

독자

'節'은 명사로서 '디위'(즈음, 임시)를, '中, 以, 者'는 각각 조사 '에, 로, 는'을, '之'는 어미 '-다'를 표기한 것으로 보인다. 8세기경 신라에서는 어미 '-며'를 표기하기 위하여 '旀'를 사용하였는데 이는 한자의 본뜻과는 무관하게 순수하게 그 소리만을 빌린 것이었으니 이를 가자라 할 수 있다.

국어 문장 표기

지금까지 한자를 차용하는 원리를 알아보았다. 그러면 이렇게 차용한 한자를 국어 문장 표기에서 어떻게 운용하였을까?

어휘부
형태부(조사나 어미)

국어는 첨가어(교착어)로서 구체적 의미를 가진 어휘부에 문법적 기능을 하는 형태부(조사나 어미)가 첨가되는 언어이다. 예를 들면 '한글은 과학적인 문자이다.'에서, 구체적 의미를 가진 '한글'에 문법적 기능을 하는 '은'이 통합되었고, '과학'이란 어휘부에 '적'과 '이'와 'ㄴ'이 차례로 통합되었으며, 어휘부인 '문자'에 '이'와 '다'가 통합되었다. 모두가 '실사-허사'의 구조인 것이다.

어휘부는 그 의미를 가진 한자,
형태부는 음상에 의존한 한자

그런데 구체적 의미를 가진 어휘부는 대개 그 의미를 가진 한자를 빌려 썼고, 문법적 기능을 하는 형태부는 대개 음상에 의존하여 한자를 빌려 썼다. 예를 들어 '위와 같은'을 한자를 빌려 표기한다면, '위, 같-'은 어휘부이므로 각각 그런 의미를 가진 '上, 同'을 빌려 올 수 있고, '-은'은 형태부이므로 그런 소리를 가진 '隱'을 빌려 올 수 있는 것이므로 이를 '上同隱'과 같이 표기할 수 있을 것이다. 대체로 어휘부는 독자를, 형태부는 가자를 사용함으로써 문장을 표기한 것이다.

따라서 우리말의 구조가 어휘부와 형태부로 이루어진 점을 생각하면 한자를 차용한 표기법은 의미를 나타내는 독자와 형태부를 나타내는 가자로 운용된다고 볼 수 있다. 대명률직해에서 한 예를 들면, '數爻乙 通考爲良沙 黜陟爲乎 事'(수효를 통지하여야 黜陟할 일)에서 '數爻-乙, 通考爲-良-沙, 黜陟爲-乎'은 각각 어휘부-형태부(독자-가자)의 구조로 이루어져 있는 것이다.

고유명사 표기, 이두, 향찰, 구결

한자차용표기법은 한자 차용 방법이나 표기 범위 또는 기록물의 성격 등에 따라서 다시 고유명사(固有名詞) 표기, 이두(吏讀), 향찰(鄕札), 구결(口訣)로 구별한다.

인명, 지명, 관직명 등의 어휘만을 한자를 빌려서 기록한 것

고유명사 표기란 인명, 지명, 관직명 등의 어휘만을 한자를 빌려서 기록한 것이다. 예를 들면 인명인 '居柒夫'의 '居柒'은 중세국어 '거츨-'(>거칠-)로 미루어 보아, 당시 국어의 '거츨-'을 한자의 음을 빌려 표기한 것(음차)으로 본다. 같은 인명을 '荒宗'으로도 표기하였는데 당시의 '거츨-'을 한자의 훈을 빌려 '荒'으로 표기한 것(훈차)이다.

다음은 신라의 인명, 지명, 관직명의 예를 보인 것이다.

1. a) 異次頓/厭髑, 作弗矩內王/赫居世王(光明理世), 始旦/元曉
   b) 素那/金川, 達句伐, 買忽/水城[68]
   c) 韓舍/大舍, 舒發翰/角干, 波珍飡/海干

(1a)는 인명으로서 각각 '이차돈, 혁거세왕, 원효'의 다른 표기를 보여주는 예이고, (1b)는 지명으로서 '*쇠내' 또는 '금천', '달구벌, 수성'을, (1c)는 관직명으로서 '*한사, *쌜한, *바돌한'을 표기한 예이다. 대개 음차와 훈차의 두 표기 예를 보인 것이다.

국어의 문장을 기록하기 위하여, 한자의 음과 훈을 빌려, 그 조사와 어미 그리고 일부 명사와 부사를 표기한 것

이두는 국어의 문장을 기록하기 위하여, 한자의 음과 훈을 빌려, 그 조사와 어미 그리고 일부 명사와 부사를 표기한 것이다. '必于 七出乙 犯爲去乃'(비록 七出을 범하거나)는 부사 '비록'을 표기하기 위하여 '必'의 뜻과 '于'의 음을 빌리고 조사 '을'은 '乙'의 음을 빌리고 'ᄒᆞ거나'는 '爲'의 훈과 '去'와 '乃'의 음을 빌려 표기한 것이다. 이에 비해 '七出'은 한자어 그대로이다.

---

68) '買忽/水城'은 고구려 지명을 표기한 것이다.

향찰은 국어의 문장을 온전하게 표기한 것

향찰은 한자의 음과 훈을 이용하여 국어의 문장을 온전하게 표기한 것으로서 당시 표기법의 집대성이라 할 만하다. 처용가의 한 구절인 '夜入伊 遊行如可'(밤 들도록 노닐다가)에서 명사 '밤'을 표기하기 위하여 한자 '夜'의 훈을 빌리고, '들-'이란 동사를 표기하기 위하여 같은 훈을 가진 한자 '入'을 빌린 것이다. '遊, 行, 如'도 한자의 훈을 빌린 글자이다. 반면에 '-다가'의 '가'를 나타내기 위하여 '가'의 음을 가진 한자 '可'를 빌렸다. '伊'도 한자의 음을 빌린 것으로 본다.

구결은, 한문의 의미 파악에 도움이 되게 하기 위하여 국어의 형태부를 삽입할 때 한자의 음과 훈을 이용하여 표기한 것

구결은, 한문을 읽을 때에 그 의미 파악에 도움이 되게 하기 위하여 국어의 형태부를 삽입하기도 하는데, 이 때 삽입되는 국어의 형태부를 한자의 음과 훈을 이용하여 표기한 것이다. 「동몽선습」의 '天地之間 萬物之中厓 唯人是 最貴爲尼'(천지지간 만물 중에 오직 사람이 가장 귀하니)에서 밑줄 친 한자 곧 구결을 제외하면 바로 한문인데, 국어의 조사 '에'를 표기하기 위하여 '厓'의 음을 빌린 것이고 조사 '이'를 표기하기 위하여 '是'의 뜻을 빌린 것이며 'ᄒᆞ니'를 표기하기 위하여 '爲'의 뜻과 '尼'의 음을 빌린 것이다.

그런데 이두와 향찰, 고유명사 표기는 국어를 표기하기 위하여(표현하기 위하여) 사용한 것이고. 구결은 한문을 이해하기 위하여 보조적으로 사용한 것이란 면에서 구별될 수 있다.

7.2.3. 이두(吏讀)

이두는 주로 관리들의 공문서류인 이문에 사용

단어의 배열이 국어의 문장 구조를 따르고, 국어의 조사와 어미 그리고 일부 명사와 부사를 한자의 음과 훈을 이용하여 표기한 것이 이두인데, 이두는 주로 관리들의 공문서류인 이문(吏文)에 많이 사용되었다. 따라서 이두는 이문에서 한자를 이

용하여 우리말을 표기하는 표기법이라고 할 수 있다. 이와는 달리, 한자를 빌려 우리말을 표기하는 방법을 종칭하는 것을 광의의 이두로 보는 경우도 있는데, 이는 고유명사 표기, 향찰, 구결을 모두 포함한 개념이다.

광의의 이두

이두란 명칭은 15세기의 '최만리 상소문'과 '훈민정음 정인지 서문'에 처음 나타나는데, 그 전에는 '吏書(제왕운기, 1287년경), 吏道(대명률직해, 1395)'라 불리었고 그 후에는 '吏吐(이문잡례), 吏札(동국여지승람), 吏頭(유서필지), 이문(전율통보)'으로 불리기도 했다.

이서(吏書)

吏吐, 吏札, 吏頭, 이문

이두는 대체로 5세기경에 고구려에서 발생하여 신라에 전달된 것으로 본다. 고구려의 자료로는 5세기경의 고구려의 성벽에 새겨진 명문(銘文)들이 있고, 신라의 자료로는 서봉총(瑞鳳塚)에서 발견된 은합우(銀合杅)에 새겨진, 역시 5세기경의 명문이 있다. 신라로 전해진 이두는 그 뒤 임신서기석, 화엄경사경조성기, 갈항사석탑기 등의 기록에 그 모습을 남기고 고려로 이어졌다. 고려에서는 자적선사능운탑비음기, 정두사오층석탑조성형지기, 상서도관첩 등의 금석문 또는 문서가 50~60여 종 남아 있다. 고려에서는 특히 <향약구급방>이란 의서를 간행하였다. 조선조에서도 많은 이두 자료가 남아 있는데 특히 비변사등록 등의 거대한 자료에도 이두가 사용되었다.

향약구급방

비변사등록

延壽元年太歲在卯三月中
太王敎造合杅用三斤六兩

〈사진 7-5〉 은합우

〈사진 7-6〉 임신서기석

이두의 발달

이두의 발달은 크게 두 단계로 나누어 볼 수 있다. 제1 단계는 국어를 국어의 문장 구조(국어의 어순)로 표기하면서, 어휘부는 독자를 사용하고 형태부는 무시하거나 독자를 사용하여 표기하는 것이다. 임신서기석과 같은 자료가 여기에 해당한다.

제2 단계는 국어의 형태부까지를 표기하는 것으로서 이 때 사용되는 한자는 본뜻은 무시된 채, 음상(音相)만 차용된 가자를 사용하는 방법이 나타난 것이다. 예를 들면 조사 '을'에 대해 '乙'을 사용하거나, 어미 '-며'에 대해 '旀, 於'를 사용하는 등이 그것이다. 이 제2 단계의 표기법은 8세기 중엽의 자료인 '신라화엄경사경조성기'와 '갈항사석탑기'에 나타나는데 이 시기는 설총이 활동하던 시기와 일치한다. 이와 관련하여 제2 단계의 표기법을 설총이 이두를 창시하였다는 고문헌의 기록으로 해석하는 일도 있다.

설총

한편 18세기 이후에는 흔히 이두학습서라 불리는 책들이 간행되었다. 이두문의 문례집(文例集)인 「이문잡례」(吏文襍例, 18세기 이후), 이두의 자류집람(字類輯覽)인 「전율통보」(典律通補) 이문(吏文) (구윤명 1761, 1786), 「고금석림」(古今釋林) 나려이두(羅麗吏讀) (이의봉 1789), 「이두편람」(吏讀便覽, 1829경), 「재물보」(才物譜) 이두(里讀) (이만영 1798), 「오주연문장전산고」(五洲衍文長箋散稿) 어록변증설(語錄辯證說) (이규경 19세기), 「유서필지」(儒胥必知) 이두휘편(吏頭彙編) (19세기), 「주해어록종람」(註解語錄總覽) 이문어록(吏文語錄) (1919), 「대명률직해」 이두약해(吏讀略解)(1936), 「이두집성」(吏讀集成, 1939), 한자성어와 이두의 용례집인 「이문대사」(吏文大師, 17~8세기), 「이문」(吏文, 18세기) 들이 간행된 것이다.

이두학습서

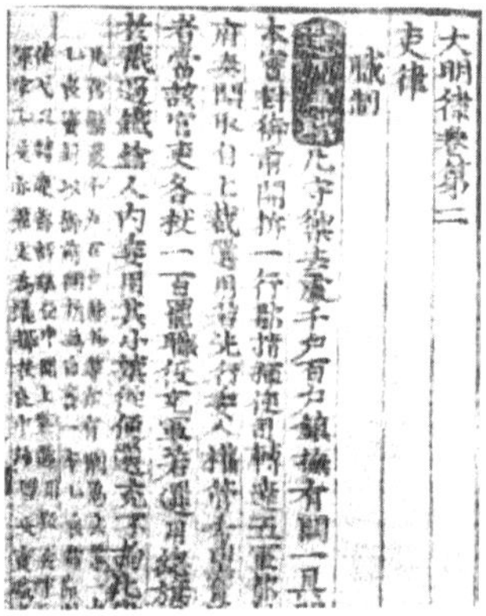

〈사진 7-7〉 대명률직해

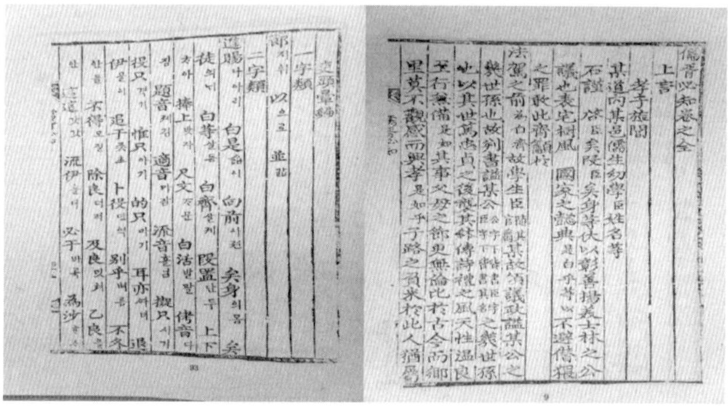

〈사진 7-8〉 유서필지

이두는 주로 금석문과 공사의 문서에 사용

고종의 칙령

이두는 주로 금석문과 공사의 문서에 사용되었고 경우에 따라서는 한문을 번역하는 데 사용되면서 19세기까지 그 자리를 지켜 왔다. 숙종은 '언문'으로 쓰인 공문서를 받아들이지 말라는 칙령을 내리기도 했다. 그러나 19세기 말, 20세기 초에 민족의식이 고취되면서 우리의 문자인 훈민정음의 사용이 일반화하면서 이두는 그 역할을 훈민정음으로 넘기게 되었다. 즉, 모든 공문서는 '국문'(한글)으로 표기하라는 고종의 칙령이 있기까지 공문서는 이두로 쓰였던 것이다.

다음은 <대명률직해>에 나오는 이두의 예이다.

1) 이두문 : 本國乙 背叛爲遣 彼國乙 潛通謀叛爲行臥乎事
2) 현대역 : 자기 나라를 배반하고 다른 나라와 내통하여 모반하는 일
3) 원　문 : 謀背本國 潛從佗國

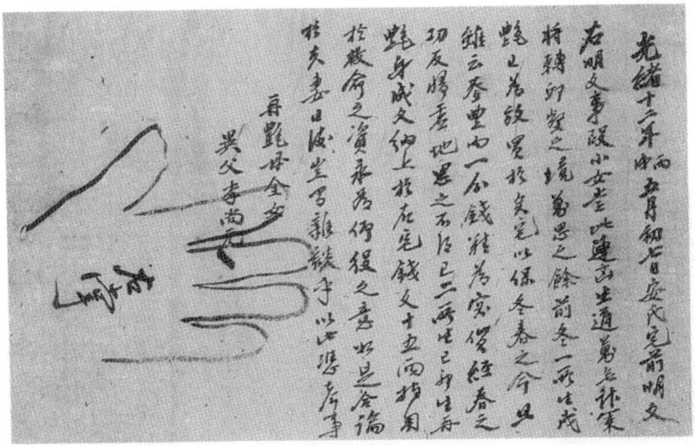

〈사진 7-9〉 매매문서(1886)[69]

7.2.4. 향찰

향가를 표기하는 데 사용

향찰은 향가를 표기하는 데 사용된 차자표기법이다. 한자로 기록되었으나 한자의 음과 훈을 차용하여 우리말 어순에 따라 기록한 것으로, 주로 어휘적인 형태소(체언, 부사, 감탄사)는 한자의 훈을, 문법적 형태소는 한자의 음을 빌려서 표기했다.

향찰이라는 명칭은 중국문에 대한 상대적 표현으로 보인다. 이 표기법에 의한 자료는 신라 향가 26수가 있다. 이 자료들은 모두 고려시대에 문자로 정착된 것이지만, 민간에 널리 유포된 표기법으로서 문자의 보수성을 감안하면 신라자료로 간주된다.

차자표기법의 완성된 형태

향찰표기에는 음차자로만 된 표기와 훈차자로만 된 표기, 그

69) 연이은 흉년으로 첫째 所生 成艶을 放賣하여 冬春之命을 보존하였고, 비록 보리농사가 풍년이라 하나 한 푼의 가치도 되지 않아 봄농사는 오히려 헛일이 되어 부득이 둘째 所生 再艶을 錢文 十五兩에 팔아 救命之資로 사용한다는 文書.

리고 음차와 훈차를 함께 사용한 표기 등이 있다. 이로 볼 때 향찰은 고유명사표기 그리고 이두표기와 같은 차자표기법의 완성된 형태로 보인다. 그래서 향찰은 우리 국어표기를 집대성한 것이라고도 이야기한다. 이두는 소리 하나하나를 다 표기하지는 않았지만 향찰은 소리 하나하나를 다 표기했다는 데에 이두와 향찰의 차이가 있다. 그러나 향찰식 표기자료는 고려시대 '도이장가(悼二張歌)'를 끝으로 문헌에서 사라진다. 향찰이 이렇게 빨리 사라진 원인은 표기체계 자체의 불완전성과 한자 문화의 침투로 볼 수 있다.

차자표기법의 완성

다음은 음차와 훈차 표기에 대한 예와 향찰의 예이다.

음차자로 된 표기	隱, 乙, 焉, 古, 奴, 乎, 丁
훈자자로만 된 표기	母牛, 遊行, 枝, 去, 處
음차와 훈차를 함께 사용한 표기	目肹, 心未, 一等

향 찰 : 一等隱枝良出古 ᄒᆞᆫ 가지라 나고
去奴隱處毛冬乎丁 가논 곧 모ᄃᆞ론뎌(제망매가)
현대역 : 한 가지에 나고 가는 곳 모르는구나

7.2.5. 구결

이두와 향찰이 국어표현과 관련된 것에 반하여 구결은 한자나 한문의 이해와 관련된 것이다.

구결은 우리나라 사람이 한문을 읽을 때 문맥을 분명히 이해하기 위하여 구절마다 삽입하던 국어의 조사, 계사 이(是), 동사 ᄒᆞ(爲)와 같은 기능어를 말한다. 구결은 토 또는 현토, 입겿이라고 하기도 한다. 구결의 특징은 토를 단 문장에서 토를 제외하면 그대로 한문 원문으로 복원된다는 점이다.

구결은 한문의 문맥을 이해하기 위하여 삽입하던 기능어

구결은 처음에는 한문을 학습하는 사람들 사이에서 구전되었다가 뒤에 차자나 한글로 기록되어 정착된 것으로 보인다. <삼국사기>와 <삼국유사>에 실린 설총에 대한 기록은 구결의 생성과 구실을 가늠하게 하는 가장 오래된 자료이다. 설총이 방언으로써 경서를 읽고 후생들을 가르쳤다는 것은 한문을 우리말로 번역하여 후학들을 가르쳤다고 볼 수 있다. 즉 먼저 한문에 구결을 삽입하여 읽고 국역을 했을 것이다. 이 자료로 볼 때 설총은 이두를 만들지는 않았지만 한자차용표기법을 체계화하고 집대성한 것으로 볼 수 있다.

전자구결
약체구결
한글구결

구결의 종류는 전자구결, 약체구결, 한글구결의 세 가지로 나누어 볼 수 있다.[70] 전자구결은 한자를 정자 그대로 적어 넣은 것으로 간본이나 교화서에 주로 쓰인다. 약체구결은 감필자구결이라고도 한다. 이는 한자의 자획을 간추려 약체화한 것으로, 간본을 제외한 모든 책에 사용되었다. 한글구결은 훈민정음의 창제와 보급에 따라 점차 한글로 대체되는 과정에서 생겨난 것으로 보인다. 그 외에 최근에 발굴된 점토구결도 있다.

전자구결 : 爲尼(ᄒᆞ니), 是時古(이시고)
약체구결 : ソヒ, 丶寸ロ

구결	음	정자
ソ ヒ 丶	ᄒᆞ 니 이	爲 尼 是
灬	로	以
尓, 弥, 㢱, 夕	며	彌
厂	애	厓

다른 한편으로 구결은 석독구결과 음독구결로 나뉘는데 후자

70) 구결은 전자체로 쓰이는 것도 있지만 대부분 약자체로 쓰인다.

는 한문 원문을 읽을 때 보조적인 기능으로 읽히는 것이고 전자는 구결의 지시에 따르면 우리말로 해석이 되는 것이다.

이와 같은 구결은 한문해독을 위한 보조수단에 지나지 않은 듯하며 한문의 뜻이 잘못 해독될 가능성을 극소화하기 위한 수단인 것으로 보인다. 즉 한문과 언해문과의 과도기적 단계에 위치한 것이 구결로 보인다. 그 결과 구결문은 한문의 번역문이라 할 수 있는 번역문의 문체에 큰 영향을 끼친 것으로 보인다. 현재 남아 있는 자료도 많다.

한문과 언해문과의 과도기적 단계에 위치한 것이 구결

구역인왕경

구결 자료로 현재 남아 있는 것은 '구역인왕경, 화엄경소, 유가사지론' 등이 있다.

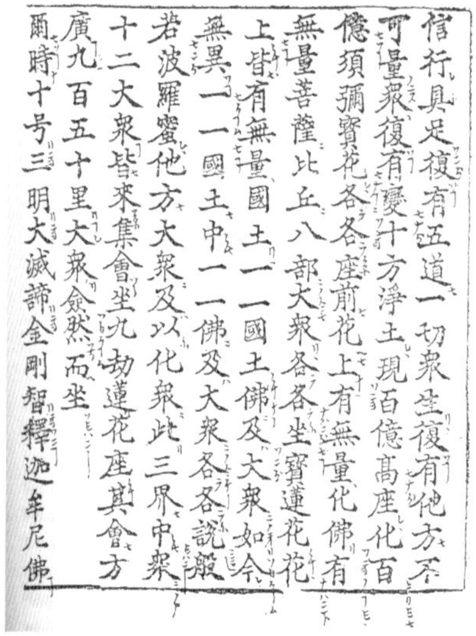
信行具足復有五道一切衆生復有他方不
可量衆復有變十方淨土現百億高座化百
億須彌寶花各各座前花上有無量化佛有
無量菩薩比丘八部大衆各各坐寶蓮花花
上皆有無量國土一一國土佛及大衆如今
無異一一國土中一一佛及大衆各各說般
若波羅蜜他方大衆及以化衆此三界中衆
十二大衆皆來集會坐九劫蓮花座其會方
廣九百五十里大衆僉然而坐
爾時十号三明大滅諦金剛智釋迦牟尼佛

〈사진 7-10〉 구역인왕경

7.2.6. 이두, 향찰, 구결의 관계

한자의 음과 훈을 차용하여 우리말을 기록하던 향찰과 이두, 구결은 동일한 원리가 적용된다는 점에서는 동일한 개념으로 파악되고 용도가 서로 다르다는 점에서는 별개의 개념으로 파악된다.

향찰, 이두, 구결의 발생이 순차적으로 이루어진 것은 아니지만, 고려초기 향찰식 표기법(운문 표기)이 소멸된 후 한자차용 표기법은 두 부류로 나뉘어 발달했을 것으로 보인다. 하나는 아전 서리를 중심으로 한 이속들의 문서기록을 통하여 발달한 이두문이고, 다른 하나는 한문을 학습하는 지식자들의 경서 해석을 돕기 위한 수단으로 발달한 구결문이다.

이두 : 행정문서 기록
구결 : 경서 해석

향찰이 모든 계층의 신라인들이 함께 사용한 표기법이었던 데 반하여 이두와 구결은 서로 다른 계층의 사람들이 서로 다른 목적으로 사용했다는 차이점이 있다. 향찰이 문장 전체를 우리말로 표기하고 있지만 이두는 특수한 공문투어와 문법적 형태소만을 차자로 표기하였다. 또 구결은 문법적 형태소만을 차자로 적어 한자차용표기의 사용 범위가 한정, 축소된 모습을 보이고 있다.

표기 대상의 범위

그 결과 이두문은 한자어와 차자표기의 고유어가 혼용된 특이한 형태로 된 문장으로서 차자표기를 제외하면 문맥이 이어지지 않게 된다. 그러나 구결문은 한문의 구절단락에 차자로 허사를 표기하여 삽입한 것으로 그 문장에서 차자표기를 제외하더라도 원문인 한문 자체에는 변화가 없게 된다. 즉 구결은 한문 원문을 그대로 이용한다는 점에서 이두와 향찰과는 다르다. 한문을 읽으면서 우리말로 해석하기 위해서 우리말 토씨를 넣는 것이 구결이기 때문이다.

구결은 한문 원문을 그대로 이용한다는 점에서 이두와 향찰과는 다르다

그러나 이두와 구결은 궁극적으로 서로 다른 연원에서 출발한 것이 아니며 향찰과 더불어 우리나라 역사의 문자 없는 공백기를 담당했던 독자적인 표기방식이었다.

한문의 습득과정에서 우리의 선조들은 고유어를 표기하고 싶

은 강한 욕구를 느꼈을 것이며, 그러한 열망이 드디어 한자의 음과 훈을 차용하여 고유어를 표기하는 독자적인 표기방식을 창안, 발달시켰다.

1443년 세종대왕이 훈민정음을 창제하기 전까지 우리 민족은 한자를 이용한 이두, 향찰, 구결을 통하여 우리말을 기록하여 왔다. 이 때에도 물론 대부분의 문자생활은 한문으로 이루어졌음은 물론이다. 훈민정음이 창제된 후에도 한자가 조선조의 중요한 표기 수단으로 사용되었음을 짐작하는 것은 그리 어렵지 않다. 거의 대부분의 공문서나 기록물 등이 한자로 기록되어 있는 것이 이를 증명하고 있다. 한편 훈민정음이 창제된 후에도 이두는 중요한 표기 방식으로서 사용되었다.

이두는 19세기말까지 사용됨

7.3. 훈민정음을 이용한 문자생활

1443년 세종대왕이 창제

주지하는 바와 같이, 훈민정음은 1443년 세종대왕이 창제한 우리 고유의 문자다. 이 지구상에서 사용되는 문자 가운데 가장 뛰어난 문자라는 훈민정음(한글)이 조선조의 생활에 어느 정도 어떻게 사용되었는가를 알아보기로 하자. 그리고 훈민정음을 보급하기 위해 또는 훈민정음의 사용을 금지하기 위해 어떤 조치들이 내려졌는지도 알아보기로 하자.

세종은 훈민정음의 보급을 위해 서적을 편찬하였을 뿐만 아니라 훈민정음을 과거시험의 과목으로 지정하기도 하였고 도장, 화폐, 실용문서에도 훈민정음을 사용하도록 해 훈민정음의 실용화와 보급을 위해 노력했다.

도서 편찬 사업을 추진

먼저 세종은 훈민정음의 보급을 위해 도서 편찬 사업을 추진했다. 먼저 훈민정음의 해설서에 해당하는 「훈민정음」(해례본)

을 편찬하고, 다음해에는 「용비어천가」[71], 「석보상절」[72], 「월인천강지곡」[73]을 저술했다. 이를 위해 관리들에게 한글 강습을 시키고, 각공(刻工) 등을 모아 한글 활자를 새기게 했다.

세종 28년 12월에는 이전(吏典)의 인재를 뽑는 이과(吏科) 시험에 훈민정음이 채택되게 하는 글[傳旨]을 내렸다고 한다. 吏科 시험

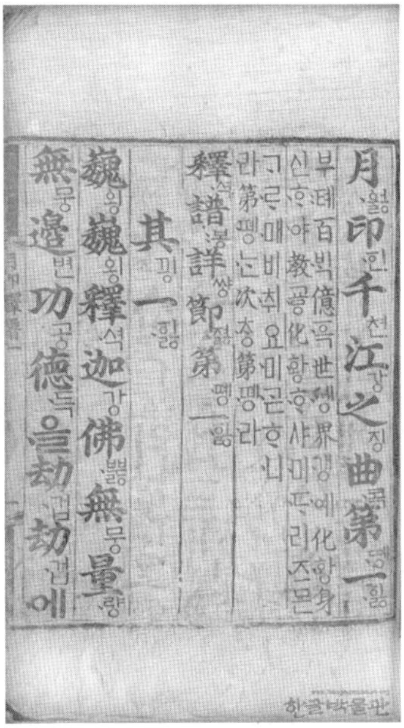

〈사진 7-11〉 월인석보

71) 1445년에 만들어졌으나 다시 수정해 1447년에 간행된 책으로, 훈민정음으로 처음 기록된 글이다. 125장의 국문가사와 이에 대한 상세한 한문 주석으로 이루어져 있다. 주석에 들어 있는 한글 표기의 지명·인명 자료는 이 문헌에서만 보이는 것들이 많다. 그 내용은 선왕(先王)에 대한 찬송으로, 악장은 곡을 붙여 연주되기도 했다.

72) 수양대군이 자기의 어머니인 소헌왕후의 명복을 빌기 위해 1447년에 편찬한 책으로 석가모니의 일대기를 이야기하고 있다. 한문 원문이 없고, 훈민정음으로 기록된 문장도 구어체로 기록되어 있다. 모두 24, 25권으로 추정하지만 현재 전하고 있는 것은 많지 않다.

73) <석보상절>의 장마다 세종이 노래를 지어 만든 것으로 총 500여 수의 노래가 있다. 같은 시기의 <석보상절>과 <월인석보>는 한자를 크게 쓰고 한글을 작게 쓴 반면에, <월인천강지곡>은 한글을 크게 쓰고 한자를 작게 썼다.

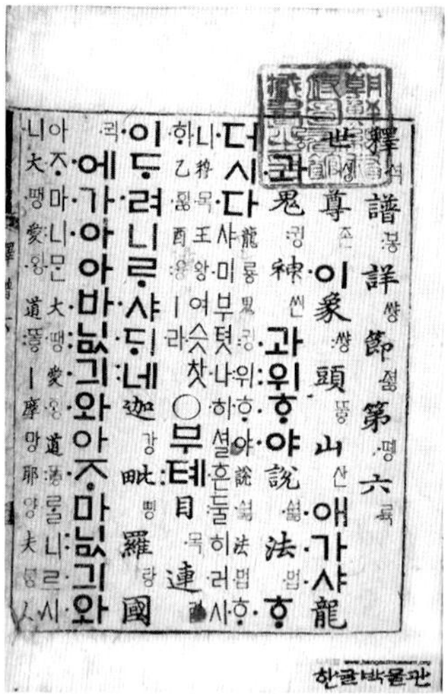
釋譜詳節第六

〈사진 7-12〉 석보상절

실용문에 사용

훈민정음이 실용문에 쓰인 정도를 확실히 알 수는 없다. 그러나 몇 가지의 기록으로 훈민정음이 실용문에 사용되었음을 알 수가 있다. 훈민정음이 반포된 다음 달에 세종이 대간(臺諫)들의 죄를 훈민정음으로 써서 의금부와 승정원에 보냈다는 기록(세종 28년 10월)이 있다. 또 세종 31년에는 영의정 하연을 비방하는 글이 훈민정음으로 쓰였던 일도 있다. 문종이 즉위년에 훈민정음을 사용하여 「대학연의」를 종실 가운데 글을 알지 못하는 이들에게 가르치려 했고, 세조는 상원사의 '중창권선문'을 훈민정음으로 썼고, 「원각경」에 훈민정음으로 구결을 달기도 했다. 「두시언해」는 한시를 언해하여 이를 훈민정음으로 표기한 것이다.

상원사 '중창권선문'

경서 · 문학서에 사용

두시언해

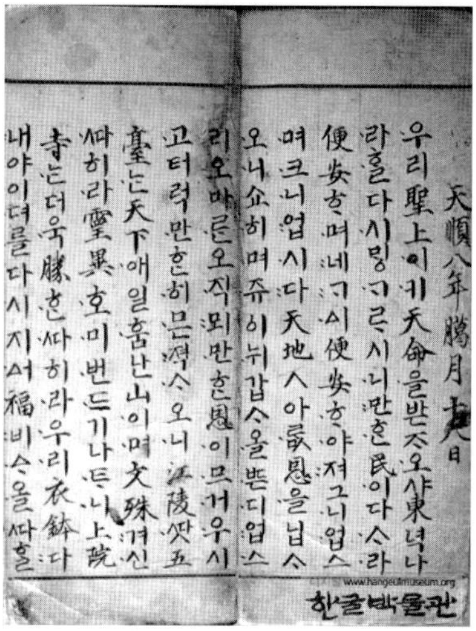

〈사진 7-13〉 세조의 상원사중창권선문

성종의 훈민정음 사용

성종 때에 이르러 훈민정음이 널리 보급되었고 실용문에도 자주 쓰이게 되었다. 성종 16년에 성종은 정부(政府)를 소집해 자신의 견해를 훈민정음으로 보였다는 기록이 있다. 이 외에도 부녀자를 상대로 하는 글이나 이들을 대상으로 한 논의를 할 때도 훈민정음을 사용했다. 성종 8년에 성종이 정음으로 폐비론을 제기한 기록이 있는 것을 보면 왕실의 부녀자들과 관련된 문제를 다룰 때는 정음을 사용한 것으로 보인다. 또, 왕실의 내전에서 정부에 의견을 낼 때도 훈민정음을 사용했다. 단종 때 혜빈 계청(啓請)이 훈민정음으로 써서 보냈으며, 명종 20년에도 대왕대비가 유교(遺敎)를 훈민정음으로 써서 대신들에게 내린 기록이 있다.

부녀자와 관련된 글

정부에 의견을 낼 때도 사용

이 외에도 편지나 일기, 노비문서, 계약서 등에서도 훈민정음을 사용했고 도장에 한글을 새기거나 화폐에 한글을 삽입하기도 하였다.

훈민정음이 보급되면서 이를 국가의 보안을 위해 사용한 경우도 있다. 우리나라의 총통술이 일본에 알려지는 것을 두려워 해 이를 모두 훈민정음을 쓰자는 견해가 나왔다. 또 중국인에게 훈

국가의 보안을 위해 사용

민정음을 가르친 사람을 국가의 비밀유지에 피해를 주었다고 하여 벌을 주기도 했다.

〈사진 7-14〉 장화홍련전

〈사진 7-15〉 김연아의 옷

조선 후기에 오면 훈민정음은 더 활발하게 사용된다.

조선조의 문자생활을 되돌아보면, 훈민정음의 실용화를 위해 세종을 비롯한 몇몇 사람은 많은 노력을 기울였지만 그 노력에 비해 성과가 크지 않아서, 한자나 이두의 사용에 비하여 크게 미흡했다. 대부분의 공문과 법령도 한자와 이두문으로 씌었고, 한글은 학습되어 사용되기는 했지만 그 보조적인 구실을 하는 데 지나지 않았다. 즉 한문을 모르는 백성들에게 한문으로 된 책을 읽히고 알리기 위하여 언해할 때 사용되었던 것이다.

한자와 이두문의 보조적인 구실

훈민정음의 창제로 조선조에는 한자, 이두와 함께 훈민정음이 사용되었는데 계층적인 차이를 반영해 훈민정음이 부녀자와 서민의 글로 인식되는 결과를 낳게 되었다. 그러나 이 후에도 훈민정음을 새겨 넣은 화폐와 노비문서 등이 사용되기도 했다. 또 부채를 만들어 거기에 문자를 새겨두기도 하였으며, 그림과 현판에도 문자를 표기해 이용하기도 하였다. 이는 훈민정음 창제 후 이를 보급시키는 데 힘을 기울였음을 보여주는 자료이다.

8. 한국의 문자생활 2 (현대)

8.1. 한글과 한자

앞에서 조선조까지의 우리 문자생활에 대해 알아보았다. 이제 20세기 우리의 문자생활은 어떠한가 알아보자.

20세기에도 우리는 대체로 훈민정음 즉 한글을 사용하여 문자생활을 영위하고 있다. 하지만 20세기의 전반기만 해도 한글 못지않게 한자도 많이 사용했다. 한글과 한자를 이용하여 문자생활을 한 실상을 살펴보면 몇 가지로 요약된다.

한자만 사용하는 방법

국한문 혼용
국한문 병용
한글전용

한자만을 사용하는 방법, 한자와 한글을 대등하게 함께 쓰는 국한문 혼용, 국한문 병용, 마지막으로 한글 전용이 이렇게 네 가지가 있다. 이 가운데 한자만을 쓰는 것은 일부 식자층에서만 사용하였으므로 국민들의 문자생활과 직접 관계한다고 할 수 없으니 제외한다 하더라도 한자와 한글을 이용한 문자생활의 실상은 세 가지로 나뉠 수 있는 것이다. 국한문 혼용은 한자와 한글을 함께 쓰는 방식을 말하며, 국한문 병용은 한글을 주로 사용하고 괄호 속에 한자를 쓰는 경우 혹은 한자를 먼저 쓰고 한글을 괄호 속에 쓰는 경우를 말한다. 예를 들면 '大韓民國이 獨立하였다.'의 경우는 국한문 혼용이고, '대한민국(大韓民國)이 독립(獨立)하였다.' 또는 '大韓民國(대한민국)이 獨立(독립)하였다.'의 경우는 국한문 병용이다.

한편으로, 최근에는 한자의 자리에 로마자가 들어와서 한글과 로마자가 혼용되는 경우를 많이 보게 된다. 예를 들면 'NGO에서, IMF로 인한' 등이 그러하다. 우리는 한글과 로마자를 혼용하는 것이 옳은지에 대해서 심각하게 생각해 봐야겠다.

개하기 자료

이제 이런 문제를 개화기의 자료를 통해서 알아보기로 하자.

독립신문
한글전용

먼저 1896년 간행된 독립신문을 보자.[74] 독립신문은 전부 한글로만 표기되어 있다는 것이 특이하다. 또한 쓴 방향이 우측 위에서 아래로 내려가는 방식을 취하고 있는데 우리는 이런 양식에 주목해야겠다. 또 신문의 내용 중 논설을 살펴보면 독립신문이 왜 한글로만 쓰는지에 대한 이야기가 나온다.

뎨일권 독닙신문 뎨일호
1896 조션 셔울 건양 원년 ᄉ월 초칠일 금요일
광고
논셜

〈사진 8-1〉 독립신문 창간호

구어와 문어에 이야기를 하도록 하겠다. 우리는 구어와 문어를 구별할 필요가 있다. 구어는 입으로 하는 말을 뜻하며 문어는 글로 쓰는 말을 뜻한다. 말은 한국어로 하면서 쓰기는 한문

구어
문어

74) 국어사에서는 1894년 갑오경장부터를 현대라고 한다. 그래서 독립신문은 현대국어의 자료라고 할 수 있다.

으로 하는 경우 전자는 구어이고 후자는 문어라 할 수 있다. 중세 서양인들 역시 말은 자신들의 말을 했지만 문자는 라틴어를 썼다. 또 우리는 '동생한테'라고 말하면서 글에서는 '동생에게'라고 표현한다. 즉, '한테'는 구어적인 표현이고 '에게'는 문어적인 표현이다. 예를 하나 더 살펴보면 실제 말에서는 '비가 오니까, 우산을 가져가거라.'라고 말하면서, 글에서는 '비가 오므로 우산을 가져가거라.'라고 쓸 수도 있다.[75] 위의 예처럼 말과 글이 일치 하지 않는 경우는 언문 불일치라 하고, 말과 글이 일치하는 경우는 언문일치라고 할 수 있다.

언문불일치
언문일치

참고자료인 1898년 황성신문을 참고하자. 논설 부분을 보면 한자와 한글을 함께 쓴다는 것을 알 수 있다. 즉 국한 혼용이다. 앞에서 살펴본 독립신문은 국문 전용이나, 황성신문의 경우는 국한 혼용이라는 점이 차이점이다.

大韓光武二年九月五日月曜日

陰曆戊戌七月二十日 (一)

皇城新聞

光武二年三月八日農商工部認可

每日刊行 第一卷 第一號

論說

〈사진 8-2〉 황성신문

독립신문의 다른 면을 보면 로마자가 쓰여 있음을 보게 되는데, 그 부분은 주로 광고이다. 또한 우리는 한글을 세로로 썼다는 것과 '~있더라' 등과 같은 형식의 문장을 쓰고 있다는 것도

---

75) 요즘은 이 구어와 문어라는 말을 입말과 글말이라고도 한다.

유심히 살펴보아야겠다. 한글로만 쓴 독립신문에 로마자가 있다는 것에도 주의를 기울여 볼 필요가 있다.

우에서 좌로 쓰는 방식
좌에서 우로 쓰는 방식
지그재그 방식
우상에서 좌하로 가는 방식
좌상에서 우하로 가는 방식

앞에서 살펴본 자료들을 바탕으로 하여 표기방식 중 서사(書寫) 방향을 보도록 하자. 서사 방향은 ① 우에서 좌로 쓰는 방식, ② 좌에서 우로 쓰는 방식, ③ 지그재그 방식, ④ 우상에서 좌하로 가는 방식, ⑤ 좌상에서 우하로 가는 방식 등이 있다.

세로쓰기(종서)
가로쓰기(횡서)

우리가 한자를 사용한 때에는 대체로 우상에서 좌하의 방향으로 써 나갔고 한글을 사용한 때에도 이에 준하여 써 내려갔다. 즉 세로쓰기(종서)를 했던 것이다. 그러나 요즘은 가로쓰기(횡서)를 많이 한다.[76] 좌에서 우로 쓰는 횡서 방식은 눈동자의 움직임이 세로보다 수월하다는 장점을 지닌다.

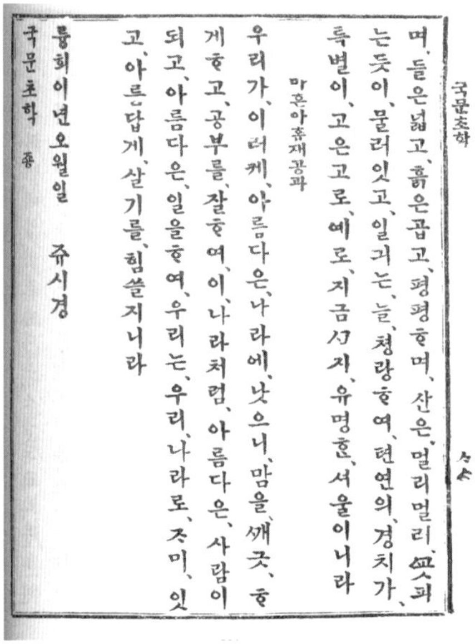
국문초학
며, 들은넓고, 흙은곱고, 평평ᄒᆞ며, 산은, 멀리멀리, ᄯᅩ쇠
는듯이, 물러잇고, 일ᄀᆞ는, 늘, 청량ᄒᆞ여, 텬연의, 경치가,
특별이, 고은고로, 예로, 지금ᄭᅡ지, 유명ᄒᆞᆫ, 서울이니라
마흔아홉재공과
우리가, 이러케, 아름다은, 나라에, 낫으니, 맘을, ᄭᆡ긋, ᄒᆞ
게ᄒᆞ고, 공부를, 잘ᄒᆞ여, 이, 나라처럼, 아름다은, 사람이
되고, 아름다은, 일을ᄒᆞ여, 우리는, 우리, 나라로, ᄌᆞ미, 잇
고, 아름답게, 살기를, 힘쓸지니라
륭희이년오월일 쥬시경
국문초학 종

〈사진 8-3〉 주시경의 국문초학

76) 현대 우리는 좌에서 우로 쓰는 가로쓰기가 거의 대부분이다. 하지만 일본은 종서도 많이 사용한다. 서사 방향도 한 가지만으로 획일화할 것이 아니라 필요에 따라 다양한 방법을 택하는 것도 필요할 것으로 생각한다.

주시경 선생의 <국문초학>에서 종서에 대해 알아보자.

훈민정음은 세로쓰기와 가로쓰기를 모두 가능하게 하는데 특히 좌에서 우로 쓰는 가로쓰기도 가능하게 한다.[77] 여기서는 세로쓰기를 하고 있음을 볼 수 있다. 여기서 보는 바와 같이 이 때는 띄어 쓰지 않았음을 알 수 있는데, 「훈민정음」에는 구두점(句讀點)을 사용하여 띄어 쓰는 효과를 나타내었다. 그리고 주시경 선생의 경우도 역시 이 방식을 취하고 있는데 <한나라말>이란 책을 보면 세로쓰기와 띄어쓰기의 역할을 하는 점을 볼 수 있다.

훈민정음은 세로쓰기와 가로쓰기 모두 가능

아래의 '익힘에 주는 글'(졸업장)을 살펴보도록 하자. 종서로 쓰인 이 문서는 당시만 해도 훈민정음의 모습이 남아 있음을 보여주는 사례이다. 나중에 주시경 선생은 한글의 풀어쓰기를 주장하였다. 타자기(타이프라이터)를 사용하려면, 로마자의 경우는 한 글자씩 가로로 쓰면 되니까 쓰기가 편하나, 한글은 복잡하게 초·중·종성을 합하여 음절로 써야 하므로 한글의 기계화를 위해 풀어 쓸 필요가 있다는 것이다. 이런 이유에서 나온 것이 <사진 8-5>이다.

풀어쓰기

익힘에주는글
崔鉉奭
인는명치사십사년구월로붙어사
십오년삼월까지죠션말을익히엇
기로이를보이어이글을줌이라
익힌것
소리
씨난
짬단
익힘
명치사십오년삼월삼십일일
죠션어강습원
원장 남형우
강사 쥬시경

〈사진 8-4〉 익힘에주는글

77) 로마자의 경우는 좌에서 우로 쓰는 가로쓰기가 주이며 세로쓰기나 우에서 좌로의 가로쓰기 예는 거의 볼 수 없다.

〈사진 8-5〉 맞힌보람(졸업장)

이러한 주시경 선생의 풀어쓰기를 더욱 강화하고 발전시킨 사람은 최현배 선생이다. 「글자의 혁명」이나 「가로글씨 독본」 등을 통해 한글의 글자체를 새로 고안하는 등 많은 노력을 기울였다.

최현배

위의 졸업장을 보면서 풀어쓰기와 가로쓰기에 대해 알아보도록 하자. 최현배 선생은 가로쓰기를 위해 4개의 글자체를 고안하였는데 '큰 박음, 작은 박음, 큰 흘림, 작은 흘림'이 그것이다. 박음체는 인쇄체를 뜻하는 것이고 흘림체는 필기체를 뜻한다. 훈민정음의 'ㄴ, ㄷ, ㅌ, ㄹ'에서 우리는 이 글자들이 같은 계통의 글자임을 알 수 있으나, 최현배 선생의 문자체에서는 이를 알 수 없다.

4개의 글자체를 고안

가로글씨의 예를 한번 살펴보자. '가, 갸, 거, 겨' 등을 살펴보면 로마자와 형태가 비슷하다. 「가로글씨 독본」에 나와 있는 김소월의 '진달래꽃'을 또 다른 예시로 볼 수 있다. 여기서 가로글씨로 되어 있는 위의 기록과 우리가 현용하는 글자로 되어 있는 아래의 기록 중에서 어느 것이 더 복잡하고 인식하기 어려운지는 명약관화하다. 쓰기는 간편하지만 원하는 것을 다 표현할 수 있다면 그것이 가장 효율적인 문자생활임을 웅변하는 장면이다.

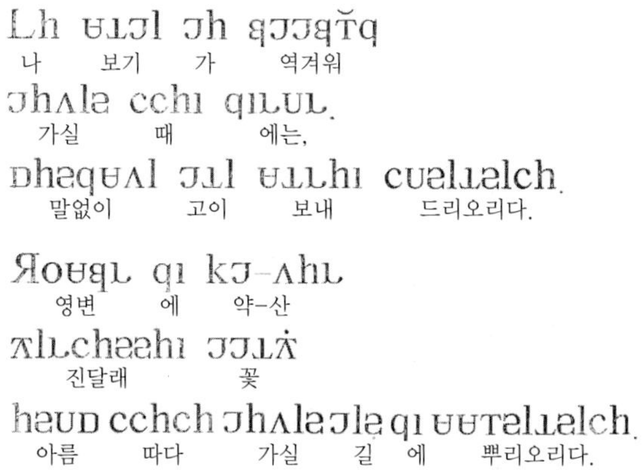

〈사진 8-6〉 가로글씨 독본의 예(진달래꽃)

20세기 후반기의 문자생활

한자의 자리를 로마자가 차지
다양한 문자가 사용되고 있음

지금까지 20세기 전반기의 문자생활을 봤으니 이번에는 후반기인 최근의 문자생활을 보자. 현재 우리들의 문자생활을 가만히 살펴보면, 우리의 문자생활에서 밀려난 한자의 자리를 로마자가 차지하고 있음을 알 수 있다. 심지어는 한글과 로마자와 한자가 동시에 사용된 예도 얼마든지 볼 수 있다. 현대 우리의 문자생활은 이렇게 다양한 문자를 사용하고 있는 것이다.

〈사진 8-7〉 거리의 간판

새로운 상형문자가 등장

뿐만 아니라, 현대에는 새로운 상형문자[78]가 등장하고 이를 많은 사람들이 여러 곳에서 즐겨 사용하고 있음을 본다. '주차 금지'나 '추월 금지'와 같은 교통 표지판이나 운동경기 표지판 등을 예로 들 수 있고, 고속도로 휴게소, 옷에 달려있는 세탁 방법에 대한 표시 등도 이에 속한다. 그 중에서 교통표지판을 보면, 갈고리 모양(삼거리), 작업 표시, 버스 통행금지, 어린이 보호구역 등이 있는데 이런 것들은 상형문자처럼 쓰이고 있다.

〈사진 8-8〉 도로표지판

78) 문자란 언어 단위와 대응이 되어야 되고, 이것이 어떤 장소에서든지 같은 의미로 사용되어야 한다. 그러므로 그것들을 문자라 할 수는 없고 '상형기호'라고 함이 옳을지 모른다.

〈사진 8-9〉 픽토그램(스포츠)

인터넷에 상형문자를 사용함

현대인들은 컴퓨터와 이를 통해 인터넷을 많이 사용하는데, 그 속에서도 상형문자로 보이는 이모티콘이 있다. ^o^ (^l^) (^^)v 등은 즐거움을 나타내고, :-)는 기쁘다, :-(는 우울하다, (>_<) -..- 등은 기분 나쁨을, @@ :-()는 놀랍다는 뜻을 나타내고 있다. <-_-> 무표정, (u_u) 시무룩, 생쥐, 오징어, 돼지 등을 나타내는 기호도 있다. 이런 것들이 현대의 상형문자처럼 보이는 기호이다.

^o^ (^l^) (^^)v

:-) :-((>_<) -..-

〈사진 8-10〉 이모티콘의 일종

인터넷상에서 행해지는 채팅을 살펴보면, '방가, 안뇽, 넘해, 알바, 하셈'이라는 표현을 볼 수 있다. 가능하면 빨리 말하고자 하여 줄인 것으로 보인다. 이들 중 처음 나오는 글자 둘을 따서 만든 단어를 두자어(頭字語)라고 하는데 예를 들면 '열공, 즐팅' 등이 그러하다. 이는 짧은 시간에 하고 싶은 이야기를 다하고자 하는 현상이라고 설명할 수 있는데 이러한 현상은 예전에도 있었으니 '옥떨메(옥상에서 떨어진 메주), 개나발(개인과 나라의 발전을 위하여), 화백(화려한 백수)' 등이 두자어의 예들이다.

'두자어'를 사용함

이제 이-메일(e-mail)을 살펴보도록 하자. 채팅에서와 마찬가지로 여기서도 빠르고 간편하게 자판을 두드리기 위해 shift키를

누르지 않거나, 보이지 않는 상대에게 많은 감정적 정보를 제공하기 위해 부호나 특이한 문자를 사용하는 특징이 있다. (예) ......, ::, @@, ^_^, ~~, 봤→봣, ㅜ.ㅜ

그리고, '든구있다가(구어체), 컴터(줄인 것), 욥(컴퓨터상의 새로운 문어), 떠 빼고 어케되나요' 등을 쓰는 경우도 있다. '글구, 쥬' 등은 역시 컴퓨터상에서만 나오는 것인데, 이러한 어휘들은 인터넷상에서 새롭게 등장하는 문어(文語)라고 설명할 수 있다. 우리의 문자생활에서 이런 것이 바람직한지는 깊이 고려해 봐야겠다.

8.2. 정서법

한글맞춤법
표준어 규정
외래어 표기법
국어의 로마자 표기법

국어의 정서법에는 네 가지 규정이 있는데, '① 한글맞춤법, ② 표준어 규정, ③ 외래어 표기법, ④ 국어의 로마자 표기법'이 그것이다. 이 네 가지 어문 규정은 정부에서 공식적으로 공포한 일종의 법률적이다. '한글맞춤법'은 우리 국어를, 한글을 수단으로 하여 어떻게 표기하는가를 규정해 놓은 것이다. '표준어 규정'은 어떤 어휘들을 표준어로 인정하는가와 이들의 올바른 발음은 어떤 것인가를 규정해 둔 것이다. 세계 각국의 말을 우리 한글로 어떻게 표기할 것인가는 '외래어 표기법'에서 규정하고 있고, 우리 국어를 로마자로 표기하는 방법은 '국어의 로마자 표기법'에 나와 있다.

이제 네 가지 어문 규정을 차례로 검토해 보자.

8.2.1. 한글맞춤법

1933년에 조선어학회에서 "한글마춤법 통일안"을 제정하여 국민의 문자생활에 통일성을 기하려 하였고, 그 후 몇 차례의 수정과 보완을 거쳤다. 그러다가 1987년 정부에서 '한글맞춤법'을 공포하고 1988년부터 이 규정에 의해 우리의 문자생활이 영위되고 있는 것이다.

1933년에 조선어학회 "한글마춤법 통일안"
↓
1987년 정부에서 '한글맞춤법'을 공포
↓
1988년부터 사용

'한글맞춤법'은 모두 6장 57항으로 되어 있고 '문장부호'에 대한 규정이 부록으로 실려 있다. 먼저 '한글맞춤법' 총칙에 대해 알아보도록 하자.

> 총칙
>
> 제1항 한글 맞춤법은 표준어를 소리대로 적되, 어법에 맞도록 함을 원칙으로 한다.
>
> 제2항 문장의 각 단어는 띄어 씀을 원칙으로 한다.
>
> 제3항 외래어는 '외래어 표기법'에 따라 적는다.

한글맞춤법의 가장 큰 원칙은 표준어를 소리대로 적는다는 것이다.

한글 맞춤법
표준어를 소리대로 적는다

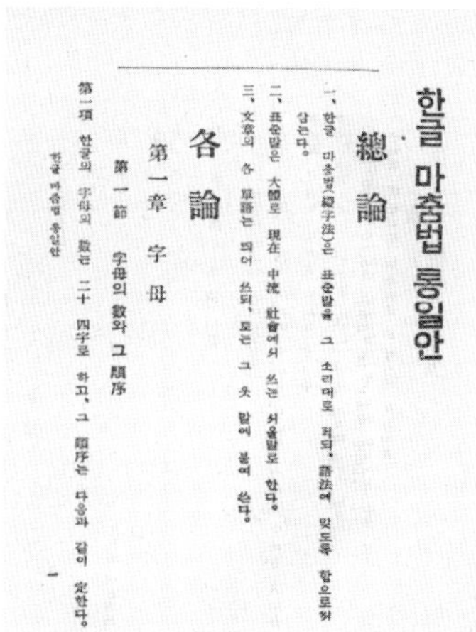
한글 마춤법 통일안

總論

一, 한글 마춤법(綴字法)은 표준말을 그 소리대로 적되, 語法에 맞도록 함으로써 原則을 삼는다。
二, 표준말은 大體로 現在 中流 社會에서 쓰는 서울말로 한다。
三, 文章의 各 單語는 띄어 쓰되, 토는 그 웃 말에 붙여 쓴다。

各論

第一章 字母

第一節 字母의 數와 그 順序

第一項 한글의 字母의 數는 二十四字로 하고, 그 順序는 다음과 같이 定한다。

한글 마춤법 통일안 一

〈사진 8-11〉 한글 마춤법 통일안(1933)

어법에 맞게 적는다

그런데 같은 뜻을 가진 것이 환경에 따라 달리 소리날 때 이를 소리대로 적지 않고 어법에 맞게 즉, 모양을 같이 하여 적는다는 것이다. 다음 예를 참고로 보기 바란다.

> 듣다 : '듣고'[듣꼬], '들으니'[드르니], '들어라'[드러라] ⇒ 소리대로 적음
> 먹다 : '먹고'[머꼬], '먹는'[멍는], '먹어라'[머거라] ⇒ 어법에 맞게 적음

단어는 모두 띄어 쓴다. 조사는 띄어 쓰지 않는다

단어는 모두 띄어 쓴다고 규정하고 있으나 학교문법에서 단어로 인정하고 있는 조사는 띄어 쓰지 않는다.

된소리

> 제1절 된소리
> 제5항 한 단어 안에서 뚜렷한 까닭 없이 나는 된소리는 다음 음절의 첫소리를 된소리로 적는다.
> 1. 두 모음 사이에서 나는 된소리
> 소쩍새 어깨 오빠 으뜸 아끼다 기쁘다 깨끗하다
> 2. 'ㄴ, ㄹ, ㅁ, ㅇ' 받침 뒤에서 나는 된소리
> 산뜻하다 잔뜩 살짝 훨씬 담뿍 움찔 몽땅 엉뚱하다
> 다만, 'ㄱ, ㅂ' 받침 뒤에서 나는 된소리는 같은 음절이나 비슷한 음절이 겹쳐 나는 경우가 아니면 된소리로 적지 아니한다.
> 국수 깍두기 딱지 색시 싹둑(~싹둑) 법석 갑자기 몹시

'소쩍새. 어깨, 거꾸로' 등은 모음과 모음 사이임에도 불구하고 된소리로 발음되고 '산뜻하다, 살짝, 담뿍' 등은 'ㄴ, ㄹ, ㅁ, ㅇ'과 모음 사이인데도 불구하고 된소리로 발음되는데 그 음운적 이유를 밝힐 수 없으므로 된소리를 밝혀서 적는다.

다만 'ㄱ, ㅂ' 받침 뒤의 자음이 된소리로 소리 나는 '깍두기,

색시, 법석' 등의 경우는 음운론적 설명이 가능하므로 된소리로 적지 않는다.79)

제5절 두음 법칙
제11항 한자음 '랴, 려, 례, 료, 류, 리'가 단어의 첫머리에 올 적에는 두음 법칙에 따라 '야, 여, 예, 요, 유, 이'로 적는다.
양심(良心)-×량심 역사(歷史)-×력사 용궁(龍宮)-×룡궁 이발(理髮)-×리발
다만, 다음과 같은 의존 명사는 본음대로 적는다.
리(里) : 몇 리냐? 리(理) : 그럴 리가 없다.
다만, 모음이나 'ㄴ' 받침 뒤에 이어지는 '렬', '률'은 '열', '율'로 적는다.
나열(羅列)-×나렬 진열(陳列)-×진렬 비열(卑劣)-×비렬 분열(分裂)-×분렬
[붙임 2] 접두사처럼 쓰이는 한자가 붙어서 된 단어는 뒷말을 두음 법칙에 따라 적는다.
내내월(來來月) 상노인(上老人) 중노동(重勞動) 비논리적(非論理的)

두음 법칙

두음 법칙은 'ㄴ, ㄹ'로 시작되는 한자음이 단어 첫머리에 올 때에 'ㅇ'으로 적는 것이다. 이 때 예외적으로 의존명사 '냥(兩), 년(年), 리(里, 理)' 등은 한자어임에도 불구하고 소리대로 적는다.

의존명사 '냥, 년, 리' 등은 한자어임에도 불구하고 소리대로 적는다

모음이나 ㄴ 받침 뒤에서는 '렬, 률'이 '열, 율'로 발음되므로 소리대로 적도록 한다.

제6절 겹쳐 나는 소리
제13항 한 단어 안에서 같은 음절이나 비슷한 음절이 겹쳐 나는 부분은 같은 글자로 적는다. (앞을 취하고 뒤를 버림.)
딱딱-×딱닥 씩씩-×씩식 밋밋하다-×민밋하다
유유상종(類類相從)-×유류상종

79) 같은 음절이나 비슷한 음절이 반복되는 경우는 제13항을 참조할 것.

'ㄱ, ㅂ' 뒤에서는 나는 된소리는 적지 않지만 같은 음절이나 비슷한 음절이 겹쳐지면서 나는 된소리는 위의 예와 같이 된소리로 적는다. '똑딱똑딱, 연연불망'도 이와 마찬가지로 소리대로 적는다.

명사화 접미사 '-이'
'-음'
부사화 접미사 '-이'
'-히'

> 제3절 접미사가 붙어서 된 말
>
> 제19항 어간에 '-이'나 '-음/-ㅁ'이 붙어서 명사로 된 것과 '-이'나 '-히'가 붙어서 부사로 된 것은 그 어간의 원형을 밝히어 적는다.
>
> 1. '-이'가 붙어서 명사로 된 것
>
> 길이 깊이 높이 다듬이 땀받이 먹이 미닫이 살림살이
>
> 2. '-음/-ㅁ'이 붙어서 명사로 된 것
>
> 걸음 묶음 믿음 얼음 엮음 울음 웃음 졸음 죽음 앎 만듦
>
> 3. '-이'가 붙어서 부사로 된 것
>
> 같이 굳이 길이 높이 많이 실없이
>
> 4. '-히'가 붙어서 부사로 된 것
>
> 밝히 익히
>
> 다만, 어간에 '-이'나 '-음'이 붙어서 명사로 바뀐 것이라도 그 어간의 뜻과 멀어진 것은 그 원형을 밝히어 적지 아니한다.
>
> 목거리(목병) 코끼리 고름[膿] 노름(도박)

본래의 뜻에서 멀어진 것은 어간을 밝혀 적지 않음

한글맞춤법 19항을 보면 '-이, -음/-ㅁ'이 붙어서 명사로 된 것과 '-이, -히'가 붙어서 부사가 된 것은 어간과 어미(접미사)를 구별하여 적는다. 다만 '-음, -이, -히'가 붙어서 명사(나 부사)가 된 경우라도 본래의 뜻에서 멀어진 것은 어간을 밝혀 적고 있지 않음을 알 수 있다.

그리고 어간에 '-이'나 '-음' 외의 모음으로 시작되는 접미사가 붙어서 명사로 된 경우에는 어간을 밝혀 적지 않는다. 그래서

'귀머거리, 너머, 마개, 무덤' 등은 어간을 밝혀서 적지 않고 소리대로 적는다.

> 第21항 명사나 혹은 용언의 어간 뒤에 자음으로 시작된 접미사가 붙어서 된 말은 그 명사나 어간의 원형을 밝히어 적는다.
>
> 1. 명사 뒤에 자음으로 시작된 접미사가 붙어서 된 것
>
> 값지다 넋두리 빛깔 옆댕이 잎사귀
>
> 2. 어간 뒤에 자음으로 시작된 접미사가 붙어서 된 것
>
> 낚시 뜨개질 굵직하다 깊숙하다 넓적하다 늙수그레하다
>
> 다만, 다음과 같은 말은 소리대로 적는다.
>
> (1) 겹받침의 끝소리가 드러나지 아니하는 것
>
> 할짝거리다 널따랗다 널찍하다 말끔하다 말쑥하다 말짱하다
>
> (2) 어원이 분명하지 아니하거나 본뜻에서 멀어진 것
>
> 넙치 올무 골막하다 납작하다

자음으로 시작된 접미사

모음과는 달리, 자음으로 시작되는 접미사의 경우는 어간을 밝혀 적고 있다. 그런데 이 경우에도 '널찍하다' 등과 같이 자음이 발음되지 않거나 의미가 달라진 경우는 어원을 밝혀 적지 않는다.

사이시옷
고유어
합성어

제30항 사이시옷은 다음과 같은 경우에 받치어 적는다.
1. 순 우리말로 된 합성어로서 앞말이 모음으로 끝난 경우
(1) 뒷말의 첫소리가 된소리로 나는 것
고랫재 귓밥 나룻배 나뭇가지 맷돌 머릿기름 핏대 혓바늘
(2) 뒷말의 첫소리 'ㄴ, ㅁ' 앞에서 'ㄴ' 소리가 덧나는 것
멧나물 아랫니 텃마당 아랫마을 뒷머리 잇몸 냇물 빗물
(3) 뒷말의 첫소리 모음 앞에서 'ㄴㄴ'소리가 덧나는 것
뒷윷 뒷일 베갯잇 깻잎 나뭇잎 댓잎
2. 순 우리말과 한자어로 된 합성어로서 앞말이 모음으로 끝난 경우
(1) 뒷말의 첫소리가 된소리로 나는 것
귓병 머릿방 뱃병 아랫방 자릿세 전셋집 찻잔 콧병
(2) 뒷말의 첫소리 'ㄴ, ㅁ' 앞에서 'ㄴ' 소리가 덧나는 것
곗날 제삿날 훗날 툇마루 양칫물
(3) 뒷말의 첫소리 모음 앞에서 'ㄴㄴ'소리가 덧나는 것
가욋일 사삿일 예삿일 훗일
3. 두 음절로 된 다음의 한자어
곳간(庫間) 셋방(貰房) 숫자(數字) 찻간(車間) 툇간(退間) 횟수(回數)

앞의 말이 모두 모음으로 끝났을 경우

사이시옷을 붙이는 경우는 세 가지 조건이 충족되어야 한다. 순 우리말로 된 합성어[80]이거나 합성어를 이루는 단어 중 하나는 고유어라야 한다. 그리고 이 때 앞의 말이 모두 모음으로 끝났을 경우에만 사이시옷을 붙일 수 있다. 따라서 합성어가 아닌 '해-님'의 경우는 시옷을 적지 않는다.

곳간, 셋방, 숫자, 찻간, 툇간, 횟수'

'곳간, 셋방, 숫자, 찻간, 툇간, 횟수'는 두 음절로 된 한자어지만 'ㅅ'을 받침으로 적는다. 그 이유는 '횟수'와 '회수'의 경우처

80) 단어와 단어가 합하여 한 단어가 된 것이다. 예) 모깃불, 머릿기름, 밤낮,

럼 혼동을 피하게 위함이다. '전세방, 기차간'의 경우는 혼동의 염려가 없으므로 'ㅅ'을 적지 않는다.

제40항 어간의 끝음절 '하'의 'ㅏ'가 줄고 'ㅎ'이 다음 음절의 첫소리와 어울려 거센소리로 될 적에는 거센소리로 적는다.(앞은 본말, 뒤는 준말) 간편하게-간편케 다정하다-다정타 정결하다-정결타 가하다-가타 [붙임 1] 'ㅎ'이 어간의 끝소리로 굳어진 것은 받침으로 적는다. 않다 않고 않지 않든지 그렇다 그렇고 그렇지 그렇든지 [붙임 2] 어간의 끝음절 '하'가 아주 줄 적에는 준 대로 적는다.(앞은 본말, 뒤는 준말) 거북하지-거북지 생각하다 못하여-생각다 못해 못하지 않다-못지않다 [붙임 3] 다음과 같은 부사는 소리대로 적는다. 결단코 결코 기필코 무심코 요컨대 정녕코 필연코 하여튼

준말

규정 40항을 보면, '하'가 축약되어서 나타나는 경우가 있다. 이는 'ㅎ'이 다음 음절의 첫소리와 어울려 거센소리로 되는 경우로, '하' 앞은 모두 유성음이다. '하'가 통째로 발음되지 않는 경우도 있는데, 이는 앞의 음이 폐쇄음인 경우이다. 그래서 '거북하다'의 경우는 '거북다. 거북지'로 나타난다. 이는 소리대로 적는다는 원칙을 지킨 것이다. 또 부사로 쓰이는 '결단코, 결코' 등은 소리 나는 대로 굳어져 소리대로 적는다.

유성음
무성음

띄어쓰기
의존명사

> 제2절 의존 명사, 단위를 나타내는 명사 및 열거하는 말 등
>
> 제42항 의존 명사는 띄어 쓴다.
>
> 아는 것이 힘이다. 나도 할 수 있다. 먹을 만큼 먹어라.
>
> 제43항 단위를 나타내는 명사는 띄어 쓴다.
>
> 한 개, 차 한 대, 금 서 돈, 소 한 마리, 옷 한 벌, 연필 한 자루
>
> 다만, 순서를 나타내는 경우나 숫자와 어울리어 쓰이는 경우에는 붙여 쓸 수 있다.
>
> 두시 삼십분 오초 제일과 삼학년 1446년 10월 9일 2대대
>
> 제44항 수를 적을 적에는 '만(萬)' 단위로 띄어 쓴다.
>
> 십이억 삼천사백오십육만 칠천팔백구십팔 12억 3456만 7898

순서를 나타내는 경우나 숫자와 어울리어 쓰이는 경우는 붙여 써도 좋고 띄어 써도 좋다. 단, '제일과'와 같은 경우는 '제 1과'가 아닌 '제1 과'로 쓰는 것이 규정에 맞다.

성과 이름, 성과 호는 붙여 쓰고 호칭어와 관직명 등은 띄어 쓴다

성과 이름, 성과 호는 붙여 쓰고 이에 덧붙는 호칭어와 관직명 등은 띄어 쓴다. '김양수, 서화담, 채영신 씨, 박동식 선생'과 같다. 단, '남궁억'의 경우는 '남궁 억'으로 써도 된다.

'-이'
'-히'

> 제51항 부사의 끝음절이 분명히 '이'로만 나는 것은 '-이'로 적고, '히'로만 나거나 '이'나 '히'로 나는 것은 '-히'로 적는다.
>
> 1. '이'로만 나는 것
>
> 가까이 고이 날카로이 대수로이 번거로이 많이 헛되이 겹겹이 번번이
>
> 2. '히'로만 나는 것
>
> 극히 급히 딱히 속히 작히 족히 특히 엄격히 정확히
>
> 3. '이, 히'로 나는 것
>
> 솔직히 가만히 간편히 각별히 소홀히 능히 당당히 분명히

부사의 끝음절이 '이'로만 소리 나는 것은 '이'로 적고 '히'로만 소리 나거나 '이'나 '히'로 나는 것은 '히'로 적는다. 이는 소리대로 적는 규정에 의한 것이다.

> 第53항 다음과 같은 어미는 예사소리로 적는다.
>
> -(으)ㄹ거나-×-(으)ㄹ꺼나, -(으)ㄹ걸-×-(으)ㄹ껄 -(으)ㄹ게-×-(으)께
>
> 다만, 의문을 나타내는 다음 어미들은 된소리로 적는다.
>
> -(으)ㄹ까? -(으)ㄹ꼬? -(스)ㅂ니까? -(으)리까? -(으)ㄹ쏘냐?

어미는 모두 된소리로 적지 않음을 원칙으로 한다, 단, 의문을 나타내는 어미는 '-ㄹ까, -ㄹ꼬, -ㅂ니까, -리까, -ㄹ쏘냐'의 경우는 된소리로 적는다.

의문을 나타내는 어미는 된소리로 적는다

> 第54항 다음과 같은 접미사는 된소리로 적는다.
>
> 심부름꾼-×심부름군 일꾼-×일군 볼때기-×볼대기 뒤꿈치-×뒤굼치 팔꿈치-×팔굼치 빛깔-×빛갈 이마빼기-×이마배기 객쩍다-×객적다

위에서 살펴본 '-꾼, -때기, -꿈치, -깔, -빼기' 등과 같은 접미사는 된소리로 적는다. 우리가 사용하는 말 중에 '곱빼기'는 접미사여서 된소리로 것이 아니라 '곱으로 빼다'라는 의미로 인해서 된소리로 적는 것이다. '뚝배기'의 경우 '배기'는 된소리로 적지 않는 접미사이다.

-꾼, -때기, -꿈치, -깔, -빼기

8.2.2. 표준어 규정

1부 '표준어 사정 원칙'
2부 '표준발음법'

1933년 '한글마춤법 통일안'에 표준어에 대한 내용이 언급되어 있었는데 이에 따라 표준어를 사정한 것이 1936년에 공포되었다. 그 후 1987년에 '표준어 규정'이란 법률로 제정되어 1988년부터 효력을 발휘하게 되었다. '표준어 규정'은 1부 '표준어 사정 원칙'과 2분 '표준발음법'으로 구성되어 있다.

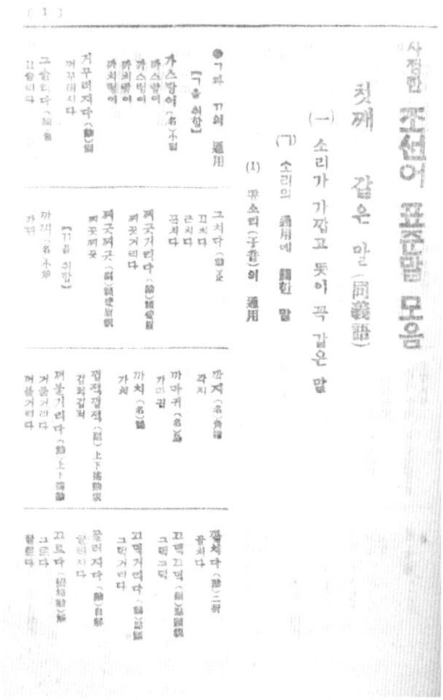
[1]

사정한 조선어 표준말 모음

첫째 같은 말(同義語)

(一) 소리가 가깝고 뜻이 꼭 같은 말

(ㄱ) 소리의 通用에 關한 말

(1) 꽃소리(子音)의 通用

〈사진 8-12〉 조선어 표준말 모음

먼저 표준어 규정의 총칙을 보자.

> 제1장 총칙
>
> 제1항 표준어는 교양 있는 사람들이 두루 쓰는 현대 서울말로 정함을 원칙으로 한다.
>
> 제2항 외래어는 따로 사정한다.

교양 있는 사람 : 인적 요소

표준어 규정 제1항에는 '교양 있는 사람, 현대, 서울말'이란 세 가지 기준을 규정하고 있는데, 이는 인적, 시간적, 지역적 요소와 관련된 것이라 하겠다.

현대 : 시간적 요소
서울말 : 지역적 요소

> 제2장 발음의 변화에 따른 표준어
>
> 제1절 자음
>
> 제5항 어원에서 멀어진 형태로 굳어져서 널리 쓰이는 것은 그것을 표준어로 삼는다.
>
> 강낭콩(×강남콩), 사글세(×삭월세), 고삿(×고샅)
>
> 다만, 어원적으로 원형에 더 가까운 형태가 아직 쓰이고 있는 경우에는, 그것을 표준어로 삼는다.
>
> 갈비(×가리), 적이(×저으기), 휴지(×수지)
>
> 제6항 다음 단어들은 의미를 구별함이 없이, 한 가지 형태로만을 표준어로 삼는다.
>
> 돌(×돐), 빌리다(×빌다), 둘째(×두째)
>
> 다만, '둘째'는 십 단위 이상의 서수사에 쓰일 때 '두째'로 한다.
>
> 열두째, 스물두째

언어의 변화에 따라 표준어도 새롭게 사정되어야 하는데, 예를 들면, 원래 '강남콩'이었지만 '강낭콩'으로 발음하므로 그것을 표준어로 인정하자는 것이다. '빌리다'의 경우, 일반적으로 '이 자리를 빌어'라고 많이 쓰지만 '이 자리를 빌려'로 말하는 것이 올바른 표현이 된다.

언어의 변화에 따라 표준어도 새롭게 사정되어야 함

제7항 수컷을 이르는 접두사는 '수-'로 통일한다. 수꿩(×수퀑, ×숫꿩), 수놈(×숫놈), 수소[81](×숫소), 수사돈(×숫사돈) 다만1. 다음 단어에서는 접두사 다음에서 나는 거센소리를 인정한다. 접두사 '암-'이 결합되는 경우에도 이에 준한다. 수캉아지(×숫강아지), 수캐(×숫개), 수컷(×숫것), 수키와(×숫기와), 수탉(×수닭), 수탕나귀(×수당나귀), 수평아리(×수병아리), 수퇘지(×수돼지) 다만2. 다음 단어의 접두사는 '숫-'으로 한다. 숫양, 숫염소, 숫쥐

'수-' 와 '숫-'이 혼동되어 쓰이던 것을 '수-'로 통일했다.(수벌, ×수펄, ×숫벌) 하지만 '수캉아지, 수캐' 등은 '수-'가 가지고 있던 'ㅎ'이 발음되는 것을 인정하여 뒤 자음을 유기음으로 표기하도록 하였다. 다만 '숫양, 숫염소, 숫쥐'는 '순냥', '순념소', '수쮜'로 발음되므로 ㄴ이 첨가되거나 뒤 자음이 경음으로 발음되는 것을 인정하여 '숫'으로 적기로 하였다.

ㄴ이 첨가되거나 뒤 자음이 경음으로 발음되는 것은 '숫'으로 적음

제8항 양성 모음이 음성 모음으로 바뀌어 굳어진 다음 단어는 음성 모음 형태를 표준어로 삼는다. 깡충깡충(×깡총깡총), -둥이(×-동이) 보퉁이(×보통이), 오뚝이(×오똑이), 주추(×주초) 다만, 어원 의식이 강하게 작용하는 다음 단어에는 양성 모음 형태를 그대로 표준어로 삼는다. 부조(×부주), 사돈(×사둔), 삼촌(×삼춘)

'-둥이'는 언어의 변화를 인정

이 항도 언어의 변화를 인정한 것인데, '-둥이'의 어원은 한자어 '童이'에서 기원하였지만 이미 「-둥이」로 발음하므로 이를 반

81) '황소'도 표준어이다

영한 것이다. '막둥이, 쌍둥이, 검둥이, 흰둥이, 바람둥이' 등을 예로 들 수 있다. 그러나 '부조, 사돈, 삼촌'은 [부주, 사둔, 삼춘]으로 발음하는 경우가 많지만 아직도 그 어원을 강하게 인식하고 있으므로 그대로 두기로 하였다.

> 제9항 'ㅣ' 역행 동화 현상에 의한 발음은 원칙적으로 표준 발음으로 인정하지 아니하되, 다만 다음 단어들은 그러한 동화가 적용된 형태를 표준어로 삼는다.
>
> -내기(×-나기), 냄비(×남비)
>
> [붙임1] 다음 단어는 'ㅣ'역행동화가 일어나지 아니한 형태를 표준어로 삼는다.
>
> 아지랑이(×아지랭이)
>
> [붙임2] 기술자에게는 '-장이', 그 외에는 '-쟁이'가 붙는 형태를 표준어로 삼는다.
>
> 미장이, 유기장이: 멋쟁이, 소금쟁이, 담쟁이-덩굴, 골목쟁이, 발목쟁이

역행 동화

'서울내기, 신출내기, 풋내기'와 같이 모음이 'ㅣ' 역행 동화한 경우도 표준어로 인정하고 있다. '-장이'와 '-쟁이'의 경우는 '미장이, 유기장이'와 같이 전문가 또는 기술자를 두고 칭하는 것일 때는 '-장이'를, '멋쟁이, 소금쟁이' 등과 같이 기술을 요하는 일이 아닌 경우는 '-쟁이'를 쓰기로 한다. 그러면, '점쟁이'와 '점장이'는 어느 쪽이 표준어일까? 특별한 기술자가 아니라고 보기 때문에 '점쟁이'를 표준어로 인정한다.

-장이
-쟁이

제11항 다음 단어에서는 모음의 발음 변화를 인정하여, 발음이 바뀌어 굳어진 형태를 표준어로 삼는다.
나무라다(×나무래다), 미수(×미시), 바라다(×바래다), 상추(×상치), 주책(×주착), 지루하다(×지리하다), 튀기(×트기), 호루라기(×호루루기)

제12항 '웃-' 및 '윗-'은 '윗-'으로 통일한다.
윗넓이, 윗니, 윗도리, 윗사람, 윗몸, 윗변, 윗입술
다만1. 된소리나 거센소리 앞에서는 '위-'로 한다.
위짝, 위쪽, 위층, 위치마, 위턱
다만2. '아래, 위'의 대립이 없는 단어는 '웃-'으로 발음되는 형태를 표준어로 삼는다.
웃돈, 웃어른, 웃옷

'윗'으로 통일

'윗-'과 '웃-'도 혼동해서 쓰는 경우가 많다. 이 경우는 모두 '윗넓이, 윗눈섶' 등과 같이 '윗-'으로 통일한다. 그러나 '위쪽, 위채'와 같이 뒤에 '경음, 격음'이 오면 '위-'로 쓴다. 또 '웃국, 웃돈'의 경우는 '위/아래'라는 대응개념이 없으므로 '웃'을 쓴다.

복수표준어를 인정

현행 표준어 규정의 특징 중 하나는 복수표준어를 인정하는 것이다. 이는 방언을 표준어로 끌어들이는 효과 및 어휘수를 확장하는 효과가 있을 것이다.

복수 표준어
제16항 준말과 본말이 다 같이 널리 쓰이면서 준말의 효용이 뚜렷이 인정되는 것은 두 가지를 다 표준어로 삼는다. (ㄱ은 본말이며, ㄴ은 준말임.)
거짓부리/거짓불, 노을/놀, 막대기/막대, 머무르다/머물다, 시누이/시뉘/시누 오누이/오뉘/오누, 외우다/외다, 네/예, 쇠고기/소고기, 쐬다/쏘이다, 괴다/고이다

본말과 준말을 다 표준어로 인정하지만 한 가지 유의해야 할 것이 있다. '머무르다'와 '머물다'가 활용할 때, '머무르고, 머무르니, 머물러'와 달리 '머물고, ×머물니, ×머물어'는 완전한 활용을 하지 못한다는 점이다.

한편, 고어와 방언의 문제가 있다. 예전에는 널리 사용되던 단어가 현재는 다른 단어로 대체되어 쓰이고 있는 경우가 있다. 예를 들면 '오동나무(×머귀나무), 자두(×오얏), 애달프다(×애닯다)'인데 이 경우는 새로운 단어를 표준어로 삼고 있다. 그리고 표준어가 있는데도 불구하고 방언이 들어와서 표준어보다 더 널리 쓰이는 경우가 있는데, 예를 들면 '옥수수/강냉이, 멍게/우렁쉥이, 물방개/선두리, 애순/어린순'은 두 형태 모두를 표준어로 인정하였다.

새로운 단어를 표준어로 삼음

방언과 표준어
두 형태 모두를 표준어로 인정

이 외에도 복수 표준어로 인정되는 예가 있다. 이 가운데 '감감무소식'과 '감감소식'은 형식 논리로는 반대되는 의미를 가진 것이 되겠으나 같은 의미를 가진 단어인 점은 재미있는 현상이라 하겠다.

(예) 가뭄/가물, 감감무소식/감감소식, 꽃도미/붉돔, 벌레/버러지, 보조개/볼우물, 부침개질/부침질/지짐질, 책씻이/책거리, 여쭈다/여쭙다 게을러빠지다/게을러터지다, 관계없다/상관없다, 넝쿨/덩쿨

제4절 단수 표준어

제17항 비슷한 발음의 몇 형태가 쓰일 경우 그 의미에 아무런 차이가 없고, 그 중 하나가 더 널리 쓰이면, 그 한 형태만을 표준어로 삼는다.

귀고리(×귀엣고리), 봉숭아(×봉숭화) 먹습니다(×먹읍니다) 샛별(×새벽별) 쇠고랑(×고랑쇠) 순대(×골집), 쌍동밤(×쪽밤), 안절부절못하다(×안절부절하다), 주책없다(×주책이다)

주책없다 : 주책이다
안절부절못하다 : 안절부절하다

위의 예에서 '봉숭아, 봉선화'는 표준어가 되지만 '봉숭화'는 되지 않는다는 것과 '주책없다'와 '안절부절못하다'의 경우처럼 부정형이 표준어가 되는 경우는 유의하여 보도록 해야 한다.

<표준어 규정>에 이어 이제 <표준발음법>에 대해서 살펴보도록 하자.

> 제1항 표준발음법은 표준어의 실제 발음을 따르되, 국어의 전통성과 합리성을 고려하여 정함을 원칙으로 한다.

> 제4항 'ㅏ, ㅐ, ㅓ, ㅔ, ㅗ, ㅚ, ㅜ, ㅟ, ㅡ, ㅣ'는 단모음으로 발음한다.
> (붙임) 'ㅚ, ㅟ'는 이중모음으로 발음할 수 있다.
> 제5항 'ㅑ, ㅒ, ㅕ, ㅖ, ㅘ, ㅙ, ㅛ, ㅝ, ㅞ, ㅠ, ㅢ'는 이중모음으로 발음한다.
> 다만 3. 자음을 첫소리로 가지고 있는 음절의 'ㅢ'는 [ㅣ]로 발음한다.
>
> 늴니리, 무늬, 띄어쓰기, 희망
>
> 다만 4. 단어의 첫음절 이외의 '의'는 [ㅣ]로, 조사 '의'는 [ㅔ]로 발음함도 허용한다.
>
> 주의[주의/주이], 협의[혀븨/혀비], 우리의[우리의/우리에], 강의의[강의의/강의에]

'ㅢ'의 발음

이중모음의 발음 중 'ㅢ'의 발음은 [ㅢ]는 물론이고 경우에 따라서 [ㅣ]와 [ㅔ] 두 가지로 발음하는 것을 인정한다. 이는 실제 발음을 반영한 결과이다.

제8항 받침소리로는 'ㄱ, ㄴ, ㄷ, ㄹ, ㅁ, ㅂ, ㅇ'의 7개의 자음만 발음한다.
제10항 겹받침 'ㄳ', 'ㄵ', 'ㄼ', 'ㄽ', 'ㅄ'은 어말 또는 자음 앞에서 각각 [ㄱ, ㄴ, ㄹ, ㅂ]으로 발음한다.
넋[넉], 넓다[널따], 앉다[안따], 핥다[할따], 없다[업따]
다만. '밟-'은 자음 앞에서 [밥]으로 발음하고, '넓-'은 다음과 같은 경우에 [넙]으로 발음한다.
(1) 밟다 [밥:따], 밟는[밥:는→밤는], 밟고[밥:꼬]
(2) 넓죽하다[넙쭈카다], 넓둥글다[넙뚱글다]
제11항 겹받침 'ㄺ, ㄻ, ㄼ'은 어말 또는 자음 앞에서 각각 [ㄱ, ㅁ, ㅂ]으로 발음한다.
닭[닥], 맑다[막따], 늙지[늑찌], 삶[삼:], 읊고[읍꼬]
다만, 용언의 어간 말음 'ㄺ'은 'ㄱ' 앞에서 [ㄹ]로 발음한다.
맑게[말게], 묽고[물꼬], 얽거나[얼꺼나]

겹받침인 경우는 받침에 따라 발음이 다르다. '맛없다[마덥따], 꽃 위[꼬뒤]' 등과 같은 경우는 일부 방언과 차이가 있다. '맛없다'는 '맛'과 '없다'가 각각 의미 있는 단어이므로 연음이 되지 않고 '마덥따'로 발음된다. 그러나 '맛있다'의 경우, 표준 발음은 [마딛때]이지만, [마싣때]로 발음되는 경우도 많아 두 가지 모두를 인정하고 있다. 이와 같은 현상은 '멋있다[머딛따, 머싣때]에도 적용된다.

맛없다
맛있다

다음은 소리가 동화되는 경우를 살펴보자. 동화의 예로는 '신라[실라], 권력[궐력], 광한루[광할루]'와 같이 뒤에 있는 'ㄹ'에 동화되어 앞의 'ㄴ'이 'ㄹ'로 바뀐다. 그러나 '신문로'의 경우 [신물로]로 발음되어야 하지만 [신문노]라고 발음하는 경우도 많기 때문에 둘 다 인정하고 있다. 이 외에도 '임진난[임진난], 공권력[공권녁], 이원론[이원논], 입원료[입원뇨]' 등은 같은 환경임에도

'ㄹ'에 동화되어 ㄴ → ㄹ:
신라, 권력
예외) 임진난, 공권력

불구하고 위와는 달리 발음되고 있다. 이는 발음의 경우도 변화하고 있음을 보여주는 좋은 예이다.

소리의 첨가

소리의 동화와 함께 소리의 첨가도 살펴보자. 합성명사이고 소리가 첨가되는 경우인데도 불구하고 ㅅ을 표기하지 않는 경우가 있다. '솜이불[솜니불], 꽃잎[꼰닙], 식용유[시굥뉴]' 등이 그 예인데 선행 단어가 자음으로 끝났기 때문에 ㅅ을 표기하지 않고 발음만 음이 첨가된 대로 한다.

두 가지 표준 발음

그리고 '야금야금[야금야금/냐금냐금], 검열[검녈/거멸], 금융[금늉/그뮹]'의 경우는 두 가지 모두를 표준 발음으로 인정하고 있다

8.2.3. 외래어 표기법

외래어
귀화어

외국에서 들어온 말로서 국어화한 것을 외래어라고 한다. 그 중 더욱 국어화되어 외래어라고 인식하지 못하는 것은 귀화어라 하며 그 예로는 '냄비, 붓' 등이 있다. 예전부터 우리는 중국어에서 많은 한자어를 받아들였기에 오늘날 국어 어휘의 반 이상이 한자어라 할 수 있다. 20세기에 들어와서는 한자어보다는 영어와 프랑스어를 포함한 서양어의 유입이 많다고 하겠다. 외래어는 외국어에서 들어오는 말이니만큼 원래의 발음을 가능한 한 살리는 것이 좋은데, 이는 외래어 표기법에도 잘 반영되어 있다고 하겠다. 하지만 외래어도 국어이기 때문에, 원 발음을 살려서 적되 국어의 일반적 특성은 반영하여야 하며 이를 위해 표기법은 국제음성기호와 한글 대조표를 통해 실현한다.

외래어는 원래의 발음을 가능한 살리는 것이 좋음

표기법은 국제음성기호와 한글 대조표를 통해 실현함

자음			반모음		모음	
국제음성기호	한글		국제음성기호	한글	국제음성기호	한글
	모음 앞	자음 앞 또는 어말				
p	ㅍ	ㅂ, 프	j	이	i	이
b	ㅂ	브	ɥ	위	y	위
t	ㅌ	ㅅ, 트	w	우	e	에
d	ㄷ	드			ø	외
k	ㅋ	ㄱ, 크			ɛ	에
g	ㄱ	그			ɛ̃	앵
f	ㅍ	프			œ	외
v	ㅂ	브			œ̃	욍
θ	ㅅ	스			æ	애
ð	ㄷ	드			a	아
s	ㅅ	스			ɑ	아
z	ㅈ	즈			ɑ̃	앙
ʃ	시	슈, 시			ʌ	어
ʒ	ㅈ	지			ɔ	오
ʦ	ㅊ	츠			ɔ̃	옹
dz	ㅈ	즈			o	오
ʧ	ㅊ	치			u	우
ʤ	ㅈ	지			ə	어
m	ㅁ	ㅁ			ɚ	어
n	ㄴ	ㄴ				
ɲ	니	뉴				
ŋ	ㅇ	ㅇ				
l	ㄹ, ㄹㄹ	ㄹ				
r	ㄹ	르				
h	ㅎ	흐				
ç	ㅎ	히				
x	ㅎ	흐				

〈표 8-1〉 국제 음성 기호와 한글 대조표

위의 국제 음성 기호를 참고하여 외래어를 한글로 적는 원칙과 실례를 알아보기로 하자. 먼저 기본 원칙이 무엇인지 알아보자. 국제 음성 기호

> 제1항 외래어는 국어의 현용 24 자모만으로 적는다.
> 제2항 외래어의 1 음운은 1 기호로 적는다.
> 제3항 외래어의 받침에는 'ㄱ, ㄴ, ㄹ, ㅁ, ㅂ, ㅅ, ㅇ'만을 쓴다.
> 제4항 파열음 표기에는 된소리를 쓰지 않는 것을 원칙으로 한다.
> 제5항 이미 굳어진 외래어는 관용을 존중한다.

외래어 표기를 위해 다른 글자를 새로 만들어서는 안 됨

제1항에서는 외래어 표기를 위해 다른 글자를 새로 만들어서는 안 됨을 말하고 있다. 그러나 외국어에는 국어에 없는 소리가 꽤 많이 있다. 예컨대 [f]는 국어에 없는 소리인데 'ㆄ'로 [f]를 적자고 하는 경우가 있지만 그러면 [θ], [ð], [z], [ʒ] 등을 적기 위한 글자도 새로 만들어야 한다. 그러다 보면 글자를 얼마나 만들어야 할지 모르며 지금 우리가 쓰고 있는 한글보다도 더 많은 글자를 만들어야 할지도 모른다. 그리고 설사 그 글자를 만들어도 소수의 외국어 전공자만 그 발음을 알고 있고, 대다수 일반 국민은 음가를 알 수 없는 그런 문자를 채택해 표기할 수 없다. 또 외래어는 국어화한 외국어이므로 국어의 음운규칙을 따라야 하고 그래서 [f]나 [ð]는 국어의 음운이 아니므로 그런 걸 적을 필요가 없다. 이런 이유로 외래어 표기법에서는 다른 글자를 만드는 것을 허용하지 않고 있다.

외래어는 국어의 음운 규칙을 따라야 함

외래어 또는 외국어의 한 소리는 늘 일정하게 한 글자로

외래어 또는 외국어의 한 소리는 늘 일정하게 한 글자로 적혀야 예측 가능하다. 만일 [f]를 [i] 앞에서는 'ㅎ'로, [u] 앞에서는 'ㅍ'로 표기한다고 치자. film은 '휠름', football은 '풋볼'로 적게 되는데 이렇게 하면 기억에 부담을 주게 된다. 외래어 표기법에서 [f]는 언제나 'ㅍ' 또는 '프'로 적도록 하고 있다.

7개의 받침

제3항은 7개의 받침 외에 다른 글자를 받침으로 적어서는 안 된다는 내용이다. 그래서 '커피숖'이 아니라 '커피숍'으로 적어야

한다. '이', '은', '에서'와 같은 조사가 올 때에 어떻게 발음이 되는지를 생각한다면 '커피숖'과 같이 적어서는 안 됨을 알 수 있다. 즉 [커피쇼비], [커피쇼븐], [커피쇼베서]와 같이 발음하지 [커피쇼피], [커피쇼픈], [커피쇼페서]와 같이 발음하지 않는다. 따라서 '커피숖'이라고 쓸 이유가 없음을 알 수 있다. 마찬가지로 '슈퍼마켙'이라든지 '디스켙', '케잌' 같은 표기도 물론 틀렸다. '슈퍼마켓', '디스켓', '케이크'가 바른 표기이다. 외래어의 받침에는 물론 겹받침을 써서도 안 된다. '맑스'와 같은 표기는 옳지 않다. '마르크스'라고 적어야 한다.

커피숍

디스켓
케이크
마르크스

프랑스어나 스페인어 등의 무성파열음은 국어의 된소리와 아주 비슷하므로 된소리로 적을 수도 있다. 예컨대 프랑스의 수도 Paris는 '파리'보다는 '빠리'라고 하는 게 프랑스어 발음에 가까울 수 있다. 만일 프랑스어의 [p]를 된소리인 'ㅃ'으로 적는다면 '나폴레옹'도 '나뽈레옹'으로 바꾸어야 할 것이고 [p]뿐 아니라 [k], [t]도 다 된소리로 적어야 할 것이다. 이는 된소리와 거센소리를 구분함에 있어서 기억의 부담량을 늘인다는 문제점 등으로 인해 현재 표기법에서는 된소리를 표기하지 않음을 원칙으로 한다. 하지만 이에 대한 옳고 그름은 앞으로도 많은 논의가 있어야 할 것이다.

파리

한편 영어에서 온 외래어 중에서 원어가 유성 파열음인데도 불구하고 국어 생활에서 된소리로 발음하는 경향이 나타나는 단어들이 있다. 예를 들면 gas, dam, bus가 한국인의 귀에는 'ㄱ, ㄷ, ㅂ'로 들림에도 불구하고 국어 생활에서는 된소리 표기와 된소리 발음이 널리 퍼져있는데, 이들의 올바른 표기는 '가스', '댐', '버스'와 같은 형태이다. 만일 '까스', '땜', '뻐스'가 널리 퍼져 있다 해서 이를 인정해 버린다면 어디까지 된소리 표기를 인정해야 할지 종잡을 수가 없게 된다. '골프', '게임', '골', '가

'까스', '땜', '뻐스'(x)
'가스', '댐', '버스'(o)

운', '달러', '더블', '백', '볼' 등도 현실 국어 발음에서는 된소리로 흔히 발음되기 때문이다. 그래서 이미 굳어진 외래어는 굳어진 관용이 존중하고 있다.

영어에서 온 외래어의 표기
tip[tip] : 팁(×티프)
net, jet, set, mat, bit, dot, mitt : '네트, 제트, 세트, 매트, 비트, 도트, 미트'
lipstick : 립스틱(×리프스틱)
cutter, locker : '커터(×컷터)', '로커'(×록커)
bag, handbag, lab, jab : '백, 핸드백, 랩, 잽'
gas[gæs] : 가스(×개스)
highlight[hailait] : '하이라이트(×하일라이트)

중국어와 일본어에서 온 외래어의 표기
沖繩, 札榥 : 오키나와(×충승), 삿포로(×찰황)
豊臣秀吉, 伊藤博文 : 도요토미 히데요시, 이토 히로부미
고마쓰(×고마쯔), 쓰시마섬(×쯔시마섬)

8.2.4. 국어의 로마자 표기법

한글 맞춤법과 표준어 규정에 이어 로마자 표기법을 살펴보도록 하자.

로마자 표기법의 원칙

> 제1장 표기의 기본 원칙
> 제1항 국어의 로마자 표기는 국어의 표준 발음법에 따라 적는 것을 원칙으로 한다.
> 제2항 로마자 이외의 부호는 되도록 사용하지 않는다.

국어의 표준발음법
로마자

이 원칙에서 중요한 사항은 국어의 발음대로 적는다는 것과 되도록 로마자만 사용한다는 것이다. 예를 들어, '신라'는 [실라]로 발음되므로 'silla'로 적는다. 이러한 표기 원칙을 '전사법'이라 한다.[82)]

다음은 모음과 자음의 로마자 표기법 규정이다.

> 제1항 모음은 다음 각호와 같이 적는다.
> (1) 단모음
> ㅏ(a) ㅓ(eo) ㅗ(o) ㅜ(u) ㅡ(eu) ㅣ(i) ㅐ(ae) ㅔ(e) ㅚ(oe) ㅟ(wi)
> (2) 이중 모음
> ㅑ(ya) ㅕ(yeo) ㅛ(yo) ㅠ(yu) ㅒ(yae) ㅖ(ye) ㅘ(wa) ㅙ(wae) ㅝ(wo) ㅞ(we) ㅢ(ui)
> [붙임 1] 'ㅢ'는 'ㅣ'로 소리 나더라도 'ui'로 적는다.
> (보기) 광희문 Gwanghuimun
> [붙임 2] 장모음의 표기는 따로 하지 않는다.

장모음 표기

82) '전사법'과는 달리 표기된 형태대로 적는 것을 '전자법'이라 한다.

제2항 자음은 다음 각호와 같이 적는다.

(1) 파열음 : ㄱ(g, k) ㄲ(kk) ㅋ(k) ㄷ(d, t) ㄸ(tt) ㅌ(t) ㅂ(b, p) ㅃ(pp) ㅍ(p)

(2) 파찰음 : ㅈ(j) ㅉ(jj) ㅊ(ch)

(3) 마찰음 : ㅅ(s) ㅆ(ss) ㅎ(h)

(4) 비 음 : ㄴ(n) ㅁ(m) ㅇ(ng)

(5) 유 음 : ㄹ(r, l)

[붙임 1] 'ㄱ, ㄷ, ㅂ'은 모음 앞에서는 'g, d, b'로, 자음 앞이나 어말에서는 'k, t, p'로 적는다.

[붙임 2] 'ㄹ'은 모음 앞에서는 'r'로, 자음 앞이나 어말에서는 'l'로 적는다. 단, 'ㄹㄹ'은 'll'로 적는다.

(보기) 구미 Gumi 백암 Baegam 벚꽃[벋꼳] beotkkot
구리 Guri 설악 Seorak 칠곡 Chilgok 임실 Imsil
울릉 Ulleung 대관령[대괄령] Daegwallyeong

이와 같은 방법으로 쓰지만, '기역, 디귿, 키읔, 티읕, 피읖, 히읗, 쌍기역, 쌍디귿, 쌍비읍' 등은 여전히 문제로 남아 있다.

국어를 로마자로 표기할 때의 유의점에 대해서 알아보도록 하자.

제1항 음운 변화가 일어날 때에는 변화의 결과에 따라 다음 각호와 같이 적는다.

(1) 자음 사이에서 동화 작용이 일어나는 경우

(보기) 백마[뱅마] Baengma 신문로[신문노] Sinmunno 종로[종노] Jongno 왕십리[왕심니] Wangsimni 별내[별래] Byeollae

(2) 'ㄴ, ㄹ'이 덧나는 경우

(보기) 학여울[항녀울] Hangnyeoul 알약[알략] allyak

(3) 구개음화가 되는 경우

(보기) 해돋이[해도지] haedoji 같이[가치] gachi 맞히다[마치다] machida

(4) 'ㄱ, ㄷ, ㅂ, ㅈ'이 'ㅎ'과 합하여 거센소리로 소리 나는 경우

(보기) 좋고[조코] joko 놓다[노타] nota 잡혀[자펴] japyeo 낳지[나치] nachi

다만, 체언에서 'ㄱ, ㄷ, ㅂ' 뒤에 'ㅎ'이 따를 때에는 'ㅎ'을 밝혀 적는다.

(보기) 묵호 Mukho 집현전 Jiphyeonjeon

[붙임] 된소리되기는 표기에 반영하지 않는다.

(보기) 압구정 Apgujeong 낙동강 Nakdonggang 죽변 Jukbyeon 낙성대 Nakseongdae 합정 Hapjeong 팔당 Paldang 샛별 saetbyeol 울산 Ulsan

음운변화

된소리 표기

지명 중 '월곶, 한밭, 묵호' 등은 소리 나는 대로 적으면 된다. 이와 더불어 '백마[뱅마], 알약[알략], 해돋이[해도지]'와 같은 경우도 발음대로 표기하면 된다.

제2항 발음상 혼동의 우려가 있을 때에는 음절 사이에 붙임표(-)를 쓸 수 있다.

(보기) 중앙 Jung-ang 반구대 Ban-gudae 세운 Se-un 해운대 Hae-undae

'중앙'을 로마자로 쓰면 'Jungang'이 되는데 이를 읽으면 '중앙'이 되기도 하고 '준강'이 되기도 하므로 이런 혼란을 없애기 위해 붙임표를 써서 위와 같이 쓰기도 한다.

인명

> 제4항 인명은 성과 이름의 순서로 띄어 쓴다. 이름은 붙여 쓰는 것을 원칙으로 하되 음절 사이에 붙임표(-)를 쓰는 것을 허용한다.
>
> (보기) 민용하 Min Yongha (Min Yong-ha) 송나리 Song Nari (Song Na-ri) 한복남 Han Boknam (Han Bok-nam)

이름에서 일어나는 음운 변화는 표기에 반영하지 않음

사람의 성과 이름 사이는 띄어서 쓰고 이름의 경우는 붙여 쓰는 것이 원칙이지만 괄호 속과 같이 붙임표를 사용하여 띄어 쓸 수도 있다. 그리고 이름에서 일어나는 음운 변화는 표기에 반영하지 않고 있다.

9. 북한의 문자생활

여기에서는 남북한의 맞춤법과 띄어쓰기, 표준어, 표준 발음법 그리고 어휘에 대해 알아보고자 한다. 많은 사람들이 남북한의 언어에 차이점이 많음을 강조하고 있지만 그래도 공통점이 더 많아 동질적임을 알 수 있다. 북한 사람들의 대화를 들어 보거나 직접 대화를 해 보면 차이점보다는 공통적인 것이 더 많다. 그렇지만 여기서는 공통점보다는 차이점에 초점을 맞추기로 한다.

9.1. 남북 언어의 이질화 원인

광복 전까지 남북한 주민들은 조선어학회에서 제정한 '한글 마춤법 통일안'으로 문자 생활을 하였지만, 지금의 언어가 이질적인 느낌을 갖게 된 것은 남북한 당국이 추구해 온 언어정책이 서로 달랐기 때문이다. 남한에서는 언어란 의사소통을 위한 도구라고 보는 데 반하여 북한에서는 '혁명수행의 중요한 무기이며 인민대중에 대한 선전교양 수단이고 원수에 대한 강력한 투쟁 도구'로 본다. 이와 같은 관점의 차이는 남북한이 서로 다른 언어정책을 추구하게 된 원인으로 작용했고 분단 50여 년 동안 민족어의 이질화를 심화시켜 왔다. 특히 분단 초기, 북한 당국이 기존의 생활문화와 다른 사회주의 생활문화의 새로운 면모를 적극적으로 추구한 영역 중의 하나가 바로 언어정책이었다. 서울의 중산층이 사용하는 언어를 기준으로 삼은 남한의

이질화의 원인은 언어 정책의 차이

민족어의 이질화

표준어와는 달리 북한에서는 언어 습관을 의도적으로 추구함으로써 새로 만들어 가는 사회주의 체제의 정체성을 확보하는 수단으로 삼았던 것이다. 예를 들어 한글전용·가로쓰기의 원칙을 세워 놓고도 당시 한자 사용에 익숙해 있던 사회적 정서를 고려하여 얼마 동안 한자를 병기할 수 있다는 단서를 붙인 남한과 달리 북한에서는 한글전용 원칙을 세운 뒤 각 분야에 걸쳐 전격적으로 시행하였다. 교과서를 비롯하여 공문서와 잡지 등 다양한 형태의 문서를 모두 한글로 출간하였으며 1956년 4월 16일을 계기로 노동신문도 한글 가로쓰기의 형태를 전면 수용하였다. 이처럼 전격적인 조치는 당시 상황에서 상당히 파격적이었다. 그러나 문맹퇴치와 한글보급을 적극적으로 내세우면서 '대중이 알아듣는 말, 대중이 원하는 글, 대중이 요구하는 말과 글'을 사용할 것을 주장하는 북한당국의 언어정책은 어려운 한자를 배울 기회가 없었던 대다수 주민에게 크게 환영을 받았다. 1960년대 후반 우상화의 움직임이 본격화되면서 북한당국은 '대중이 요구하는 말과 글'보다 '수령을 찬양하는 표현'을 강조하기 시작했고 이로 인해 남한과 북한의 언어생활은 본격적인 이질화 과정을 겪게 되었다.

한글전용 원칙

'수령을 찬양하는 표현'을 강조

9.2. 남북한 한글 자모의 명칭과 순서

'한글'
'조선글'

남한과 북한의 한글 자모 이름은 다르다. 먼저, 남한은 '한글'이라는 명칭을 쓰지만 북한은 '조선글'이라는 명칭을 쓴다. 자모의 이름도 차이가 있으니 남북한은 동일한 형태의 문자를 사용하면서도 자모의 순서와 이름은 달리 정해 놓고 있다.

자모의 순서와 이름

자모의 명칭에서 남한의 경우는 '기역, 디귿, 시옷'으로 적고 있는 것에 반해, 북한은 '기윽, 디읃, 시읏'이라고 한다. 북한은 자음자에 한해 '그, 느, 드, 르…'로도 부를 수 있도록 하였다. 또한 남한에서는 '쌍기역, 쌍디귿, 쌍지읒'이라고 하지만 북한에서는 '된기윽, 된디읃, 된지읒'이라고 한다.

또 북한은 자모의 수도 우리와 다르다. 자모의 수가 우리는 24개인데 북은 40개이다. 자모배열 순서에서도 자음과 모음 모두에서 남한과 북한이 서로 다르다. 자모의 수

자모의 순서를 사전에서 보면 다음과 같다.

남한 사전의 자모 순서(표준국어대사전)	
자음 :	ㄱ ㄲ ㄴ ㄷ ㄸ ㄹ ㅁ ㅂ ㅃ ㅅ ㅆ ㅇ ㅈ ㅉ ㅊ ㅋ ㅌ ㅍ ㅎ
모음 :	ㅏ ㅐ ㅑ ㅒ ㅓ ㅔ ㅕ ㅖ ㅗ ㅘ ㅙ ㅚ ㅛ ㅜ ㅝ ㅞ ㅟ ㅠ ㅡ ㅢ ㅣ

북한 사전의 자모 순서(조선말 대사전)	
자음 :	ㄱ ㄴ ㄷ ㄹ ㅁ ㅂ ㅅ (ㅇ) ㅈ ㅊ ㅋ ㅌ ㅍ ㅎ ㄲ ㄸ ㅃ ㅆ ㅉ
모음 :	ㅏ ㅑ ㅓ ㅕ ㅗ ㅛ ㅜ ㅠ ㅡ ㅣ ㅐ ㅒ ㅔ ㅖ ㅚ ㅟ ㅢ ㅘ ㅝ ㅙ ㅞ

남한에서는 된소리계열을 해당 자음 뒤에 두고 있다. 이에 대해 북한에서는 된소리계열을 마지막에 모아 두었다. 또 북한에서는 ㅇ이 받침일 경우 ㅅ 다음에 오도록 하고 있지만 초성으로 사용될 때는 자음으로 보지 않고 모음을 첫소리로 간주한다. 예를 들면 '옷, 옹, 옻'의 순서로 사전에 등재되지만 '아'는 '사' 다음에 등재되는 것이 아니고 '짜' 다음에 등재되는 것이다. 예를 들면 '아이'는 '짜리' 뒤에 배열된다. 그리고 모음의 경우도 남한과 북한의 순서가 다름을 알 수 있다.

이러한 자모의 명칭과 순서의 차이로 우리가 북한 사전을 찾

을 때는 외국어를 찾는 것과 같은 어려움을 느끼게 된다. 사전 찾기 예를 통해서 남북한의 배열순서의 차이를 살펴보도록 하자.

※ '구리, 나무, 어머니, 꼬마, 자식, 술, 애비, 화살'의 사전 찾기
남한의 사전
☞ 구리 → 꼬마 → 나무 → 술 → 애비 → 어머니 → 자식 → 화살
북한의 사전
☞ 구리 → 나무 → 술 → 자식 → 화살 → 꼬마 → 어머니 → 애비

9. 3. 남북한 맞춤법

서울말을 기준으로 현대 교양 있는 사람들이 즐겨 쓰는 말을 표준어

문화어라 하며 평양말을 표준으로 삼음

남한에서는 표준이 되는 말을 표준어라 하여 남한의 공용어로 사용한다. 즉 서울말을 기준으로 현대의 교양 있는 사람이 쓰는 말을 표준어로 삼고 있는 것이다. 이에 반해 북한에서는 문화어라 하여 평양말을 바탕으로 만들어진 말을 표준으로 삼았다. 북한의 표준어는 곧 문화어라고 할 수 있다. 결국 남한에서는 서울말 중심의 표준어가, 북한에서는 평양말 중심의 문화어가 각각의 공용어로 쓰이고 있다.

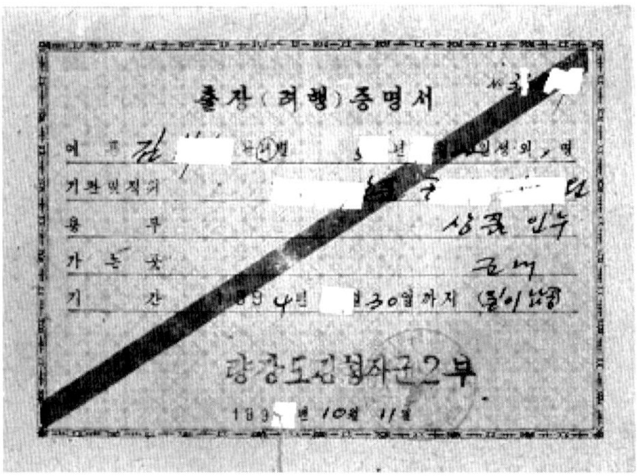
출장(려행)증명서
기관및직위
용 무
가는 곳
기 간

〈사진 9-1〉 북한의 여행증명서

〈사진 9-2〉 북한의 국어 교과서

남한은 '한글 맞춤법'을, 북한은 '조선말 맞춤법'을 표기법의 명칭으로 사용한다. 남한에서는 소리대로 적는 것을 중심으로 하고 어법에 맞도록 적는다고 규정하고 있는 데 반해 북한은 어법에 맞도록 함은 기본이고 소리 나는 대로 적는 것을 부차적으로 하고 있다.

남한은 소리대로
북한은 어법에 맞게

※ 남북 맞춤법 총칙 비교
남한
☞ 한글 맞춤법은 표준어를 소리대로 적되, 어법에 맞도록 함을 원칙으로 한다.
북한
☞ 조선말 맞춤법은 단어에서 뜻을 가지는 매개 부분을 언제나 같게 적는 원칙을 기본으로 하면서 일부 경우 소리 나는 대로 적거나 습관을 따르는 것을 허용한다.

남북한의 맞춤법 가운데 표기에서 큰 차이를 보이는 것을 중심으로 살펴보도록 하자.

i) 두음법칙

어두에 'ㄹ'이 오거나 'ㅣ' 모음에 선행해서 'ㄴ'이 올 경우 남

두음법칙

한에서는 'ㄹ'을 'ㄴ'으로 발음하거나 'ㄴ'을 발음하지 않지만, 북한에서는 'ㄹ'과 'ㄴ'을 그대로 발음하는 것을 원칙으로 하고 있다. 남한에서는 우리말의 두음법칙에 따르지만, 이에 반해 북에서는 어두의 ㄹ 등을 표기하고 또 발음하고 있는 실정이다. 그래서 북한에서는 [녀자], [라권]이라고 발음한다.

※ 남북 두음법칙의 비교
남한 ☞ 여자, 요소, 낙원, 예외
북한 ☞ 녀자, 뇨소, 락원, 례외

ii) 사잇소리

사잇소리 사이시옷

남한에서는 합성어에서 뒷소리가 된소리가 되거나 'ㄴ' 또는 'ㄴㄴ' 소리가 덧날 때에는 사이시옷을 받쳐 쓰고 있다. 반면, 북한은 사이시옷을 쓰기도 했고 어깨점을 쓰기고 했는데 지금은 사이시옷을 쓰지 않는 것을 원칙으로 하고 있다. 즉, 북한에서는 순한소리(예사소리)로 발음되는 것을 원칙으로 하고 일부 단어에서만 예외적으로 허용하고 있다. '샛별', '빗바람' 등과 같은 단어에는 북한도 사이시옷을 허용하고 있다.

※ 남북 사잇소리 비교
남한 ☞ 깻잎, 나뭇잎, 바닷가, 깃발
북한 ☞ 깨잎, 나무잎, 바다가, 기발

iii) 모음조화와 'ㅣ'모음 동화

모음조화

남한에서는 '아' 계열의 모음 어미는 어간의 끝음절 모음이 '아, 오' 일 때, '어' 계열의 모음 어미는 그 밖의 모음일 때, '여' 계열의 모음 어미는 '하'로 된 어간일 때 쓰고 있다. 모음 표기에서도 남북한의 차이가 있다. 즉 어미 '아/어/여'나 '아/어/여'로 시작하는 '았, 아서, 아도/었, 어서, 어도/였, 여도, 여서'의 쓰임이 다르다. 북한에서는 '여' 계열은 '하' 어간과 'ㅣ, ㅐ, ㅔ, ㅚ, ㅢ' 아래에서도 쓰이고 있다.

※ 남북 모음조화와 'ㅣ' 모음 동화 비교
남한 ☞ 가까워, 고마워, 괴로워 / 구태어, 도리어, 되어, 드디어
북한 ☞ 가까와, 고마와, 괴로와 / 구태여, 도리여, 되여, 드디여

iv) 준말

준말에서의 남북한 차이를 보면, 남한에서는 '넉넉지 않다, 섭섭지 않다'와 같이 무성음 뒤의 '지'는 '치'가 아니고 '지'로 적는다. 즉 무성음의 경우는 '하'가 생략되어 표기된다. 그러나 북한의 경우는 '넉넉치'와 같이 'ㅏ'만 생략된 것으로 표기하고 있다. 준말

※ 남북 준말 비교
남한 ☞ 간단하지 → 간단치 / 넉넉하지, 섭섭하지 → 넉넉지, 섭섭지
북한 ☞ 간단하지 → 간단치 / 넉넉하지, 섭섭하지 → 넉넉치, 섭섭치

v) 한자어

한자어를 표기하는 방식에서도 남북한의 차이가 있다. 앞서 두음법칙에서도 확인할 수 있었듯이, 북한은 한자음을 어두에서나 어중에서 모두 같은 형태로 적는다. 또, 모음 'ㅖ'는 '계, 례, 혜, 예'에서만 인정하며, '몌, 폐'를 북한에서는 '메, 페'로 적고 있다. 한자어

※ 남북 한자음 비교
남한 ☞ 羅列(나열), 冷水(냉수) / 貨幣(화폐), 例外(예외), 藝術(예술)
북한 ☞ 羅列(라열), 冷水(랭수) / 貨幣(화페), 例外(례외), 藝術(례술)

이 밖에 한자 독음에서 남한과 북한은 차이가 있다.

vi) 의문형 어미

남북한의 문장을 비교해 보면 의문형 어미에서도 차이가 있음을 알 수 있다. 남한의 경우 의문형 어미인 경우에는 '-ㄹ까, -ㄹ꼬'와 같이 된소리로 적고 있다. 이에 비해 북한은 예사소리인 '-ㄹ가, -ㄹ고'로 적고 있다.

-ㄹ까, -ㄹ꼬
-ㄹ가, -ㄹ고

※ 남북 의문형 어미 비교
남한 ☞ 이리 갈까 저리 갈까?
이렇게 추운 겨울을 어떻게 지낼꼬?
어찌 우리가 일본에 질쏘냐?
북한 ☞ 이리 갈가 저리 갈가?
이렇게 추운 겨울을 어떻게 지낼고?
어찌 우리가 일본에 질소냐?

vii) 띄어쓰기

띄어쓰기

북한과 남한의 띄어쓰기는 크게 다르지 않다. 그러나 북한에서는 조사를 단어로 인정하지 않기 때문에 조사에 대해 붙여 써야 한다는 조항은 없다. 최근 남북한의 띄어쓰기는 의미 단위에 한해 남한은 띄어 쓰던 부분을 붙여 쓰도록 허용하는 방향으로, 북한은 붙여 쓰던 부분을 띄어 쓰는 방향으로 바뀌고 있는 경향이다.

㉠ 의존명사, 단위명사

남한은 문장의 각 단어는 띄어 쓰는 것을 원칙으로 하되, 조사는 앞말에 붙여 쓰고 있다. 이 원칙에 따라 남한은 의존명사와 단위명사도 띄어 쓴다. 그러나 북한은 의존명사일 경우는 붙여 쓰고 있다. 또 남한에서는 수를 적을 때 만 단위로 띄어 쓰지만, 북한의 경우는 십 단위로 띄어 쓴다. 이 때 십 단위는 붙여 쓰고 있다.

남한은 의존명사와 단위명사도 띄어 쓰지만 북한은 의존명사일 경우는 붙여 쓴다

※ 남북 띄어쓰기 비교 1

남한 ☞ 아는 것, 떠난 지, 아는 양
두 벌, 한 마리, 세 묶음
십이억 삼천사백오십육만 칠천팔백구십팔

북한 ☞ 아는것, 떠난지, 아는양
두벌, 한마리, 세묶음
십이억 삼천 사백 오십육만 칠천 팔백 구십팔

㉡ 호칭, 관직명, 기관명

호칭, 관직명, 기관명을 남한은 띄어 쓰고 북한은 붙여 쓴다. 즉, 남한은 단어별로 띄어 쓰고, 북한은 발음별로 붙여 쓴다.

호칭, 관직명, 기관명 남한에서는 띄어 쓰고 북한에서는 붙여 쓴다

※ 남북 띄어쓰기 비교 2

남한 ☞ 한국 대학교 사범 대학 / 한국대학교 사범대학
충무공 이순신 장군

북한 ☞ 한국대학교 사범대학
충무공이순신장군

ⓒ 보조용언

보조용언
남한은 띄어 쓰는 것이 원칙
북한은 붙여 쓰도록 함

남한은 보조용언을 띄어 쓰는 것으로 원칙을 삼고 경우에 따라 붙여 쓰는 것도 허용하고 있다. 단, 앞말에 조사가 붙거나 합성동사인 경우는 띄어 쓰는 것을 원칙으로 하고 있다. 그러나 북한의 경우는 보조용언을 붙여 쓰도록 하고 있다.

※ 남북 띄어쓰기 비교 3

남한 ☞ 불이 꺼져 간다 / 불이 꺼져간다
사과가 먹고 싶다 / 사과가 먹고싶다
책을 읽는가 보다 / 책을 읽는가보다

북한 ☞ 불이 꺼져간다
사과가 먹고싶다
책을 읽는가보다

9.4. 남북한의 어휘 차이

북한 특유의 사상·제도를 가리키는 어휘

남한의 표준어와 북한의 문화어는 일부를 제외한 대부분은 일치한다고 하겠다. 그러나 북한의 어휘는 남한의 어휘와 형태의 차이는 없으나 의미 내용이 다르게 사용되는 것이 많으며 또한 사회주의적 이념이나 북한 특유의 사상·제도를 가리키는 어휘도 많다. 즉, '수령, 교시, 로동영웅 운동, 공훈배우, 인민배우' 등 정치성이 강한 어휘를 사용하고 있다. 또 '동무'의 경우 남한 사전에는 '늘 친하게 어울려 노는 사람'으로, 북한사전에는 '로동계급의 혁명위업을 이룩하기 위하여 혁명대오에서 싸우는 사람'으로 서로 달리 뜻풀이를 하고 있다.

북한 주민이 모르는 남한어

또한 어휘의 차이에는 북한의 방언이 '문화어'에 포함된 경우와 한자어가 토박이말로 다듬은 경우도 많다. 반면, 북한 주민이 모르는 남한어도 있다. 이들은 주로 은유를 하거나 새로 만든 단어 또는 본래 있는 단어를 합하여 만들어 낸 단어들이다. 이 외에도 은어나 비속어 등도 북한 주민들이 이해하기 힘든 부분 중에 하나이다.

북한 주민이 모르는 남한어

꿈나무, 달동네, 짠돌이, 치맛바람, 도우미, 맞벌이, 사재기 새내기, 닭살, 돌팔이, 당근이지, 땡땡이치다, 찝찝하다, 한가위, 가전제품, 노사분규, 농성, 신토불이, 자판기, 정육점, 시민운동, 지자체, 판공비, 단전, 원초적, 초지일관, 공교육, 교양과목, 대입, 사교육, 평생교육, 학번, 학점

남한 주민이 모르는 북한어

가슴띠(브래지어) 고기순대(소시지) 고층살림집(아파트) 과실단물(주스) 녹는쇠(퓨즈) 달린옷(원피스) 맞혼인(연애결혼) 밥공장(식당) 설기과자(카스테라) 손기척(노크) 전기여닫개(스위치) 창가림(커튼) 후어머니(계모), 곱침(드리블) 꽂아넣기(덩크슛) 때리기(스파이크) 막기(블로킹) 짝배기(배영) 안마당지기(내야수)

남한주민이 모르는 북한어

형태가 같으나 의미가 다른 어휘

어휘	남한	북한
가치담배	낱담배	종이로 만 담배
담보	물건을 맡김	보장
노작	힘들여 만든 작품	김일성의 저작
소행	(부정적 의미)	(긍정적 의미)
애무하다	(남녀간의 행위)	(어린아이를 어루만지는 행위)
부자	부유한 사람	착취로 재산을 모아 호화롭게 사는 사람
보채다	조르다	적극적으로 나서도록 자극하다
신사	(긍정적 의미)	(부정적 의미)

남북한이 서로 다른 의미로 쓰는 어휘 중에서 차이가 나는 의미와 공통된 의미로 이루어진 어휘들이 있다. '바쁘다(시간이 모자라다 + 어렵거나 딱하다), 세포(생물체의 구성단위 + 공산당의 조직), 어버이(부모 + 수령)'와 같은 단어는 남한의 의미와 같으면서 한편으로 추가된 다른 의미도 지니고 있다.

조어법

남북한은 조어법에서도 차이점을 보이고 있다. 조어법의 경우 북한에서는 이미 있던 접사들의 기능을 확대하여 사용하거나, 보조용언으로 사용되던 것들이 용언 파생을 위한 새로운 접사처럼 사용하여 새로운 낱말을 많이 만들어 내는 경우가 있다. 그 결과 남한에서 쓰이지 않는 단어들이 북한에서 쓰이고 있는 것이다.

> ※ 북한에서만 쓰이는 조어법
> -히- : 깊히다, 생각히다
> -우- : 바래우다, 자래우다, 찔리우다(찔리게 하다)
> -지다 : 차례지다, 주렁지다
> -나다 : 부러워나다, 좋아나다, 더워나다
> -나서다 : 떨쳐나서다, 도와나서다
> -맞다 : 급해맞다, 바빠맞다

또 북한은 복수 개념을 나타내는 '들'을 남한보다 훨씬 많이 사용한다는 점에서도 차이를 보인다. 다음 예에서 보듯이 남한에서는 '들'을 붙이지 않는 경우에도 북한말에서는 흔히 '들'을 붙인다.

예) '거대한 성과들을 이룩했고', '교과서들에 한자를 넣으면 안 됩니다.'

이 밖에도 북한에서는 남한에서는 사용되지 않는 특수한 구문들이 있다. 예를 들면, '조선의 민족적 특성을 옳게 살려나갈 데 대하여', '수업이 끝난 다음 집에 돌아갈 대신에 학교에 남아서 동무들의 학습을 도와 주었다' 등과 같이 '-(으)ㄹ 데 대하여, -(으)ㄹ 대신에' 등의 구문이 많이 사용되는가 하면, 남한에서라면 '도착하자마자'라고 하는 말을 북한에서는 '도착하자바람으로'로 표현하기도 한다. 특수한 구문들

북한의 경우 외래어와 한자어를 일정한 범위에서만 사용을 하고 그 외에 부분은 고유어화 한 단어를 사용하고 있다. 또 같은 같은 단어라고 해도 남한에서는 주로 영어를 통해서 외래어가 들어 왔지만 북한에서는 주로 러시아어를 통해서 들어왔기 때문에 발음 차이가 난다. 또 영어도 'cut'의 'u' 발음은 남한에서 'ㅓ'로 표기하는 데 반해, 북한에서는 'ㅏ'로 표기한다. 외래어

※ 남북 외래어 표기 비교
남한 ☞ 볼펜(일본식 영어)
트랙터, 테마(미국식 영어)
북한 ☞ 원주필(중국어 '圓珠筆'을 그대로 옮긴 것)
뜨락또르(트랙터 : traktor), 쩨마(테마 : tema)(러시아어)

이 외에 '투피스'를 '동강옷' 으로 바꾸어 쓰는 예와 같이 외래어를 우리말로 바꾸어 쓰는, 소위 '말다듬기'운동의 결과로 태어난 어휘를 사용하기도 한다. 말다듬기

남한	북한	남한	북한	남한	북한
로터리	도는네거리	삐삐	주머니종	레코드	소리판
리본	댕기	몽타쥬	판조립	뮤지컬	가무이야기
코너킥	모서리공	소프라노	녀성고음	클로즈업	큰보임새
리그전	련맹전	버라이어티쇼	노래춤묶음	골키퍼	문지기
롤러	굴개	비스켓	바삭과자	소시지	칼파스

9.5. 남북한 발음 차이

문화어는 평양을 중심지로 하되 방언에서 사용되는 많은 말을 살려서 사용한다고 규정하고 있어서 남한의 표준어와 다르며 발음 면에서도 다르다.

i) 모음 'ㅓ, ㅡ' 소리

북한의 'ㅓ, ㅡ'는 'ㅗ, ㅜ'에 가깝게 발음

북한의 'ㅓ, ㅡ'는 'ㅗ, ㅜ'에 가깝게 발음된다. 따라서 입술을 평평히 하여 발음하는 남한의 '어, 으' 소리와는 다르다. '걱정없다'가 북한에서는 '곡종옵다'에 가깝게 발음된다. 이 밖에 '으' 소리도 '우'에 가깝게 발음된다. 이러한 특징들은 평안도 방언의 음성적 특징에서 연유된 것이라고 할 수 있다.

평안도 방언의 음성적 특징에서 연유된 것

ii) 모음 'ㅚ, ㅟ'의 발음

북한에서는 '외, 위'를 단모음으로만 발음

남한의 표준어에서는 '외, 위'를 이중 모음과 단모음으로 모두 발음하는 것을 허용하지만 북한에서는 단모음으로만 발음하는 것을 허용하고 있다. 1988년에 개정된 '조선말 규범집'에서는 어떤 자리에서나 단모음으로 발음한다고 규정하고 있다.

iii) 'ㅣ' 모음 역행 동화, 전설 모음화

북한은 남한에 비해 'ㅣ'모음 역행 동화, 전설모음화의 음운 현상이 일어나는 경향이 강하다. 그래서 '건더기, 구덩이, 지팡이, 수줍다, 부수다, 기주떡, 마무르다'와 같은 어휘들은 모두 [건데기, 구뎅이, 지팽이, 수집다, 부시다, 기지떡, 마무리다]로 발음된다.

북한은 'ㅣ'모음 역행 동화, 전설모음화가 일어나는 경향이 강하다

iv) 모음 'ㅖ, ㅢ'

남한은 '예, 례' 이외의 'ㅖ'는 모두 'ㅔ'와 'ㅖ' 발음을 허용한다. 그러나 북한은 'ㄱ, ㄹ, ㅎ' 다음의 'ㅖ'는 모두 'ㅔ'로만 발음하고 있다. 또 남한은 자음 다음의 'ㅢ'는 'ㅣ'로 발음하지만(/씌어/→/씨어/) 북한은 된소리 자음 다음의 'ㅢ'는 'ㅢ'와 'ㅣ' 발음 두 가지를 모두 인정하고 있다.

v) 자모 이름의 차이

북한은 /디그시/를 /디으지/로, /치으시/를 /치으치/로, /피으비/를 /피으피/로, /히으시/를 /히으시/로 발음한다.

vi) 성조 엑센트

또 소리길이로 밤(夜)과 밤(栗)을 구분한다. 북한은 짧고 높은 소리로 '밤(夜)'을, 길고 낮은 소리로 '밤(栗)'을 구분한다. 즉 성조 액센트를 발음의 한 요소로 취급한다.

북한은 성조 엑센트를 발음의 한 요소로 취급

참고문헌

강동일(1995)역, 문자의 역사, (Gaur, A., History of Writing), 새날.
강옥미(2003), 「한국어 음운론」, 태학사.
국립경주박물관(2002)편, 「문자로 본 신라」, 국립경주박물관.
국립청주박물관(2000)편, 「한국 고대의 문자와 기호 유물」, 통천문화사.
권종성(1987), 「문자학개요」, 과학백과사전출판사.
김문창(1984), 국어문자 표기론:전용론과 혼용론 비판, 문학세계연구논총 4, 문학세계사.
김민수(1982), 「신국어학사」, 일조각.
김승일(1997)역, 「세계의 문자」, 범우사, (세계의 문자 연구회편).
김완진 (1986, 가을) 훈민정음 이전의 문자생활, 국어생활 제6호, 국어연구소.
김외곤. ·최지현(2000)편, 「한국 언어 문화의 이해」, 역락.
김종철(2004), 국어교육과 언어민족주의, 국어교육 115.
김진우(1985), 「언어」, 탑출판사.
남경태(2003), 세상을 바꾼 문자, 알파벳, 존맨 지음, (Man, J. (2000), Alpha Beta, Headline Book Publishing Co..).
남풍현(1986), 이두, 향찰표기법의 원리와 실제, 국어생활 제6호, 국어연구소.
박영준외(2002), 「우리말의 수수께끼」, 김영사.
박재욱(2003)역, 「문자 이야기」, 사계절출판사, (The Story of Writing - Alphabets, Hieroglyphs & Pictograms, Andrew Robisson, 1995).
볼터 외(2010), 글쓰기의 공간, 커뮤니케이션북스.
송기중(1991), 세계의 문자와 한글, 언어 16-1, 한국언어학회. [한국의 문자와 문자연구, 2003, 집문당]에 재수록.
송기중(1997), 동북아시아 역사상의 제문자와 한글의 기원, 진단학보 84. [한국의 문자와 문자연구, 2003, 집문당]에 재수록.
송기중외(2003)편, 「한국의 문자와 문자연구」, 집문당.
신상순·이돈주·이환묵(1988), 「훈민정음의 이해」, 한신문화사.
안병희(1985), 훈민정음 사용의 역사, 동방학지 46~48.
안병희(1990), 훈민정음의 제자원리에 대하여, 강산항교수 회갑기념 국어학논문집.
안병희(1992), 「국어사 연구」, 문학과 지성사.
예술의 전당(1999), 동아시아 문자예술의 현재, 서울.
유창균(1986), 고유명사의 한자차용표기, 국어생활 제6호, 국어연구소.
유창균(1999), 文字에 숨겨진 民族의 淵源, 서울 : 集文堂.

유홍준(1995), 문자도, 서울 : 대원사.
이근수(1986), 고유한 고대문자 사용설에 대하여, 국어생활 제6호, 국어연구소.
이기문(1976), 「주시경전집」上下, 아세아문화사.
이기문(2005), 우리나라 文字史의 흐름, 구결연구 14.
이기문외(1983), 「한국어문의 제문제」, 일지사.
이승재외(1999)편, 「한국어와 한국문화」, 새문사.
이응백(1986), 구결에 대하여, 국어생활 제6호, 국어연구소.
이익섭(1986), 「국어학개설」, 학연사.
이익섭(1992), 「국어표기법연구」, 서울대학교출판부.
이종인(1995)역, 「문자의 역사」, 시공사, (L'ecriture memoire des hommes, Georges Jean, 1987).
정경일외(2000), 「한국어의 탐구와 이해」, 박이정.
정인택(2009), 문자의 난, 알다.
조두상(1998), 「문자학」, 부산대학교출판부.
진광호(1997), 「문자학개론」, 민족문화.
청주고인쇄박물관(2003)편, 조선초기금속활자특별전, 청주고인쇄박물관.
청주인쇄출판박람회조직위원회(2000)편, 직지에서 디지털까지.
최전승·최재희·윤평현·배주채(1999), 「국어학의 이해」, 태학사.
최현배(1947), 漢字 안쓰기와 한글 가로씨기, 조선교학도서주식회사.
최현배(1963), 한글 가로글씨 독본, 정음사.
최현배(1982), 고친한글갈, 정음문화사.
河野六朗(1994), 「文字論」, 三省堂.
한국국학진흥원(2003)편, 「기록문화와 목판의 세계」, 한국국학진흥원.
한국역사민속학회(1996), 한국의 암각화, 한길사.
한국의언어문화편찬위원회(2003), 「한국의 언어문화」, 경북대학교출판부.
홍기문(1946), 「정음발달사」上下, 서울신문사출판부.
홍기문(1957), 「리두연구」, 과학원출판사.
히메노, 알무데나피에르도메니코 바칼라리오(2003), 글자, 그림문자에서 알파벳까지, 을파소.

Bekerie, Ayele(1997), Ethiopic, an African Writing System: It's History and Principles, RSP.
Budge E. A. Wallis(1989), The Rosetta Stone, Dover Publications, Inc.
Chao, Y.R.(1968), Language And Symbolic Systems, Cambridge At The University Press.

Cleator, P.E.(1959), Lost Languages, A Mentor Book.

Coulmas, Florian(1989), The Writing Systems of the World, Blackwell Publishers Ltd.

Crystal, David(1987), The Cambridge Encyclopedia of Language, Cambridge University Press.

DeFrancis, John(1989), Visible Speech: The Diverse Oneness of Writing Systems, University of Hawaii Press.

Gelb, I.J.(1952), A Study of Writing, The University of Chicago Press.

Giblin, James Cross(1990), The Riddle of the Rosetta Stone: Key to Ancient Egypt, HarperCollins Publishers, Inc.

Kamrin, Janice(1998), Egyptian Hieroglyphs(revised&expanded, Mercer, Samuel A.B. A Study of the Ancient Language), Hippocrane Books, Inc.

Lieberman, P.(1975), On the Origin of Language, New York: Macmillan.

Man, J.(2000), Alpha Beta, Headline Book Publishing co.

Robinson, Andrew(1995), The Story of Writing: Alphabets, Hieroglyphs & Pictograms, Thames&Hudson.

Sampson, Geoffrey(1985), Writing System, Stanford University Press.

Vachek, J.(1973), Written Language, Mouton.

Van de Mieroop, Marc(1999), Cuneiform Texts and the Writing of History, Routledge.

사진목록 및 출처

1장

〈사진1-1〉 침팬지의 후두, *강옥미(2003;29)*

〈사진1-2〉 유아의 후두, *김진우(1985)*

〈사진1-3〉 성인의 후두, *강옥미(2003;29)*

〈표1-1〉 음성언어와 문자언어의 장·단점

〈사진1-4〉 문자의 구성

2장

〈사진2-1〉 알타미라 동굴벽화 *http://100.empas.com/pimg/md/111/1113320014.jpg*

〈사진2-2〉 울산 대곡리 암각화(일부), *송기중외(2003;18)*

〈사진2-3〉 삼강행실도의 그림, *http://100.empas.com/pimg/md/113/1131950002.jpg*

〈사진2-4〉 삼강행실도 언해 *http://ims.hs.kr/cyber/class/2002-3-05/5-4-1-3.htm*

〈사진2-5〉 매듭, *박재욱(2003;55)*

〈사진2-6〉 매듭, *권종성(1987;75)*

〈사진2-7〉 계산막대, *박재욱(2003;54)*

〈사진2-8〉 인디언의 회화 문자, *이익섭(1986;224)*

〈사진2-9〉 문자 발생 지역의 지도, *박재욱(2003;14)*

〈표2-1〉 문자 발달 연표

〈사진2-10〉 문자 발달 유형에 따른 분류표, *박재욱(2003;44)*

〈사진2-11〉 문자의 유형, *Sampson(1985;32)*

〈사진2-12〉 아즈텍인의 장식 문자,
http://www.latin.woto.net/images/azteca/azteca-letras.gif

〈사진2-13〉 레부스 편지의 일종, *이종인(1995;148)*

〈사진2-14〉 일종의 현대식 레부스

〈사진2-15〉 가나 문자

〈사진2-16〉 체로키 문자, *http://www.synnic.com.ne.kr/Cherokee_writing.gif*

〈사진2-17〉 데바나가리 문자, *http://blog.empas.com/zyghim/834410_540x350.gif*

3장

〈사진3-1 〉 수메르 문자(유물)

〈사진3-2〉 왕(사람+왕관)을 나타내는 기호의 변천, 이종인(1995;18)
〈사진3-3〉 설형문자의 발달, 조두상(1998;34)
〈사진3-4〉 다리우스(사냥)사진, 박재욱(2003;70)
〈사진3-5〉 설형 문자, 박재욱(2003;75)
〈사진3-6〉 베히스툰 암벽, 이종인(1995;122-123)
〈사진3-7〉 인도 문자, 이종인(1995;69)
〈사진3-8 〉 티베트의 석비, 청주인쇄출판박람회조직위원회(2000;30).
〈사진3-9〉 이집트 문자
http://photo.empas.com/morlaaa/morlaaa_67/photo_view2.html?psn=943
〈사진3-10〉 이집트 상형문자의 음가, 박재욱(2003;97)
〈사진3-11〉 이집트 상형문자, 조두상(1998;63)
〈사진3-12 〉 카르투시
〈사진3-13〉 이집트 상형문자를 읽는 순서
〈사진3-14〉 이집트 문자의 자형과 그 변화, 김승일(1997;32)
〈사진3-15〉 로제타석, 박재욱(2003;20)
〈사진3-16〉 카르투시: 프톨레마이와스와 클레오파트라, 박재욱(2003;28)
〈사진3-17〉 창힐,
http://cbingoimage.naver.com/data/bingo_72/imgbingo_64/omgg/29306/omgg_36.jpg
〈사진3-18〉 갑골문자, http://imsame.zoa.to/zboard/data/DB_1th_Whis/1070288416/갑골문자.jpg
〈사진3-19〉 서체와 육서, 김승일(1997;299)
〈사진3-20〉 서체의 변화 http://youngjin.netian.com/source/6shape.htm
〈표3-1〉 구결자의 예
〈사진3-21〉 히라가나의 자원, http://www.sabah.edu.my/meiko/
〈사진3-22〉 가타카나의 자원, http://www.sabah.edu.my/meiko/
〈사진3-23〉 일본의 문자 생활
〈사진3-24〉 일본의 거리 간판

4장

〈사진4-1〉 세라빗 엘카뎀의 스핑크스, 박재욱(2003;160)
〈사진4-2〉 우가리트 문자와 그 음가, 박재욱(2003;163)
〈사진4-3〉 아히람왕의 석관비문, 김승일(1997;75)
〈사진4-4〉 그리스 알파벳, 박재욱(2003;166)
〈사진4-5〉 기원전 3세기 로마문자, 이종인(1995;65)
〈사진4-6〉 고트 문자, 김승일(1997;146)
〈사진4-7〉 키릴 문자, 김승일(1997;216)

〈사진4-8〉 룬 문자(14세기), *김승일(1997;203)*
〈사진4-9〉 곱트 문자, *김승일(1997;147)*
〈사진4-10〉 아랍 문자, *김승일(1997;120)*
〈사진4-11〉 오감 문자표, *김승일(1997;205)*

5장

〈사진5-1〉 훈민정음해례본(예의)
〈사진5-2〉 훈민정음해례본(제자해)
〈사진5-3〉 훈민정음언해본
〈사진5-4〉 파스파 문자, *송기중외(2003;86)*
〈사진5-5〉 가림토 문자,
http://imagebingo.naver.com/album/image_view.htm?user_id=giant2002&board_no=20566&nid=6149
〈사진5-6〉 기일성문도
〈사진5-7〉 ㄱ·ㄴ의 발음 모습, *이익섭(1986;240)*
〈표5-1〉 자음의 기본자와 가획자
〈표5-2〉 자음체계와 음양오행
〈표5-3〉 모음의 기본자와 음양오행
〈표5-4〉 모음 체계

6장

〈사진6-1〉 진흙판에 새겨진 초기의 문자, *박재욱(2003;63)*
〈사진6-2〉 진흙판에 새겨진 문자의 해독, *박재욱(2003;63)*
〈사진6-3〉 아니의 사자의 서, *http://100.empas.com/pimg/md/172/1721750004.jpg*
〈사진6-4〉 사자의 서, *이종인(1995;26)*
〈사진6-5〉 부채, *영남대학교*
〈사진6-6〉 점토판과 첨필, *이종인(1995;15)*
〈사진6-7〉 필기 도구(파피루스와 갈대펜), *이종인(1995;39)*
〈사진6-8〉 죽간,
http://cbingoimage.naver.com/data3/bingo_76/imgbingo_8/tjsgp0409/25378/tjsgp0409_3.jpg
〈사진6-9 〉 목간, *국립경주박물관(2002;131)*
〈사진6-10〉 양피지로 된 책,
http://bingoimage.naver.com/data3/bingo_76/imgbingo_8/tjsgp0409/25378/tjsgp0409_8.jpg
〈사진6-11〉 필기도구(붓, 먹, 벼루), *http://sstatic.naver.com/100/high/74/48774.jpg*
〈사진6-12〉 금속활자, *청주고인쇄박물관(2003;17)*

〈사진6-13〉 판본의 형태와 명칭
〈사진6-14〉 중세유럽의 책, *이종인(1995;74)*
〈사진6-15〉 금속인쇄 현장, *이종인(1995;108~109)*
〈사진6-16〉 그리스앙샬체(9세기), *김승일(1997;141)*
〈사진6-17〉 메로빙거 문자(7세기), *김승일(1997;162)*
〈사진6-18〉 캐롤링체, *이종인(1995;87)*
〈사진6-19〉 고딕체(14세기), *김승일(1997;165)*
〈사진6-20〉 꽃 문자, *김승일(1997;200)*
〈사진6-21〉 여러 서체 그림, *박재욱(2003;185)*
〈사진6-22〉 서체
〈사진6-23〉 한글의 글자체 변천표, *청주인쇄출판박람회조직위원회(2000;180)*
〈사진6-24〉 현대 한글의 글자체
〈사진6-25〉 필경사(이집트), *이종인(1995;41)*
〈사진6-26〉 필경사(아시리아), *이종인(1995;20)*

7장

〈사진7-1〉 울산 천전리 암각화(일부), *박영준외(2002;23)*
〈사진7-2〉 남해 암각화, *김민수(1982;41)*
〈사진7-3〉 광개토대왕비, *국립청주박물관(2000;43)*
〈사진7-4〉 진흥왕 순수비(창녕),
http://www.ohmynews.com/down/images/1/lsr_183533_4[239647].jpg
〈사진7-5〉 은합우, *경주 박물관(하드디스크에 있음)*
〈사진7-6〉 임신서기석, *국립경주박물관(2002;38)*
〈사진7-7〉 대명률직해, *박영준외(2002;97)*
〈사진7-8〉 유서필지, *네이버백과사전(http://sstatic.naver.com/100/high/73/86673.jpg)*
〈사진7-9〉 아들매매문서, *영남대학교 중앙도서관, p.194*
〈사진7-10〉 구역인왕경, *박영준외(2002;81)*
〈사진7-11〉 월인석보, *청주인쇄출판박람회조직위원회(2000;35)*
〈사진7-12〉 석보상절, *청주인쇄출판박람회조직위원회(2000;36)*
〈사진7-13〉 세조의 상원사중창권선문, *국가문화유산 종합정보 사이트*
(http://www.heritage.go.kr)
〈사진7-14〉 장화홍련전, *청주인쇄출판박람회조직위원회(2000;95)*
〈사진7-15〉 김연아의 옷

8장

〈사진8-1〉 독립신문 창간호
〈사진8-2〉 황성신문
〈사진8-3〉 주시경의 국문초학
〈사진8-4〉 익힘에주는글
〈사진8-5〉 맞힌보람(졸업장)
〈사진8-6〉 가로글씨 독본의 예(진달래꽃), *최현배(1963)*
〈사진8-7〉 거리의 간판
〈사진8-8〉 도로 표지판
〈사진8-9〉 픽토그램(스포츠)
〈사진8-10〉 이모티콘
〈사진8-11〉 한글 마춤법 통일안(1933)
〈사진8-12〉 조선어 표준말 모음
〈표8-1〉 국제 음성 기호와 한글 대조표

9장

〈사진9-1〉 북한의 여행증명서,
http://bingoimage.naver.com/data3/bingo_86/imgbingo_70/yipic/25248/yipic_4.jpg
〈사진9-2〉 북한의 국어교과서, *청주인쇄출판박람회조직위원회(2000:129)*

찾아보기

ㄱ

가갸날 93
가나 40, 69
가독성 20
가로글씨 독본 172
가로쓰기 169
가림토 문자 97
가림토 문자설 97
가림토 비석 98
가자 149
가차 65, 67
가획 100
가획의 원리 102
각목자 145
각부 136
각획 부호 61
간격 20
간자체 67
갈대 펜 120
갈항사석탑기 155
갑골문자 24, 62, 63
개연성 24
거울비침 22
거친 두문자 130
견면 119
결승 60
겹치기 22
경음 102
계산 24
계산막대기 28
계약 108
계약서 166
계층적 11
계통적 36
고구려 문자 145
고금석림 155
고대문자 146
고대문자설 144
고딕체 132, 133
고려문자 145
고문 136
고어 191
고예 135
고유명사 151
고유명사 표기 151, 153
고유문자 145
고유어 162, 182
고전작품 43
고트 85
곱트어 57
공문투어 160
공사의 문서 156
과거시험 162
과학적 23, 104
관용성 32
광개토대왕비 147
교역 129
교착어 45, 150
교화 61
구결 69, 146, 151, 152, 153, 158, 158, 159, 160, 161

구결자 68
구두점 171
구슬띠 30
구어 14, 168, 169
구역 20
구역인왕경 160
구텐베르크 127
국문 156
국문 전용 169
국문초학 171
국어 13, 14, 194
국어의 로마자 표기법 176
국어의 어순 154
국어의 형태부 152, 155
국어표기 158
국제음성기호 194
국한문 병용 167
국한문 혼용 167
권력 141
귀갑녹골 62
규범 18
그로테펜드 49
그리스 문자 42
그리스 알파벳 82, 89
그림문자 36
글자 12, 64
글자의 혁명 172
금석문 156
금속 펜 114, 123
금속인쇄 128
기일성문도 99
기자 136
기필 136
기하학적인 도형 143
기호 17, 64
기호체계 17
길가메시의 서사시 111
깃털 펜 120
꽃문자 134

ㄴ

나바테안 88
남해 암각화 143
내용 10
노비문서 166

ㄷ

다라니경 124
다리우스 48
단어 36
단어문자 36
대명률직해 150
대문자 84
대전 135, 137
대전체 67
데바나가리 문자 40
도구 24
도트신 110
도형 17
독립신문 168
독자 149, 150
독자적인 표기방식 161, 162
독창적 106
독창적 방법 149
돈황 124
동국정운 98
동사 158
된소리 197
두루마리 117
두문자 130
두시언해 164
두음 법칙 179
두음법 84

두자어 175
뒤집기 22
등운학 100

ㄹ

라오스 51
라틴 문자 129
라틴 알파벳 85
라틴 앙샬체 130
라틴어 14
라틴어구 38
레부스 38
레부스 체계 76
레오므르 123
로마자 21, 72, 129
로마자 서체 130
로마자가 차지 173
로만체 134
로제타 스톤 57, 59
롤랑의 노래 142
롤린슨 49
롱고롱고 문자 50
롱고롱고어 50
룬 85
룬 문자 72
리브만 10

ㅁ

마야인 24
매듭 28
매매계약 109
먹 121
메뉴스크립체 131
메로빙거 131
메소포타미아 24
메소포타미아 지방 116
메소포타미아의 일반인 139
멕시코 44
명사 180
명조체 125
모압 80
모용의 문자 137
모음 104
모음을 23
모인 136
모호성 31
목간 117, 118
목판인쇄 125
목판활자 125
목활자 124
몽고 글자 96
몽고 문자 95
몽염 121
무성음 102
무전 136
문법 36
문법적 형태소 160
문법형태소 68
문어 14, 168, 169
문자 10, 18, 20, 21, 22, 23, 24, 25, 30, 36, 60, 97, 107, 110, 113, 129, 146
문자 발달사 28
문자생활 82, 94, 141, 144, 162, 166, 173
문자언어 12, 14, 15
문자체계 64
문장부호 177
문화 129, 148
문화어 213
미얀마의 문자 51
미케네 82
미케네인 42

민용 문자 56
민용문자 56, 59, 116

ㅂ

바빌로니아 59
바빌로니아 문자 47
바알 레바론 80
바코티아 81
반고 111
반구대 암각화 143
반영구적 116
발음기관 101
발해문자 145
방언 191
백제문자 145
법률문서 142
법수교비문 145
베네벤트 131
베네치아체 소자 133
베다 110
베히스툰 49
벨룸지 120
벼루 121, 122
벽화 26
복수 표준어 191
복수표준어 190
복잡성 20
복희 61
볼루맨 117
부수 64
부절 28
북한 209
북한의 문자생활 203
분리 표시 48
불청불탁 102
불청불탁소리 102
붓 121
브라미어 체계 50
비백체 137
비변사등록 153
비블로스 80
비시고트 131
비시고트체 131

ㅅ

사각형 히브리어 87
사기 111
사라센 123
사마천 111
사자(死者)의 서 112
사제 52
사주 127
사회성 32
산세리프 133
산스크리트 100
삼강행실도 27
삼국사기 159
삼국유사 159
삼재 98, 103
삼황내문 145
상보적 13
상징체계 17
상형 65, 67, 100
상형문자 24, 37, 44, 45, 54, 57, 65, 79, 112, 116, 118, 174
상형원리 104
상호보완적인 관계 16
샘슨 105
샤를마뉴 141
샹 폴리옹 59
서사도구 114
서사바탕 114
서서 136
서체 115, 129

석독(釋讀) 149
석보상절 163
선문자 82
선형문자 37
설문해자 136
설총 159
설형문자 37, 39, 42, 45, 73, 79, 115, 139
성모와 운모 106
성문 10
성운학 106
성종 165
성호사설 95
세라빗 엘-카뎀 77
세로쓰기 169
세종 90
세종실록 92
셈어 77, 78
셈족 42
소리 19, 64, 67
소모품 123
소문자 84
소전 135, 137
소전체 67
쇠퍼 127
수 64
수골 62
수궁문자 145
수기 142
수도사 142
수도원 142
수메르 39, 44, 48, 79, 141
수메르 문자 45
수메르어 42
수메르인 115
수서 136
수평선 54
슈바바흐 133
스크립트 134
스핑크스 77
승용 56
승용문자 56, 116
시간적 187
식별성 23
신라인 160
신라화엄경사경조성기 155
신빙성 142
신성문자 37, 39, 56, 116
신지비사 145
실생활 107
실용문 164
실용성 43
실용화 166
쐐기모양 115

ㅇ

아람 문자 72
아람 알파벳 86
아람문자 86
아랍문자 51, 72, 86, 88
아베스타 110
아소카왕 50
아시리아 문자 47
아이리쉬 앙샬 130
아카이아 78
아히람 왕 80
알라의 문자 88
알렉산드리아 57
알파벳 24, 42, 43, 72, 74, 78, 89
암각화 26, 27
암기 139
앙샬체 130
앤티크 133
앵글로색슨 132

약체구결 159
양면성 23
양서 144
양피지 119, 120
어간 180
어두 209
어미 127, 180
어중 209
어휘부 150
언문 92, 93
언문지 96
언서 93
언어 9, 11, 15
언어의 창의성 9
언해본 92
에우보니아 알파벳 82, 83
에트루리아인 83
에트루스칸 알파벳 85
엘런 가디너 77
역사 111
역할 23
연암집 145
예서 135, 136, 137
예서체 67
예의 90
오륜행실도 95
오벨리스크 59
오주연문장전산고 155
와지 122
왁스판 84, 117
왕문 문자 145
외래어 194, 196
외래어 표기법 176
요루바 30
용비어천가 163
용자례 90
우가리트 77
우가리트 알파벳 78
우르크 45
우편제도 109
운문 표기 160
운용법 90
운용상 19
운학 94
원시문자 30, 31
원압인쇄기 128
원압형 128
월인천강지곡 163
위그르 97
위치 21
유가사지론 160
유기음 102
유대문자 87
유사성 50
유서필지 155
유성음 102
유형적 36
유희 96
육서 65, 136, 137
육서략 99
음 152
음독 149
음성 9, 10, 12, 18, 63
음성기호 59, 57
음성언어 10, 11, 12, 14, 16, 26, 31
음성학 100
음소문자 40, 105, 146
음양오행 98
음양오행이론 106
음운 18, 35, 36, 94
음절 35, 105
음절문자 38, 42, 42, 48, 69
음차 149
음차자로만 된 표기 157

의미	19, 36, 63, 64
의미 기호	59
의사소통	9, 11, 12, 20, 31
이-메일	175
이두	146, 149, 151, 153, 154, 156, 160, 166
이두문	161
이두집성	155
이두편람	155
이로쿼이	30
이문	152, 155
이문대사	155
이문잡례	155
이서	153
이스라엘	80
이스트섬	50
이오니아 알파벳	82, 83
이익	95
이집시안	134
이집트	24, 32, 33, 37, 39, 54, 79
이집트 문자	52, 57, 59
이집트 필경사	139, 140, 141
이집트인	112
이탤릭체	133
인도 문자	50, 51, 60
인쇄기	127
인쇄기술	128
인쇄술	124
인쇄판	128
인위성	16
인장	50, 124
인장용	137
인적	187
일기	166

ㅈ

자음	23, 81, 84, 104
자질	35, 43
자질문자	40
자질이론	105
자체	67, 96
장식문자	37
장초	136
재물보	155
재출자	103
전사법	199
전서	135
전서체	67
전언	28
전율통보	155
전자구결	159
전주	65, 67
전청	102
전청자	102
전탁	102
전탁자	102
점토판	77, 116, 120, 139
접미사	180
정서법	18, 176
정인지	91, 94
정인지 서문	153
정초	99
정치	148
제자해	90
제지술	122
제한성	31
조개	30
조로아스터교	110
조선말 맞춤법	207
조선어학회	93, 203
조음	43
조음기관	10
종교	109
종성해	90

종이 119, 121, 122
종필 136
좌서 135, 136
주문 135
주시경 93
주해어록총람 155
죽간 117, 118
중성해 90
중의적 11
지리적 접촉 148
지사 65, 67
지역적 요소 187
지정문자(한정문자) 54, 55
진달래꽃 172
진흙판 115
집현전 92

ㅊ

차자표기법 94, 157
차청 102
창의성 9
창제 시기 94
창제원리 101
창제자 94
창힐 32, 60
채륜 121
채식자 127
채팅 175
천지인 98, 106
첨가어 150
첨필 115
체계적 23, 104
체로키 문자 40
초서 136, 137
초서체 67
초성해 90
초출자 103
최만리 상소문 153
최현배 172
추상성 32
추상적 개념 66
추상적인 37
축약형 15
출판 128
충서 136

ㅋ

카로스타어 체계 50
카르투시 24, 55
카타카나 69
캄푸치아 51
캐롤링 131
코덱스 121
코란 30, 88
코란의 문자 88
콥트어 110
콩고 31
크레타 44, 82
크레타 문자 76
키릴 85
키릴 문자 72
키프로스 문자 40

ㅌ

타원형 55
탐라문자 145
테라 81
토라 110
토큰 24
토트 52
투쟁 도구 203
티베트 51

티벳 문자 51, 96

ㅍ

파스파 문자 95, 96
파책 136
파치먼트 119
파피루스 56, 117, 140
판목 124
판심 127
판심명 127
판심제 127
팔림프세스트 117
팔분 136, 137
팔체 136
페니키아 50, 76, 79
페니키아 문자 47, 79
페니키아 알파벳 80, 81
페르가몬 119
페르시아 42
페르시아 구어 88
페르시아 문자 48
펠라스지언 알파벳 85
편지 166
평음 102
표기 151
표기법 18
표기성 17
표어문자 36, 63, 148
표어성 148
표음문 36
표음문자 20, 38, 40, 50, 55, 59, 72, 74, 76, 84, 89
표음성 40, 73, 148
표음적 기능 149
표의 35
표의문자 20, 36, 40, 50, 55, 63, 73, 76, 84
표의성 73
표의적 기능 149
표준 발음 194
표준발음법 192
표준어 177, 187, 206
표준어 규정 13, 176, 187, 190
프랙처 133
플린더스 페트리 77
피렌체 133
필경 124
필경사 37, 139, 141
필기구 45
필기도구 114, 139
필사 124
필사본 141
필승 124
필요성 27

ㅎ

하도 기원설 100
학습 159
한국어 13
한글 13, 14, 100, 167
한글 대조표 194
한글 맞춤법 13, 207
한글 전용 167
한글구결 159
한글날 93
한글맞춤법 176, 177, 180
한문 152, 162
한문해독 159
한서 111
한예 135
한자 60, 63, 64, 67, 71, 146, 148, 152, 166, 167, 169
한자의 본의 149
한자의 자리 173

한자차용표기법 149, 160
한정사 42
한지 122
함무라비 법전 47
합성명사 194
합자해 90
해독 57, 59
해동역사 145
해례 90
해례본 90, 102
해서체 67
해성 65
행서 137
행서체 67, 130
향가 157
향약구급방 153
향찰 146, 151, 152, 153, 157, 158, 160
향찰식 표기법 160
향찰표기 157
허신 136
헤로도토스 81
형성 65, 67
형성자 64, 66
형식 10
형태 19, 63, 67
형태부 150
화엄경소 160
화폐 162, 166
환단고기 97
황성신문 169
회의 65, 66, 67
회화 35
회화문자 28, 31, 32, 148
획 더하기 22
획 덜기 22
획수 64
후음 102
후진성 42
후파즈 30
훈 152
훈독 149
훈독용 69
훈민정음 16, 27, 90, 92, 93, 104, 105, 106, 144, 162, 164, 165, 166, 171
훈차자 157
훈차 149
휴머니스트체 133
흑구 127
히라가나 69, 71
히브리 문자 72, 86, 87
히에로글리프 53